京四中 语文课

朱自清 杨志刚 著

经典常谈

详解

光明日报出版社

图书在版编目（CIP）数据

北京四中语文课.《经典常谈》详解 / 朱自清，杨

志刚著. -- 北京：光明日报出版社，2024. 11.（2025. 3 重印）

ISBN 978-7-5194-8313-5

Ⅰ. G634. 303

中国国家版本馆 CIP 数据核字第 20247FK869 号

北京四中语文课 .《经典常谈》详解

BEIJINGSIZHONG YUWENKE. JINGDIAN CHANGTAN XIANGJIE

著　　者：朱自清　杨志刚

责任编辑：章小可　　　　　　　　责任校对：郭玫君

封面设计：仙境设计　　　　　　　责任印制：曹　净

出版发行：光明日报出版社

地　　址：北京市西城区永安路 106 号，100050

电　　话：010-63169890（咨询），010-63131930（邮购）

传　　真：010-63131930

网　　址：http:/book.gmw.cn

E-mail：gmcbs@gmw.cn

法律顾问：北京市兰台律师事务所龚柳方律师

印　　刷：北京华联印刷有限公司

装　　订：北京华联印刷有限公司

本书如有破损、缺页、装订错误，请与本社联系调换，电话：010-63131930

开　　本：170mm×240mm　　　　　印　　张：8

字　　数：133 千字　　　　　　　插　　图：4 幅

版　　次：2024 年 11 月第 1 版　　印　　次：2025 年 3 月第 2 次印刷

书　　号：ISBN 978-7-5194-8313-5

定　　价：49.80 元

导读：亲近经典，传承文明

　　"经典"指什么？朱自清先生本人在《经典常谈·序》中说得很清楚：

　　　　本书所谓经典是广义的用法，包括群经、先秦诸子、几种史书、一些集部；
要读懂这些书，特别是经、子，得懂"小学"，就是文字学，所以《说文解字》
等书也是经典的一部分。①

　　那么，"在中等以上的教育里"，为何要阅读这些"经、史、子、集"呢？朱先生说：

　　　　有一位外国教授说过，阅读经典的用处，就在教人见识经典一番。这
是很明达的议论。再说做一个有相当教育的国民，至少对于本国的经典，
也有接触的义务。

　　叶圣陶先生1945年时写过一篇推荐《经典常谈》的文章，题目叫《读〈经典常
谈〉》。他在文章中也谈及了为何要阅读经典的问题：

　　　　一些古书，培育着咱们的祖先，咱们跟祖先是一脉相承的，自当尝尝
他们的营养料，才不至于无本。若讲实用，似乎是没有，有实用的东西都
收纳在各种学科里了；可是有无用之用。这可以打个比方。有些人不怕旅
行辛苦，道路几千，跑上峨眉金顶看日出，或者跑到甘肃敦煌，看一窟寺
历代的造像跟壁画。在专讲实用的人看来，他们干的完全没有实用，只有
那股傻劲儿倒可以佩服。可是他们从金顶下来，打敦煌回转，胸襟推广了，
眼光深远了。虽然还是各做他们的事儿，却有了一种新的精神。这就是所
谓无用之用。读古书读的得其道，也会有类似的无用之用。要说现代学生
应该读些古书，这是又一个理由。

　　叶先生认为，阅读经典"才不至于无本"。这与朱先生所说国民"对于本国的
经典，也有接触的义务"的意见，并无二致。文化是民族之根，根深方能叶茂。而

叶先生所举的"无用之用"之例，通透明达，让人读后便对去"见识经典一番"神往不已！

不过，经典往往"读起来特别难，一般人往往望而生畏，结果是敬而远之"。所以，朱先生用"常谈"来推介"经典"，便是要为那些皇皇经典写下一篇篇"切实而浅明的白话文导言"。朱先生的愿望是，"如果读者能把它当作一只船，航到经典的海里去，编撰者将自己庆幸，在经典训练上，尽了他做尖兵的一分儿"。无疑，朱先生做到了。

《经典常谈》自1942年成书以来，一直受到读者的推崇。这部推介经典的作品，已然成为这一领域的经典之作。朱先生虽然谦虚地说书中"并无编撰者自己的创见，编撰者的工作只是编撰罢了"，实际上他的古典文学修养极高②，写作《经典常谈》看似举重若轻，实为字斟句酌、苦心经营而成。他的学术态度又很通透明达，在参考当时学术前沿成果的同时，兼收并蓄，自成一家之言。此外，他以散文家之笔写通俗学术作品，最为世人津津乐道。吴小如先生说：

> 再加上一副冲淡夷旷的笔墨，往往能把顶笨重的事实或最繁复的理论，处分得异常轻盈生动，使人读了先生的文章，不惟忘倦，且可不费力地心领神会。这本《经典常谈》就是我这话一个确切的明证。（《读朱自清先生〈经典常谈〉》）

也许是折服于朱先生的笔力，也许是时代因素的影响，叶圣陶先生在1980年所写的《重印〈经典常谈〉序》中，留下了这样一段文字：

> 在三十多年之后的今天，我对朱先生和我自己的这样考虑——就是经典训练是中等教育里的必要项目之一——想有所修正了。第一，直接接触这些经典，不仅语言文字上的隔阂不少，风俗习惯典章制度上的疙瘩更多，马马虎虎地读吧，徒然耗费学生的精力和时间，认认真真地读它极少一部分吧，莫说初中，高中阶段恐怕也难以办到。因此，我想中学阶段只能间接接触，就是说阅读《经典常谈》这样的书就可以了。

"间接接触"经典，显然是违背朱先生初衷的。朱先生曾明确地说过："如果读者念了这部书，便以为已经受到了经典训练，不再想去见识经典，那就是以筌为鱼，未免辜负编撰者的本心了。"叶先生认为读《经典常谈》便可代替阅读"经典"，无异于"以筌为鱼"。"筌"是捕鱼的工具,《经典常谈》也只是通向经典阅读的一道桥梁,却不是经典本身。

其实,叶先生所谓对经典作品"语言文字上的隔阂不少,风俗习惯典章制度上的疙瘩更多"的顾虑,未必便是经典阅读的障碍。"在中等以上的教育里"提倡经典阅读,并不是非要把经典里的一字一句全都讲明背熟,而是读者能"见识经典一番"便好。所以,"好读书,不求甚解"未尝不是一种可取的办法。不懂处暂可放过,会心时慢慢思量。须知读书是一生之事,先种下种子,静待花开可也。

顾德希先生曾说:"优秀传统文化是中国人的精神家园。学生多读些国学典籍,有助于把优秀传统文化的基因植入肌体。"我们这版《经典常谈》,目的是为广大读者提供一个翔实、便利的读本,为传播优秀传统文化尽一份绵薄之力。倘能如此,善莫大焉,幸莫大焉!

鉴于此,我们对朱先生的《经典常谈》进行了如下处理:

一、增加"补注"。朱先生行文中多有对典籍篇章之引用或白话转写,其虽有"自注",然多简略。本书以"远植补"字样补出相应"原文",以便读者查考。

二、增加"旁批"。"旁批"或解释字句,或梳理文意,或补充资料,或表达一己浅见,以助读者理解。

三、增加"慎思明辨"。每一章末,均设置两道思考题。题目由朱先生的文字生发而来,以引读者思辨。

四、增加"经典选读"。本书附有若干经典之"原文"(包括简注)。这些"原文"均与朱先生《经典常谈》的文本讲述密切配合,以期读者能方便地"见识经典一番",而省去翻检之苦。

限于眼界与学识,本书错讹难以尽免,万望不吝赐教。

杨志刚

2023 年 7 月,北京四中

尾注

① 本文朱自清先生之语,均引自《经典常谈·序》。为避烦琐,下不复注。
② 参见《朱自清古典文学论文集》(上海古籍出版社,2009 年版)。

3

序

　　在中等以上的教育里，经典训练应该是一个必要的项目。经典训练的价值不在实用，而在文化。有一位外国教授说过，阅读经典的用处，就在教人见识经典一番。这是很明达的议论。再说做一个有相当教育的国民，至少对于本国的经典，也有接触的义务。本书所谓经典是广义的用法，包括群经、先秦诸子、几种史书、一些集部；要读懂这些书，特别是经、子，得懂"小学"，就是文字学，所以《说文解字》等书也是经典的一部分。我国旧日的教育，可以说整个儿是读经的教育。经典训练成为教育的唯一的项目，自然偏枯失调；况且从幼童时代就开始，学生食而不化，也徒然摧残了他们的精力和兴趣。新式教育施行以后，读经渐渐废止。民国以来虽然还有一两回中小学读经运动，可是都失败了，大家认为是开倒车。另一方面，教育部制定的初中国文课程标准里却有"使学生从本国语言文字上了解固有文化"的话，高中的标准里更有"培养学生读解古书，欣赏中国文学名著之能力"的话。初、高中的国文教材，从经典选录的也不少。可见读经的废止并不就是经典训练的废止，经典训练不但没有废止，而且扩大了范围，不以经为限，又按着学生程度选材，可以免掉他们囫囵吞枣的弊病。这实在是一种进步。

　　我国经典，未经整理，读起来特别难，一般人往往望而生畏，结果是敬而远之。朱子似乎见到了这个，他注"四书"，一种作用就是使"四书"普及于一般人。他是成功的，他的"四书"注后来成了小学教科书。又如清初人选注的《史记菁华录》，价值和影响虽然远在"四书"注之下，可是也风行了几百年，帮助初学不少。但到了现在这时代，这些书都不适用了。我们知道清代"汉学家"对于经典的校勘和训诂贡献极大。我们理想中一般人的经典读本——有些该是全书，有些只该是选本、

节本 —— 应该尽可能地采取他们的结论；一面将本文分段，仔细地标点，并用白话文作简要的注释。每种读本还得有一篇切实而浅明的白话文导言。这需要见解、学力和经验，不是一个人一个时期所能成就的。商务印书馆编印的一些《学生国学丛书》，似乎就是这番用意，但离我们理想的标准还远着呢。理想的经典读本既然一时不容易出现，有些人便想着先从治标下手。顾颉刚先生用浅明的白话文译《尚书》，又用同样的文体写《汉代学术史略》，用意便在这里。这样办虽然不能教一般人直接亲近经典，却能启发他们的兴趣，引他们到经典的大路上去。这部小书也只是向这方面努力的工作。如果读者能把它当作一只船，航到经典的海里去，编撰者将自己庆幸，在经典训练上，尽了他做尖兵的一分儿。可是如果读者念了这部书，便以为已经受到了经典训练，不再想去见识经典，那就是以筌为鱼，未免辜负编撰者的本心了。

这部书不是"国学概论"一类。照编撰者现在的意见，"概论"这名字容易教读者感到自己满足；"概论"里好像什么都有了，再用不着别的 —— 其实什么都只有一点儿！"国学"这名字，和西洋人所谓"汉学"一般，都未免笼统的毛病。国立中央研究院的历史语言研究所分别标明历史和语言，不再浑称"国学"，确是正办。这部书以经典为主，以书为主，不以"经学""史学""诸子学"等作纲领。但"诗""文"两篇，却还只能叙述源流；因为书太多了，没法子一一详论，而集部书的问题，也不像经、史、子的那样重要，在这儿也无需详论。书中各篇的排列，按照传统的经、史、子、集的顺序；并照传统的意见，将"小学"书放在最前头。各篇的讨论，尽量采择近人新说；这中间并无编撰者自己的创见，编撰者的工作只是编撰罢了。全篇的参考资料，开列在各篇后面；局部的，随处分别注明。也有袭用成说而没有注出的，那是为了节省读者的注意力；一般的读物和考据的著作不同，是无需乎那样严格的。末了儿，编撰者得谢谢杨振声先生，他鼓励编撰者写下这些篇常谈。还得谢谢雷海宗先生允许引用他还没有正式印行的《中国通史选读》讲义，陈梦家先生允许引用他的《中国文字学》稿本。还得谢谢董庶先生，他给我钞了全份清稿，让排印时不致有太多的错字。

朱自清

1942 年 2 月，昆明西南联合大学

目　录

《说文解字》第一

中国文字相传是黄帝的史官叫仓颉的造的。这仓颉据说有四只眼睛，他看见了地上的兽蹄儿、鸟爪儿印着的痕迹，灵感涌上心头，便造起文字来。文字的作用太伟大了，太奇妙了，造字真是一件神圣的工作。但是文字可以增进人的能力，也可以增进人的巧诈。仓颉泄漏了天机，却将人教坏了。所以他造字的时候，"天雨❶粟，鬼❷夜哭"。人有了文字，会变机灵了，会争着去作那容易赚钱的商人，辛辛苦苦去种地的便少了。天怕人不够吃的，所以降下米来让他们存着救急。鬼也怕这些机灵人用文字来制他们，所以夜里嚎哭；①文字原是有巫术的作用的。但仓颉造字的传说，战国末期才有。那时人并不都相信；如《易·系辞》里就只说文字是"后世圣人❸"造出来的。这"后世圣人"不止一人，是许多人。我们知道，文字不断地在演变着；说是一人独创，是不可能的。《系辞》的话自然合理得多。

"仓颉造字说"也不是凭空起来的。秦以前是文字发生与演化的时代，字体因世、因国而不同，官书虽是系统相承，民间书却极为庞杂。到了战国末期，政治方面，学术方面，都感到统一的需要了，鼓吹的也有人了；文字统一的需

❶ 雨（yù）：像雨一样地降落，动词。

❷ 一说"鬼"作"兔"。兔子害怕自己的毫毛被取去做毛笔，因此在夜里哭泣。

❸《周易·系辞下》："上古结绳而治，后世圣人易之以书契，百官以治，万民以察，盖取诸《夬》。"

经典原文请参阅别册001页"许慎《说文解字·序》（节选）"。

要，自然也在一般意识之中。这时候抬出一个造字的圣人，实在是统一文字的预备工夫，好教人知道"一个"圣人造的字当然是该一致的。《荀子·解蔽篇》说，"好书者众矣，而仓颉独传者，一也"，"一"是"专一"的意思，这儿只说仓颉是个整理文字的专家，并不曾说他是造字的人；可见得那时"仓颉造字说"还没有凝成定型。但是，仓颉究竟是什么人呢？照近人的解释，"仓颉"的字音近于"商契❶"，造字的也许指的是商契。商契是商民族的祖宗。"契❷"有"刀刻"的义；古代用刀笔刻字，文字有"书契"的名称。可能因为这点联系，商契便传为造字的圣人。事实上商契也许和造字全然无涉，但这个传说却暗示着文字起于夏、商之间。这个暗示也许是值得相信的。至于仓颉是黄帝的史官，始见于《说文·序》。"仓颉造字说"大概凝定于汉初，那时还没有定出他是哪一代的人；《说文·序》所称，显然是后来加添的枝叶了。

识字是教育的初步。《周礼·保氏》说贵族子弟八岁入小学，先生教给他们识字。秦以前字体非常庞杂，贵族子弟所学的，大约只是官书罢了。秦始皇统一了天下，他也统一了文字；小篆成了国书，别体渐归淘汰，识字便简易多了。这时候贵族阶级已经没有了，所以渐渐注重一般的识字教育。到了汉代，考试史、尚书史（书记秘书）等官儿，都只凭识字的程度；识字教育更注重了❸。识字需要字书。相传最古的字书是《史籀篇》，是周宣王的太史籀作的。这部书已经佚去，但许慎《说文解字》里收了好些"籀文"，又称为"大篆"，字体和小篆差不多，和始皇以前三百年的碑碣器物上的秦篆简直一样。所以现在相信这只是始皇以前秦国的字书。"史籀"是"书记必读"的意思，只是书名，不是人名。

❶ 契（xiè）：传说中商族的始祖，帝喾（kù）之子。其母简狄因吞玄鸟之卵，孕而生契。契于舜时佐禹治水有功，受封于商地。

❷ "契（qì）"作"刀刻"之义时同"锲（qiè）"。如《荀子·劝学》："锲而舍之，朽木不折；锲而不舍，金石可镂。"

❸ 苏轼曾不无调侃地说："人生识字忧患始，姓名粗记可以休。"（《石苍舒醉墨堂》）

始皇为了统一文字，教李斯作了《仓颉篇》七章❶，赵高作了《爰历篇》六章，胡母敬作了《博学篇》七章。所选的字，大部分还是《史籀篇》里的，但字体以当时通用的小篆为准，便与"籀文"略有不同。这些是当时官定的标准字书。有了标准字书，文字统一就容易进行了。汉初，教书先生将这三篇合为一书，单称为《仓颉篇》。秦代那三种字书都不传了，汉代这个《仓颉篇》，现在残存着一部分。西汉时期还有些人作了些字书，所选的字大致和这个《仓颉篇》差不多。就中❷只有史游的《急就篇》❸还存留着。《仓颉》残篇四字一句，两句一韵。《急就篇》不分章而分部，前半三字一句，后半七字一句，两句一韵；所收的都是名姓、器物、官名等日常用字，没有说解。这些书和后世"日用杂字"相似，按事类收字——所谓分章或分部，都据事类而言。这些一面供教授学童用，一面供民众检阅用，所收约三千三百字，是通俗的字书。

东汉和帝时，有个许慎❹，作了一部《说文解字》。这是一部划时代的字书。经典和别的字书里的字，他都搜罗在他的书里，所以有九千字。而且小篆之外，兼收籀文、"古文"；"古文"是鲁恭王所得孔子宅"壁中书"❺及张仓所献《春秋左氏传》的字体，大概是晚周民间的别体字。许氏又分析偏旁，定出部首，将九千字分属五百四十部首。书中每字都有说解，用晚周人作的《尔雅》，扬雄的《方言》，以及经典的注文的体例。这部书意在帮助人通读古书，并非只供通俗之用，和秦代及西汉的字书是大不相同的。它保存了小篆和一些晚周文字，让后人可以溯源沿流；现在我们要认识商周文字，探寻汉以来字体演变的轨迹，都得凭这部书。而且不但研究字形得靠它，研究字音、字义也得靠它。研究文字的形、音、义的，以前叫"小学"，现在叫文字学。从

❶《文心雕龙·练字》："及李斯删籀而秦篆兴。"

❷ 就中：其中。

❸ 急就：即速成。《急就篇》书名取自该书开头的几句——"急就奇觚与众异，罗列诸物名姓字。分别部居不杂厕，用日约少诚快意，勉力务之必有喜"。

❹ 许慎：字叔重，汝南召陵（今河南省漯河市召陵区）人。东汉著名文字学家、古文经学家。《说文解字》成书于东汉建光元年（121）。

❺ 据《汉书》记载，西汉鲁恭王刘余为扩建宫殿而拆除孔子故宅时，在夹壁墙中发现了以"古字"体书写的《尚书》《礼记》《论语》《孝经》等典籍。本书"《尚书》第三"中对此事有较为详细的记述，可供参考。

❶ 因此，朱自清先生把《说文解字》放在本书的首篇。

❷ 拓(tà)墨：把碑刻、青铜器等的形状和上面的文字、图形印下来。方法一般是在物体上蒙一层薄纸，先拍打使凹凸分明，然后上墨，显出文字、图像来。

❸ 北宋欧阳修自号"六一居士"，"集录三代以来金石遗文一千卷"，便是"六一"之"一"。

❹ 北宋赵明诚著有《金石录》30卷，其妻李清照在《金石录·后序》中说《金石录》："取上自三代，下迄五季，钟、鼎、甗(yǎn)、鬲(lì)、盘、匜(yí)、尊、敦之款识，丰碑大碣、显人晦士之事迹，凡见于金石刻者二千卷。"

❺ 1899年，王懿荣偶然发现在中药"龙骨"上刻有文字。这些甲骨出土于河南省安阳市的小屯村，此村即"殷墟"的中心地带。

❻《经典常谈》成书于1942年，6年后朱自清先生辞世，因而无法预知后来出土文献的情况。20世纪下半叶至今，我国有大量汉代之前的简帛文献出土，如信阳楚简、包山楚简、郭店楚简、云梦秦简、里耶秦简等。

前学问限于经典，所以说研究学问必须从小学入手；现在学问的范围是广了，但要研究古典、古史、古文化，也还得从文字学入手。《说文解字》是文字学的古典，又是一切古典的工具或门径。**❶**

《说文·序》提起出土的古器物，说是书里也搜罗了古器物铭的文字，便是"古文"的一部分，但是汉代出土的古器物很少；而拓墨**❷**的法子到南北朝才有，当时也不会有拓本，那些铭文，许慎能见到的怕是更少。所以他的书里还只有秦篆和一些晚周民间书，再古的可以说是没有。到了宋代，古器物出土的多了，拓本也流行了**❸**，那时有了好些金石、图录考释的书**❹**。"金"是铜器，铜器的铭文称为金文。铜器里钟鼎最是重器，所以也称为钟鼎文。这些铭文都是记事的。而宋以来发现的铜器大都是周代所作，所以金文多是两周的文字。清代古器物出土的更多，而光绪二十五年（西元一八九九）河南安阳发现了商代的甲骨，尤其是划时代的。**❺**甲是龟的腹甲，骨是牛胛骨。商人钻灼甲骨，以卜吉凶，卜完了就在上面刻字纪录。这称为甲骨文，又称为卜辞，是盘庚（约西元前一三〇〇）以后的商代文字。这大概是最古的文字了。甲骨文、金文，以及《说文》里所谓"古文"，还有籀文，现在统统算作古文字，这些大部分是文字统一以前的官书。甲骨文是"契"的，金文是"铸"的。铸是先在模子上刻字，再倒铜。古代书写文字的方法除"契"和"铸"外，还有"书"和"印"，因用的材料而异。"书"用笔，竹木简以及帛和纸上用"书"。"印"是在模子上刻字，印在陶器或封泥上②。古代用竹木简最多，战国才有帛，纸是汉代才有的。笔出现于商代，却只用竹木削成。竹木简、帛、纸，都容易坏，汉以前的，已经荡然无存了。**❻**

造字和用字有六个条例，称为"六书"。"六书"这个

甲骨文拓片（商）　　　　　　　　　利簋（金文）拓片（西周）

总名初见于《周礼》，但六书的各个的名字到汉人的书里才见。一是"象形"，象物形的大概，如"日""月"等字。二是"指事"，用抽象的符号，指示那无形的事类，如"ˇ"（上）"⌒"（下）两个字，短画和长画都是抽象的符号，各代表着一个物类。"ˇ"指示甲物在乙物之上，"⌒"指示甲物在乙物之下。这"上"和"下"两种关系便是无形的事类。又如"刃"字，在"刀"形上加一点，指示刃之所在，也是的。三是"会意"，会合两个或两个以上的字为一个字，这一个字的意义是那几个字的意义积成的，如"止""戈"为"武"，"人""言"为"信"等。四是"形声"，也是两个字合成一个字，但一个字是形，一个字是声；形是意符，声是音标。如"江""河"两字，"氵"（水）是形，"工""可"是声。但声也有兼义的。如"浅""钱""贱"三字，"水""金""贝"是形，同以"戋"为声；但水小为"浅"，金小为"钱"，贝小为"贱"，三字共有的这个"小"的意义，正是从"戋"字来的❶。象形、指事、会意、形声，都是造字的条例；形声最便，用处最大，所以我们的形声字最多。

　　五是"转注"，就是互训。两个字或两个以上的字，意义全部相同或一部相同，可以互相解释的，便是转注字，也可以叫作同义字。如"考""老"等字，又如"初""哉""首""基"等字；前者同形同部，后者不同形不同部，却都可以"转注"。同义字的孳生，大概是各地方言不同和古今语言演变的缘故。六是"假借"，语言里有许多有音无形的字，借了别的同音的字，当作那个意义用。如代名词，"予""汝""彼"等，形况字"犹豫""孟浪""关关""突如"等，虚助字"于""以""与""而""则""然""也""乎""哉"等，

经典原文请参阅别册002页"许慎《说文解字》（节选）'日'至'河'"。

都是假借字。又如"令"，本义是"发号"，借为县令的"令"；"长"，本义是"久远"，借为县长的"长"。"县令""县长"是"令""长"的引申义。假借本因有音无字，但以后本来有字的也借用别的字。所以我们现在所用的字，本义的少，引申义的多，一字数义，便是这样来的。这可见假借的用处也很广大。但一字借成数义，颇不容易分别。晋以来通行了四声❶，这才将同一字分读几个音，让意义分得开些。如"久远"的"长"平声，"县长"的"长"读上声❷之类。这样，一个字便变成几个字了。转注、假借都是用字的条例。❸

象形字本于图画。初民常以画记名，以画记事；这便是象形的源头。但文字本于语言，语言发于声音，以某声命物，某声便是那物的名字。这是"名"；"名"该只指声音而言。画出那物形的大概，是象形字。"文字"与"字"都是通称；分析❹地说，象形的字该叫作"文"，"文"是"错画❺"的意思③。"文"本于"名"，如先有"日"名，才会有"日"这个"文"，"名"就是"文"的声音。但物类无穷，不能一一造"文"，便只得用假借字。假借字以声为主，也可以叫作"名"。一字借为数字，后世用四声分别，古代却用偏旁分别，这便是形声字。如"𠙹"本象箕形，是"文"，它的"名"是"ㄐㄧ❻"。而日期的"期"，旗帜的"旗"，麒麟的"麒"等，在语言中与"𠙹"同声，却无专字，便都借用"𠙹"字。后来才加"月"为"期"，加"㫃"为"旗"，加"鹿"为"麒"，一个字变成了几个字。严格地说，形声字才该叫作"字"，"字"是"孳乳而渐多"的意思④。象形有抽象作用，如一画可以代表任何一物，"⌣"（上）、"⌢"（下）、"一""二""三"其实都可以说是象形。象形又有指示作用，如"刀"字上加一点，表明刃在那里。

❶四声：古汉语声调有平声、上声、去声、入声四类，叫作"四声"。

❷普通话的声调有阴平、阳平、上声、去声四类。分别对应一至四声。

经典原文请参阅别册002页"许慎《说文解字》（节选）'考'至'长'"。

❸由此可知，前文所言象形、指事、会意、形声四者，是造字条例。

❹分析：分开，区分。

❺错画：笔画交错。

❻"ㄐㄧ"为注音符号，同jī，朱自清先生写作时拼音字母还没有发明。

这样，旧时所谓指事字其实都可以归入象形字。象形还有会合作用，会合两个或两个以上的分子，表示一个意义；那么，旧时所谓会意字其实也可以归入象形字。但会合成功的不是"文"，也该是"字"。象形字、假借字、形声字，是文字发展的逻辑的程序，但甲骨文里三种字都已经有了❶。这里所说的程序，是近人新说，和"六书说"颇有出入。六书说原有些不完备、不清楚的地方，新说加以补充修正，似乎更可信些。

秦以后只是书体演变的时代。演变的主因是应用，演变的方向是简易。始皇用小篆统一了文字，不久便又有了"隶书"。当时公事忙，文书多，书记虽遵用小篆，有些下行❷文书，却不免写得草率些。日子长了，这样写的人多了，便自然而然成了一体，称为"隶书"；因为是给徒隶❸等下级办公人看的。这种字体究竟和小篆差不多。到了汉末，才渐渐变了，椭圆的变为扁方的，"敛笔"变为"挑笔"。这是所谓汉隶，是隶书的标准。晋唐之间，又称为"八分书"。汉初还有草书，从隶书变化，更为简便。这从清末以来在新疆和敦煌发现的汉晋间的木简里最能见出。这种草书，各字分开，还带着挑笔，称为"章草"。魏晋之际，又嫌挑笔费事，改为敛笔，字字连书，以一行或一节为单位。这称为"今草"。隶书方整，去了挑笔，又变为"正书"。这起于魏代。晋、唐之间，却称为"隶书"，而称汉隶为"八分书"。晋代也称为"楷书"。宋代又改称为"真书"。正书本也是扁方的，到陈、隋的时候，渐渐变方了。到了唐代，又渐渐变长了。这是为了好看。正书简化，便成"行书"，起于晋代。大概正书不免于拘，草书不免于放，行书介乎两者之间，最为适用。但现在还通用着正书，而辅以行、草。一方面却提倡民间的"简笔字"，将正书、行书再行简化；这也还是求应用便利的缘故。

甲古文（商）	甲古文（商）	甲古文（商）	金文（西周）	金文（春秋）
金文（战国·燕）	货币（战国·晋）	印玺（战国·齐）	楚简（战国·楚）	石鼓文（春秋晚期 或战国早期·秦）
籀文（《说文》）	小篆（《说文》）	秦隶（秦）	汉隶（西汉）	汉隶（东汉）
楷书	行书	草书	雕版繁体	电脑简体

"马"的字体演变

参考资料：

《说文解字叙》

容庚《中国文字学》

陈梦家《中国文字学》稿本

慎思明辨

1. 汉字造字有 4 种条例：象形、指事、会意、形声。请指出下列各字造字时运用了哪一种条例。（参考答案见别册末）

从　一　寸　本　二　盆　莫　茅　牧　材

羊　矢　鱼　鸭　向　明　末　春　鼎　刎

2. 朱自清先生在本篇第一段中说："人有了文字，会变机灵了，会争着去作那容易赚钱的商人，辛辛苦苦去种地的便少了。天怕人不够吃的，所以降下米来让他们存着救急。"这些话采用了东汉人高诱的看法，是中国古代重农抑商思想的体现。你认同经商会导致粮食短缺的看法吗？此外，你知道重农抑商思想对中国产生过怎样的影响吗？请查阅资料，谈谈你的看法。

朱自清原注

① 《淮南子·本经训》及高诱注。远植补《淮南子·本经训》："昔者苍颉作书而天雨粟，鬼夜哭。"高诱注："苍颉始视鸟迹之文，造书契，则诈伪萌生。诈伪萌生，则去本趋末，弃耕作之业而务锥刀之利。天知其将饿，故为雨粟。鬼恐为书文所劾，故夜哭也。鬼或作兔，兔恐见取豪（毫）作笔，害及其躯，故夜哭。"

② 古代简牍用泥封口，在泥上盖印。

③ 《说文·文部》。

④ 《说文·序》。

《周易》第二

在人家门头上，在小孩的帽饰上，我们常见到八卦那种东西。八卦是圣物，放在门头上，放在帽饰里，是可以辟邪的。辟邪还只是它的小神通，它的大神通在能够因往知来，预言吉凶。算命的、看相的、卜课的，都用得着它。他们普通只用五行生克的道理就够了，但要详细推算，就得用阴阳和八卦的道理。八卦及阴阳五行❶和我们非常熟习，这些道理直到现在还是我们大部分人的信仰，我们大部分人的日常生活不知不觉之中教这些道理支配着。行人不至、谋事未成、财运欠通、婚姻待决、子息不旺，乃至种种疾病疑难，许多人都会去求签问卜、算命看相，可见影响之大。讲五行的经典，现在有《尚书·洪范》❷，讲八卦的便是《周易》。

八卦相传是伏羲氏画的。另一个传说却说不是他自出心裁画的。那时候有匹龙马从黄河里出来，背着一幅图，上面便是八卦，伏羲只照着描下来罢了。但这因为伏羲是圣人，那时代是圣世，天才派了龙马赐给他这件圣物。❸所谓"河图"，便是这个。那讲五行的《洪范》，据说也是大禹治水时在洛水中从一只神龟背上得着的，也出于天赐。所谓"洛书"，便是那个。但这些神怪的故事显然是八卦和五行的宣

❶ 关于阴阳五行，参见本书"诸子第十"中"阴阳家"部分。

❷《尚书·洪范》："一曰水，二曰火，三曰木，四曰金，五曰土。"

❸ 孔子感慨自己生不逢时，曾说："凤鸟不至，河不出图，吾已矣夫！"（《论语·子罕》）

传家造出来抬高这两种学说的地位的。伏羲氏恐怕压根儿就没有这个人，他只是秦、汉间儒家假托的圣王。至于八卦，大概是有了筮法以后才有的。商民族是用龟的腹甲或牛的胛骨卜吉凶，他们先在甲骨上钻一下，再用火灼；甲骨经火，有裂痕，便是兆象，卜官细看兆象，断定吉凶；然后便将卜的人、卜的日子、卜的问句等用刀笔刻在甲骨上。这便是卜辞。卜辞里并没有阴阳的观念，也没有八卦的痕迹。

卜法用牛骨最多，用龟甲是很少的。商代农业刚起头，游猎和畜牧还是主要的生活方式，那时牛骨头不缺少。到了周代，渐渐脱离游牧时代，进到农业社会了，牛骨头便没有那么容易得了。这时候却有了筮法，作为卜法的辅助。筮法只用些蓍草，那是不难得的。蓍草是一种长寿草，古人觉得这草和老年人一样，阅历多了，知道的也就多了，所以用它来占吉凶。筮的时候用它的杆子，方法已不能详知，大概是数的。取一把蓍草，数一下看是什么数目，看是奇数还是偶数，也许这便可以断定吉凶。古代人看见数目整齐而又有变化，认为是神秘的东西。数目的连续、循环以及奇偶，都引起人们的惊奇。那时候相信数目是有魔力的，所以巫术里用得着它。——我们一般人直到现在，还嫌恶奇数，喜欢偶数，该是那些巫术的遗迹。那时候又相信数目是有道理的，所以哲学里用得着它。我们现在还说，凡事都有定数，这就是前定的意思❶；这是很古的信仰了。人生有数，世界也有数，数是算好了的一笔账；用现在的话说，便是机械的。数又是宇宙的架子，如说太极生两仪，两仪生四象①，就是一生二、二生四的意思❷。筮法可以说是一种巫术，是靠了数目来判断吉凶的。

八卦的基础便是一、二、三的数目。整画"▬"是一；断画"▬▬"是二，三画叠而成卦是☰。这样配出八个卦，便

❶中国古人相信"数"，如王勃《滕王阁序》中说："天高地迥，觉宇宙之无穷；兴尽悲来，识盈虚之有数。"

❷老子则曰："一生二，二生三，三生万物。"

012

是▤▤▤▤▤▤▤▤；乾、兑、离、震、艮、坎、巽、坤❶，是这些卦的名字。那整画、断画的排列，也许是在排列着蓍草时触悟出来的。八卦到底太简单了，后来便将这些卦重起来，两卦重作一个，按照算学里错列❷与组合的必然，成了六十四卦，就是《周易》里的卦数。蓍草的应用，也许起于民间；但八卦的创制，六十四卦的推演，巫与卜官大约是重要的角色。古代巫与卜官同时也就是史官，一切的记载，一切的档案，都掌管在他们手里❸。他们是当时知识的权威，参加创卦或重卦的工作是可能的。筮法比卜法简便得多，但起初人们并不十分信任它。直到春秋时候，还有"筮短龟长"的话②。那些时代，大概小事才用筮，大事还得用卜的。

❶朱熹《八卦取象歌》："▤乾三连，▤坤六断；▤震仰盂，▤艮覆碗；▤离中虚，▤坎中满；▤兑上缺，▤巽下断。"

❷错列：错杂排列。

❸司马迁出生于史官世家，他在《报任安书》中说："仆之先人非有剖符、丹书之功，文、史、星、历，近乎卜、祝之间。"大意是：我的祖先并没有剖分符节、在铁券上用朱砂写上誓词这样的功劳，担任掌管文献、历史、星象、历法的职务，地位接近于占卜祭祀一类人。

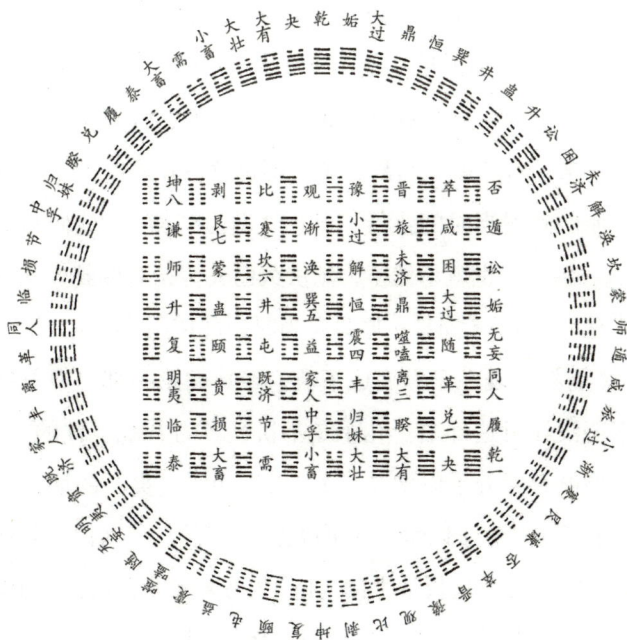

伏羲六十四卦方位图

筮法袭用卜法的地方不少。卜法里的兆象，据说有一百二十体，每一体都有十条断定吉凶的"颂"辞③。这些是现成的辞。但兆象是自然地灼出来的，有时不能凑合到那一百二十体里去，便得另造新辞。筮法里的六十四卦，就相当于一百二十体的兆象。那断定吉凶的辞，原叫作繇辞，"繇"是"抽出来"的意思。《周易》里一卦有六画，每画叫作一爻——六爻的次序是由下向上数的。❶繇辞有属于卦的总体的，有属于各爻的；所以后来分称为卦辞和爻辞。这种卦、爻辞也是卜筮官的占筮纪录，但和甲骨卜辞的性质不一样。

从卦、爻辞里的历史故事和风俗制度看，我们知道这些是西周初叶的纪录，纪录里好些是不连贯的，大概是几次筮辞并列在一起的缘故。那时卜筮官将这些卦、爻辞按着卦、爻的顺序编辑起来，便成了《周易》这部书。"易"是"简易"的意思，是说筮法比卜法简易的意思。本来呢，卦数既然是一定的，每卦每爻的辞又是一定的，检查起来，引申推论起来，自然就"简易"了。不过这只在当时的卜筮官如此。他们熟习当时的背景，卦、爻辞虽"简"，他们却觉得"易"。到了后世就不然了，筮法久已失传，有些卦、爻辞简直就看不懂了。《周易》原只是当时一部切用❷的筮书。

《周易》现在已经变成了儒家经典的第一部，但早期的儒家还没注意这部书。孔子是不讲怪、力、乱、神的。《论语》里虽有"五十以学《易》，可以无大过矣"的话，但另一个本子作"五十以学，亦可以无大过矣"④，所以这句话是很可疑的。孔子只教学生读《诗》《书》和《春秋》，确没有教读《周易》❸。《孟子》称引《诗》《书》，也没说到《周易》。《周易》变成儒家的经典，是在战国末期。那时候阴阳家的学说盛行，儒家大约受了他们的影响，才研究起这部书来。那时候道家的学说也盛行，也从另一面影响了儒家。儒家就在这两家学说的影响之下，给《周易》的卦、爻辞作了种种新解释。这些新解释并非在忠实地、确切地解释卦爻辞，其实倒是藉着卦、爻辞发挥他们的哲学。这种新解释存下来的，便是所谓《易传》。

《易传》中间较有系统的是彖辞和象辞。彖辞断定一卦的涵义——"彖"就是"断"的意思。象辞推演卦和爻的象，这个"象"字相当于现在所谓"观念"。这个字后来成为解释《周易》的专门名词。但彖辞断定的涵义，象辞推演的观念，其实不是真正从卦、爻里探究出来的；那些只是作传的人傅会❶在卦、爻上面的。这里面包含着多量的儒家伦理思想和政治哲学；象辞的话更有许多和《论语》相近的。但说到"天"的时候，不当作有人格的上帝，而只当作自然的道，却是道家的色彩了。这两种传似乎是编纂起来的，并非一人所作。此外有《文言》和《系辞》。《文言》解释乾坤两卦；《系辞》发挥宇宙观、人生观，偶然也有分别解释卦、爻的话。这些似乎都是抱残守阙❷、汇集众说而成。到了汉代，又新发现了《说卦》《序卦》《杂卦》三种传。《说卦》推演卦象，说明某卦的观念象征着自然界和人世间的某些事物，譬如乾卦象征着天，又象征着父之类。《序卦》说明六十四卦排列先后的道理。《杂卦》比较各卦意义的同异之处。这三种传据说是河内一个女子在什么地方找着的，后来称为《逸易》；其实也许就是汉代人作的。

八卦原只是数目的巫术，这时候却变成数目的哲学了❸。那整画"—"是奇数，代表天；那断画"--"是偶数，代表地。奇数是阳数，偶数是阴数；阴阳的观念是从男女来的。有天地，不能没有万物，正和有男女就有子息一样，所以三画才能成一卦。卦是表示阴阳变化的；《周易》

❶傅会：把没有关系的事物说成有关系。同"附会"。

❷抱残守阙：固守残缺的东西不放。形容保守不知改进。阙，同"缺"。

❸由此，《周易》走向了上层的哲学的路线，而另一条巫术的路线，则逐渐沉入民间。

的"易"，也便是"变化"的意思。❶为什么要八个卦呢？这原是算学里错列与组合的必然，但这时候却想着是万象的分类。乾是天，是父等；坤是地，是母等；震是雷，是长子等；巽是风，是长女等；坎是水，是心病等；离是火，是中女等；艮是山，是太监等；兑是泽，是少女等。这样，八卦便象征着也支配着整个的大自然，整个的人间世了。八卦重为六十四卦，卦是复合的，卦象也是复合的，作用便更复杂、更具体了。据说伏羲、神农、黄帝、尧、舜一班圣人看了六十四卦的象，悟出了种种道理，这才制造了器物，建立了制度、耒耜以及文字等等东西，"日中为市❷"等等制度，都是他们从六十四卦推演出来的。

这个观象制器的故事，见于《系辞》。《系辞》是最重要的一部《易传》。这传里借着八卦和卦、爻辞发挥着的融合儒、道的哲学，和观象制器的故事，都大大地增加了《周易》的价值，抬高了它的地位。《周易》的地位抬高了，关于它的传说也就多了。《系辞》里只说伏羲作八卦；后来的传说却将重卦的，作卦、爻辞的，作《易传》的人，都补出来了。但这些传说都比较晚，所以有些参差，不尽能像"伏羲画卦说"那样成为定论。重卦的人，有说是伏羲的，有说是神农的，有说是文王的。卦、爻辞有说全是文王作的，有说爻辞是周公作的，有说全是孔子作的。《易传》却都说是孔子作的。这些都是圣人。《周易》的经传都出于圣人之手，所以和儒家所谓道统，关系特别深切；这成了他们一部传道的书。所以到了汉代，便已跳到"六经"之首了⑤。但另一面阴阳八卦与五行结合起来，三位一体地演变出后来医卜、星相种种迷信、种种花样，支配着一般民众，势力也非常雄厚。这里面儒家的影响却很少了，大部分还是《周易》原来的卜筮传统的力量。儒家的《周易》是哲学化了的；民众的

《周易》倒是巫术的本来面目。

经典原文请参阅别册 003 页"《周易》第二"。

参考资料：

顾颉刚《周易卦爻辞中的故事》(《古史辨》第三册上)

李镜池《易传探源》(同上)

余永梁《易卦爻辞的时代及其作者》(同上)

慎思明辨

1. 朱自清先生在本文中说："辟邪还只是它的小神通，它的大神通在能够因往知来，预言吉凶。算命的、看相的、卜课的，都用得着它。"又说："阴阳八卦与五行结合起来，三位一体地演变出后来医卜、星相种种迷信、种种花样。"既然因往知来、预言吉凶这些"神通"都是些"迷信"和"花样"，为什么它们还能"支配着一般民众，势力也非常雄厚"呢？请谈谈你的理解。

2. 朱自清先生在文中提到，《周易》的"易"有"简易"和"变化"两种不同的理解，你更认同哪一种说法？

朱自清原注

① 二语见《易·系辞》。太极是混沌的元气，两仪是天地，四象是日月星辰。

② 《左传·僖公四年》。

③ 《周礼·春官·太卜》。

④ 《古论语》作"易"，《鲁论语》作"亦"。

⑤ 《庄子·天运篇》和《天下篇》所说"六经"的次序是：《诗》《书》《礼》《乐》《易》《春秋》；到了《汉书·艺文志》，便成了《易》《书》《诗》《礼》《乐》《春秋》了。

《尚书》第三

❶古代帝王的一言一行都会被史官记录在案，以督促其谨言慎行，或期待其垂范后世。《汉书·艺文志》："古之王者世有史官，君举必书，所以慎言行，昭法式也。左史记言，右史记事，事为春秋，言为尚书，帝王靡不同之。"

❷朱自清先生前段已言，记言易于记事。故记言之文先于记事之文而发展。

❸诘(jí)屈聱(áo)牙：文章读起来不顺口。诘屈，曲折，不顺畅。聱牙，拗口。同"佶屈聱牙"。

❹虞：相传舜所建立的朝代。

❺誓，如商汤讨伐夏桀之《汤誓》。诰，如周公命康叔告诫臣民不可酗酒之《酒诰》。

❻命，如周成王临终嘱托大臣辅佐康王之《顾命》。

《尚书》是中国最古的记言的历史。❶所谓记言，其实也是记事，不过是一种特别的方式罢了。记事比较的是间接的，记言比较的是直接的。记言大部分照说的话写下来，虽然也须略加剪裁，但是尽可以不必多费心思。记事需要化自称为他称，剪裁也难，费的心思自然要多得多。

中国的记言文是在记事文之先发展的。❷商代甲骨卜辞大部分是些问句，记事的话不多见。两周金文也还多以记言为主。直到战国时代，记事文才有了长足的进展。古代言文大概是合一的，说出的、写下的都可以叫作"辞"。卜辞我们称为"辞"，《尚书》的大部分其实也是"辞"。我们相信这些辞都是当时的"雅言"①，就是当时的官话或普通话。但传到后世，这种官话或普通话却变成诘屈聱牙❸的古语了。

《尚书》包括虞❹、夏、商、周四代，大部分是号令，就是向大众宣布的话，小部分是君臣相告的话。也有记事的，可是照近人的说数，那记事的几篇，大都是战国末年人的制作，应该分别地看。那些号令多称为"誓"或"诰"❺，后人便用"誓""诰"的名字来代表这一类。平时的号令叫"诰"，有关军事的叫"誓"。君告臣的话多称为"命"❻；

臣告君的话却似乎并无定名，偶然有称为"谟"②❶的。这些辞有的是当代史官所记，有的是后代史官追记；当代史官也许根据亲闻，后代史官便只能根据传闻了。这些辞原来似乎只是说的话，并非写出的文告；史官纪录，意在存作档案，备后来查考之用。这种古代的档案，想来很多，留下来的却很少。汉代传有《书序》，来历不详，也许是周、秦间人所作。有人说，孔子删《书》为百篇，每篇有序，说明作意。❷这却缺乏可信的证据。孔子教学生的典籍里有《书》，倒是真的。❸那时代的《书》是个什么样子，已经无从知道。"书"原是"纪录"的意思③；大约那所谓"书"只是指当时留存着的一些古代的档案而言；那些档案恐怕还是一件件的，并未结集成书。成书也许是在汉人手里。那时候这些档案留存着的更少了，也更古了，更稀罕了；汉人便将它们编辑起来，改称《尚书》。"尚"，"上"也；《尚书》据说就是"上古帝王的书"④。"书"上加一"尚"字，无疑的是表示着尊信的意味。至于《书》称为"经"，始于《荀子》⑤；不过也是到汉代才普遍罢了。

儒家所传的"五经"中，《尚书》残缺最多，因而问题也最多。秦始皇烧天下诗书及诸侯史记❹，并禁止民间私藏一切书。到汉惠帝时，才开了书禁；文帝接着更鼓励人民献书。书才渐渐见得着了。那时传《尚书》的只有一个济南伏生⑥。伏生本是秦博士❺。始皇下诏烧诗书的时候，他将《书》藏在墙壁里。后来兵乱，他流亡在外。汉定天下，才回家；检查所藏的《书》，已失去数十篇，剩下的只二十九篇了。他就守着这一些，私自教授于齐、鲁之间。文帝知道了他的名字，想召他入朝。那时他已九十多岁，不能远行到京师去。文帝便派掌故官❻晁错来从他学。伏生私人的教授，加上朝廷的提倡，使《尚书》流传开去。伏生所藏的本

❶谟（mó），如皋陶和禹对话之《皋陶谟》。

❷《汉书·艺文志》："故书之所起远矣，至孔子纂（zuàn）焉，上断于尧，下讫于秦，凡百篇，而为之序，言其作意。"

❸《史记·孔子世家》："孔子以诗书礼乐教，弟子盖三千焉，身通六艺者七十有二人。"

经典原文请参阅别册005页《尚书》第三。

❹史记：此泛指各诸侯国所记之历史。司马迁《史记》原称《太史公书》。

❺博士：古代学官名，秦汉相承，掌管典籍，通晓史事，以备皇帝咨询。后成为学术上专通一经或精通一艺，从事教授生徒的官职。

❻掌故官：汉代官职名，掌管礼乐制度等故事。

子是用"古文"写的，还是用秦篆写的，不得而知；他的学生却只用当时的隶书钞录流布。这就是东汉以来所谓《今尚书》或《今文尚书》。汉武帝提倡儒学，立五经博士；宣帝时每经又都分家数立官，共立了十四博士。每一博士各有弟子员若干人。每家有所谓"师法"或"家法"，从学者必须严守。这时候经学已成利禄的途径，治经学的自然就多起来了。《尚书》也立下欧阳（和伯）、大小夏侯（夏侯胜、夏侯建）三博士，却都是伏生一派分出来的。当时去❶伏生已久，传经的儒者为使人尊信的缘故，竟有硬说《尚书》完整无缺的。他们说，二十九篇是取法天象的，一座北斗星加上二十八宿，不正是二十九吗⑦！❷这二十九篇，东汉经学大师马融、郑玄都给作过注；可是那些注现在差不多亡失干净了。

汉景帝时，鲁恭王为了扩展自己的宫殿，去拆毁孔子的旧宅。在墙壁里得着"古文"经传数十篇，其中有《书》。这些经传都是用"古文"写的；所谓"古文"，其实只是晚周❸民间别体字。那时恭王肃然起敬，不敢再拆房子，并且将这些书都交还孔家的主人孔子的后人叫孔安国❹的。安国加以整理，发见其中的《书》比通行本多出十六篇；这称为《古文尚书》。武帝时，安国将这部书献上去。因为语言和字体的两重困难，一时竟无人能通读那些"逸书"，所以便一直压在皇家图书馆里。成帝时，刘向、刘歆父子先后领校皇家藏书。刘向开始用《古文尚书》校勘今文本子，校出今文脱简❺及异文各若干。哀帝时，刘歆想将《左氏春秋》《毛诗》《逸礼》及《古文尚书》立博士；这些都是所谓"古文"经典。当时的五经博士不以为然❻，刘歆写了长信和他们争辩⑧。这便是后来所谓今古文之争。

今古文之争是西汉经学一大史迹。所争的虽然只在几种

❶去：距离。

❷儒生以神怪观点对经典进行解释与比附，此乃"谶（chèn）纬之学"。

❸晚周：指战国时期。周代先西周而后东周，东周前春秋而后战国，故称战国为晚周。

❹孔安国：孔子十一世孙。汉武帝时博士，官至临淮太守。司马迁曾向他问学。

❺脱简：原指简片散失。后泛指书籍有缺页或文字有脱漏。

❻不以为然：不认为是正确的。

经书，他们却以为关系孔子之道即古代圣帝明王之道甚大。"道"其实也是幌子，骨子里所争的还在禄位与声势；当时今古文派在这一点上是一致的。不过两派的学风确也有不同处。大致今文派继承先秦诸子的风气，"思以其道易天下❶"⑨，所以主张通经致用。他们解经，只重微言大义❷；而所谓微言大义，其实只是他们自己的历史哲学和政治哲学。古文派不重哲学而重历史，他们要负起保存和传布文献的责任；所留心的是在章句❸、训诂❹、典礼、名物之间。他们各得了孔子的一端，各有偏畸的地方。到了东汉，书籍流传渐多，民间私学日盛。私学压倒了官学，古文经学压倒了今文经学；学者也以兼通为贵，不再专主一家。但是这时候"古文"经典中《逸礼》即《礼》古经已经亡佚，《尚书》之学，也不昌盛。

东汉初，杜林曾在西州（今新疆境）得漆书《古文尚书》一卷，非常宝爱，流离兵乱中，老是随身带着。他是怕"《古文尚书》学"会绝传，所以这般珍惜。当时经师贾逵、马融、郑玄都给那一卷《古文尚书》作注，从此《古文尚书》才显于世⑩。原来"《古文尚书》学"直到贾逵才真正开始；从前是没有什么师说的。而杜林所得只一卷，决不如孔壁所出的多。学者竟爱重到那般地步。大约孔安国献的那部《古文尚书》，一直埋没在皇家图书馆里，民间也始终没有盛行，经过西汉末年的兵乱，便无声无臭❺地亡失了罢。杜林的那一卷，虽经诸大师作注，却也没传到后世；这许又是三国兵乱的缘故。《古文尚书》的运气真够坏的，不但没有能够露头角，还一而再地遭到了些冒名顶替的事儿。这在西汉就有。汉成帝时，因孔安国所献的《古文尚书》无人通晓，下诏征求能够通晓的人。东莱有个张霸，不知孔壁的书还在，便根据《书序》，将伏生二十九篇分为数十，作为中

❶ 易天下：改变天下。

❷ 微言大义：精微的言辞，深刻的道理。微，精微，精深。

❸ 章句：研究分析古书的章节和句读(dòu)，后也指章句之学。

❹ 训诂：解释古书文义。

❺ 无声无臭(xiù)：没有声音，没有气味。形容人没有名声或事情没有消息。

段，又采《左氏传》及《书序》所说，补作首尾，共成《古文尚书百二篇》。每篇都很简短，文意又浅陋。他将这伪书献上去。成帝教用皇家图书馆藏着的孔壁《尚书》对看，满不是的。成帝便将张霸下在狱里，却还存着他的书，并且听它流传世间。后来张霸的再传弟子樊并谋反，朝廷才将那书毁废；这第一部伪《古文尚书》就从此失传了。

到了三国末年，魏国出了个王肃，是个博学而有野心的人。他伪作了《孔子家语》《孔丛子》❶⑪，又伪作了一部孔安国的《古文尚书》❷，还带着孔安国的传。他是个聪明人，伪造这部《古文尚书》孔传，是很费了心思的。他采辑群籍中所引"逸书"，以及历代嘉言，改头换面，巧为联缀，成功了这部书。他是参照汉儒的成法，先将伏生二十九篇分割为三十三篇，另增多二十五篇，共五十八篇⑫，以合于东汉儒者如桓谭、班固所记的《古文尚书》篇数。所增各篇，用力阐明儒家的"德治主义"，满纸都是仁义道德的格言。这是汉武帝罢黜百家、专崇儒学以来的正统思想，所谓大经、大法，足以取信于人。只看宋以来儒者所口诵心维的"十六字心传"⑬，正在他伪作的《大禹谟》里，便见出这部伪书影响之大。其实《尚书》里的主要思想，该是"鬼治主义"，像《盘庚》等篇所表现的。"原来西周以前，君主即教主，可以唯所欲为，不受什么政治道德的拘束。逢到臣民不听话的时候，只要抬出上帝和先祖来，自然一切解决。"这叫作"鬼治主义"。"西周以后，因疆域的开拓，交通的便利，富力的增加，文化大开。自孔子以至荀卿、韩非，他们的政治学说都建筑在人性上面。尤其是儒家，把人性扩张得极大。他们觉得政治的良好只在诚信的感应；只要君主的道德好，臣民自然风从，用不到威力和鬼神的压迫。❸"这叫作"德治主义"⑭。看古代的档案，包含着"鬼治主义"思想的，自

❶ 朱自清先生认为《孔子家语》和《孔丛子》均为王肃伪作，这是"疑古思潮"之下的认知。据当代学者研究，两书均非王肃伪作，而是渊源有自的"真"典籍。

❷《尚书》是问题最多、争议最大的一部经典。王肃是否伪造了《古文尚书》，学界尚无定论。而近代以来之学者，如刘师培、吴承仕等，更倾向于王肃并未作伪。

❸《论语·颜渊》："政者，正也。子帅以正，孰敢不正？"又："子为政，焉用杀？子欲善而民善矣。君子之德风，小人之德草。草上之风，必偃。"

然比包含着"德治主义"思想的可信得多。但是王肃的时代早已是"德治主义"的时代；他的伪书所以专从这里下手。他果然成功了。只是词旨坦明，毫无诘屈聱牙之处，却不免露出了马脚。

晋武帝时候，孔安国的《古文尚书》曾立过博士[15]；这《古文尚书》大概就是王肃伪造的。王肃是武帝的外祖父，当时即使有怀疑的人，也不敢说话。可是后来经过怀帝永嘉之乱❶，这部伪书也散失了，知道的人很少。东晋元帝时，豫章内史梅赜发见了它，便拿来献到朝廷上去。❷这时候伪《古文尚书》孔传便和马、郑注的《尚书》并行起来了。大约北方的学者还是信马、郑的多，南方的学者才是信伪孔的多。等到隋统一了天下，南学压倒了北学，马、郑《尚书》，习者渐少。唐太宗时，因章句繁杂，诏令孔颖达等编撰《五经正义》；高宗永徽四年（西元六五三），颁行天下，考试必用此本。《正义》成了标准的官书，经学从此大统一。那《尚书正义》便用的伪《古文尚书》孔传。伪孔定于一尊，马、郑便更没人理睬了；日子一久，自然就残缺了，宋以来差不多就算亡了。伪《古文尚书》孔传如此这般冒名顶替了一千年，直到清初的时候。

这一千年中间，却也有怀疑伪《古文尚书》孔传的人。南宋的吴棫首先发难。他有《书稗传》十三卷[16]，可惜不传了。朱子因孔安国的"古文"字句皆完整，又平顺易读，也觉得可疑[17]。但是他们似乎都还没有去找出确切的证据。至少朱子还不免疑信参半；他还采取伪《大禹谟》里"人心""道心"的话解释"四书"，建立道统呢。元代的吴澄才断然地将伏生今文从伪古文分出；他的《尚书纂言》只注解今文，将伪古文除外。明代梅鷟著《尚书考异》，更力排伪孔，并找出了相当的证据。但是严密钩稽❸决疑定谳❹的

❶ 永嘉之乱：永嘉五年（311），匈奴人趁西晋动乱衰败而南侵，晋怀帝被俘。五年后（316），匈奴人围攻长安，西晋灭亡。自此北方进入战乱不休的五胡十六国时期，南方则建立起东晋偏安政权。

❷ 梅赜所献《尚书》共五十八篇，其版本是将原《今文尚书》的二十八篇分为三十三篇，另加上伪《古文尚书》二十五篇。梅氏所献二十五篇《古文尚书》乃伪书，历来无争议，但作伪者到底是谁，历来莫衷一是，未必便是王肃。

❸ 钩稽：查考。也写作"勾稽"。

❹ 定谳（yàn）：定论。谳，议罪。

人，还得等待清代的学者。这里该提出三个可尊敬的名字。第一是清初的阎若璩，著《古文尚书疏证》，第二是惠栋，著《古文尚书考》；两书辨析详明，证据确凿，教伪孔体无完肤，真相毕露。但将作伪的罪名加在梅赜头上，还不免未达一间。第三是清中叶的丁晏，著《尚书余论》，才将真正的罪人王肃指出。千年公案，从此可以定论。这以后等着动手的，便是搜辑汉人的伏生《尚书》说和马、郑注。这方面努力的不少，成绩也斐然可观；不过所能做到的，也只是抱残守缺的工作罢了。伏生《尚书》从千年迷雾中重露出真面目，清代诸大师的劳绩是不朽的。但二十九篇固是真本，其中也还该分别地看。❶照近人的意见，《周书》大都是当时史官所记，只有一二篇像是战国时人托古之作。《商书》究竟是当时史官所记，还是周史官追记，尚在然疑之间。《虞书》《夏书》大约多是战国末年人托古之作，只《甘誓》那一篇许是后代史官追记的。这么着，《今文尚书》里便也有了真伪之分了。

参考资料：

王先谦《尚书孔传参正·序例》及卷三十六《伪孔安国序》

顾颉刚《论今文尚书著作时代书》（《古史辨》第一册）

❶ 2008 年，清华大学入藏了一批战国竹简。在这批竹简中，包含多篇《尚书》（包括《逸周书》）以及体裁与《尚书》类似的文献。我们相信，随着学界的不懈探研，《尚书》的研究将会有重大进展。

1.朱自清先生在文中说:"到了三国末年,魏国出了个王肃,是个博学而有野心的人。"又说:"他是个聪明人,伪造这部《古文尚书》孔传,是很费了心思的。"还说:"王肃是武帝的外祖父,当时即使有怀疑的人,也不敢说话。"字里行间,透着朱先生对王肃人品的怀疑与不屑。请查阅《三国志·魏书·王肃传》中的记述,谈谈你对王肃人品的认识。

2.朱自清先生在文中引用顾颉刚先生的话:"自孔子以至荀卿、韩非,他们的政治学说都建筑在人性上面。尤其是儒家,把人性扩张得极大。他们觉得政治的良好只在诚信的感应;只要君主的道德好,臣民自然风从,用不到威力和鬼神的压迫。"在儒家看来,只要统治者的道德好,便能做好统治工作。你认同这一观点吗?还有一种观点认为依靠制度比单纯依靠道德更有效,你又如何看待这种说法?

朱自清原注

① "雅言"见《论语·述而》。远植补《论语·述而》:"子所雅言,《诗》《书》、执礼,皆雅言也。"雅言,正言,音正之言。

②《说文·言部》:"谟,议谋也。"

③《说文·书部》:"书,著也。"

④《论衡·正说篇》。

⑤《劝学篇》。

⑥ 裴骃《史记集解》引张晏曰:"伏生名胜,《伏氏碑》云。"

⑦《论衡·正说篇》。

⑧《汉书》本传。

⑨ 语见章学诚《文史通义·言公上》。

⑩《后汉书·杨伦传》。

⑪《家语》托名孔安国,《孔丛子》托名孔鲋。

⑫ 桓谭《新论》作五十八,《汉书·艺文志》自注作五十七。

⑬ 见真德秀《大学衍义》。所谓十六字是:"人心惟危,道心惟微,惟精惟一,允执厥中。"在伪《大禹谟》里,是舜对禹的话。

⑭ 以上引顾颉刚《〈盘庚〉中篇今译》(《古史辨》第二册)。

⑮《晋书·荀崧传》。

⑯ 陈振孙《直斋书录解题·四》。

⑰ 见《朱子语类·七十八》。

《诗经》第四

❶朱自清先生在其《诗言志辨》中还指出："以乐歌相语，该是初民的生活方式之一。那时结恩情，做恋爱用乐歌，这种情形现在还常常看见；那时有所讽颂，有所祈求，总之有所表示，也多用乐歌。人们生活在乐歌中。乐歌就是'乐语'，日常的语言是太平凡了，不够郑重，不够强调的。明白了这种'乐语'，才能明白献诗和赋诗。这时代人们还都能歌，乐歌还是生活里重要节目。献诗和赋诗正从生活的必要和自然的需求而来……"

❷块垒：累积的块状物，比喻郁积在心里的气愤或愁闷。

❸机锋：原指佛教禅宗中问答机警犀利、含义深刻的话语。此泛指机警犀利、含义深刻的话语。

诗的源头是歌谣。上古时候，没有文字，只有唱的歌谣，没有写的诗。一个人高兴的时候或悲哀的时候，常愿意将自己的心情诉说出来，给别人或自己听。日常的言语不够劲儿，便用歌唱；一唱三叹得叫别人回肠荡气。唱叹再不够的话，便手也舞起来了，脚也蹈起来了，反正要将劲儿使到了家。碰到节日，大家聚在一起酬神作乐，唱歌的机会更多。或一唱众和，或彼此竞胜。❶传说葛天氏的乐八章，三个人唱，拿着牛尾，踏着脚①，似乎就是描写这种光景的。歌谣越唱越多，虽没有书，却存在人的记忆里。有了现成的歌儿，就可借他人酒杯，浇自己块垒❷；随时拣一支合式的唱唱，也足可消愁解闷。若没有完全合式的，尽可删一些、改一些，到称意为止。流行的歌谣中往往不同的词句并行不悖，就是为此。可也有经过众人修饰，成为定本的。歌谣真可说是"一人的机锋❸，多人的智慧"了②。

歌谣可分为徒歌和乐歌。徒歌是随口唱，乐歌是随着乐器唱。徒歌也有节奏，手舞脚蹈便是帮助节奏的；可是乐歌的节奏更规律化些。乐器在中国似乎早就有了，《礼记》里说的土鼓、土槌儿、芦管儿③，也许是我们乐器的老祖宗。到了《诗经》时代，有了琴瑟钟鼓❶，已是洋洋大观了。歌谣的节奏，最主要的靠重叠或叫复沓；本来歌谣以表情为主，只要翻来覆去将情表到了家就成，用不着费话。重叠可以说原是歌谣的生命，节奏也便建立在这上头。字数的均齐，韵脚的调协，似乎是后来发展出来的。有了这些，重叠才在诗歌里失去主要的地位。

有了文字以后，才有人将那些歌谣记录下来，便是最初的写的诗了。但记录的人似乎并不是因为欣赏的缘故，更不是因为研究的缘故。他们大概是些乐工，乐工的职务是奏乐和唱歌；唱歌得有词儿，一面是口头传授，一面也就有了唱本儿。歌谣便是这么写下来的。我们知道春秋时的乐工就和后世阔人家的戏班子一样，老板叫作太师。那时各国都养着一班乐工，各国使臣来往，宴会时都得奏乐唱歌。太师们不但得搜集本国乐歌，还得搜集别国乐歌❷。不但搜集乐词，还得搜集乐谱。那时的社会有贵族与平民两级。太师们是伺候贵族的，所搜集的歌儿自然得合贵族们的口味；平民的作品是不会入选的。他们搜得的歌谣，有些是乐歌，有些是徒歌。徒歌得合乐才好用。合乐的时候，往往得增加重叠的字句或章节，便不能保存歌词的原来样子。除了这种搜集的歌谣以外，太师们所保存的还有贵族们为了特种事情，如祭祖、宴客、房屋落成、出兵、打猎等等作的诗。这些可以说是典礼的诗。又有讽谏、颂美等等的献诗；献诗是臣下作了献给君上，准备让乐工唱给君上听的，可以说是政治的诗❸。太师们保存下这些唱本儿，带着乐谱，唱词儿共有三百多篇，当时通称作"《诗》三百"。到了战国时代，贵族渐渐衰落，平民渐渐抬头，新乐代替了古乐，职业的乐工纷纷散走。乐谱就此亡失，但是还有三百来篇唱词儿流传下来，便是后来的《诗经》了④。

❶《诗经·周南·关雎》中就有"窈窕淑女，琴瑟友之""窈窕淑女，钟鼓乐之"的句子。

❷据班固《汉书》记载，采诗之官摇着木铎（铜质的大铃铛，以木为舌）去民间采诗，采回来献给太师。太师"比其音律，以闻于天子"，这样天子便可以"观风俗，知得失，自考正"了。

❸《国语·周语上》："故天子听政，使公卿至于列士献诗，瞽（gǔ）献典，史献书……而后王斟酌焉，是以事行而不悖。"

"诗言志"是一句古话；"诗"（詩）这个字就是"言""志"两个字合成的。但古代所谓"言志"和现在所谓"抒情"并不一样；那"志"总是关联着政治或教化的。春秋时通行赋诗。在外交的宴会里，各国使臣往往得点一篇诗或几篇诗叫乐工唱。这很像现在的请客点戏，不同处是所点的诗句必加上政治的意味。这可以表示这国对那国或这人对那人的愿望、感谢、责难等等，都从诗篇里断章取义。断章取义是不管上下文的意义，只将一章中一两句拉出来，就当前的环境，作政治的暗示。**❶**如《左传·襄公二十七年》，郑伯宴晋使赵孟于垂陇，赵孟请大家赋诗，他想看看大家的"志"。子太叔赋的是《野有蔓草》。原诗首章云："野有蔓草，零露漙兮，有美一人，清扬婉兮。邂逅相遇，适我愿兮。"子太叔只取末两句，借以表示郑国欢迎赵孟的意思；上文他就不管。全诗原是男女私情之作，他更不管了。**❷**可是这样办正是"诗言志"；在那回宴会里，赵孟就和子太叔说了"诗以言志"这句话。

到了孔子时代，赋诗的事已经不行了，孔子却采取了断章取义的办法，用诗来讨论做学问、做人的道理。"如切如磋，如琢如磨"⑤，本来说的是治玉**❸**，将玉比人。他却用来教训学生做学问的工夫⑥。"巧笑倩兮，美目盼兮，素以为绚兮"⑦，本来说的是美人，所谓天生丽质。他却拉出末句来比方作画，说先有白底子，才会有画，是一步步进展的；作画还是比方，他说的是文化，人先是朴野的，后来才进展了文化——文化必须修养而得，并不是与生俱来的⑧。他如此解诗，所以说"思无邪"一句话可以包括"《诗》三百"的道理⑨**❹**；又说诗可以鼓舞人，联合人，增加阅历，发泄牢骚，事父事君的道理都在里面⑩。孔子以后，"《诗》三百"成为儒家的"六经"之一，《庄子》和《荀子》里都说到

❶ 赋诗言志是当时通行的外交沟通方式。孔子说："诵《诗》三百，授之以政，不达；使于四方，不能专对；虽多，亦奚以为？"（《论语·子路》）大意是：学习《诗经》后，如果办不通行政任务，不能独立地去进行应酬谈判，读得再多，有什么用处呢？

❷《野有蔓草》之《毛序》认为该诗："思遇时也。君之泽不下流，民穷于兵革，男女失时，思不期而会焉。"《郑笺》："不期而会，谓不相与期而自俱会。"这正如下文作者所说："最有权威的毛氏《诗传》和郑玄《诗笺》差不多全是断章取义，甚至断句取义。"

❸ 治玉：打磨雕琢玉石。古人"治骨曰切，象曰磋，玉曰琢，石曰磨"。（《毛传》）

❹《论语·为政》：子曰："《诗》三百，一言以蔽之，曰'思无邪'。"

"诗言志"，那个"志"便指教化而言。

但春秋时列国的赋诗只是用诗，并非解诗；那时诗的主要作用还在乐歌，因乐歌而加以借用，不过是一种方便罢了。至于诗篇本来的意义，那时原很明白，用不着讨论。到了孔子时代，诗已经不常歌唱了，诗篇本来的意义，经过了多年的借用，也渐渐含糊了。他就按着借用的办法，根据他教授学生的需要，断章取义地来解释那些诗篇。**❶** 后来解释《诗经》的儒生都跟着他的脚步走。最有权威的毛氏《诗传》和郑玄《诗笺》差不多全是断章取义，甚至断句取义——断句取义是在一句两句里拉出一个两个字来发挥，比起断章取义，真是变本加厉了。

毛氏有两个人：一个毛亨，汉时鲁国人，人称为大毛公；一个毛苌，赵国人，人称为小毛公。是大毛公创始《诗经》的注解，传给小毛公，在小毛公手里完成的。郑玄是东汉人，他是专给《毛传》作《笺》的，有时也采取别家的解说；不过别家的解说在原则上也还和毛氏一鼻孔出气，他们都是以史证诗。他们接受了孔子"无邪"的见解，又摘取了孟子的"知人论世"⑪ 的见解，以为用孔子的诗的哲学，别裁**❷** 古代的史说，拿来证明那些诗篇是什么时代作的，为什么事作的，便是孟子所谓"以意逆志"⑫。其实孟子所谓"以意逆志"倒是说要看全篇大意，不可拘泥在字句上，与他们不同。他们这样猜出来的作诗人的志，自然不会与作诗人相合；但那种志倒是关联着政治教化而与"诗言志"一语相合的。这样的以史证诗的思想，最先具体地表现在《诗序》里。

《诗序》有《大序》《小序》。《大序》好像总论，托名子夏，说不定是谁作的**❸**。《小序》每篇一条，大约是大、小毛公作的。以史证诗，似乎是《小序》的专门任务；传里

❶ 1994 年，上海博物馆从香港文物市场购回 1200 余支被盗挖的战国楚简。经过整理，其中有关《诗经》的 29 支竹简（共 1006 字）被定名为《孔子诗论》。写于战国时期的这部《孔子诗论》，试图通过对诗篇的阐释来贯彻其教化思想，为汉代《毛诗》的产生奠定了基础。

❷ 别裁：此指区别取舍。

❸《大序》是《关雎》正文之前"诗者，志之所之也……是谓四始，诗之至也"那一大段文字。别册《经典选读》008—010 页有选注本篇内容，可参阅。

虽也偶然提及，却总以训诂为主，不过所选取的字义，意在助成序说，无形中有个一定方向罢了。可是《小序》也还是泛说的多，确指的少。到了郑玄，才更详密地发展了这个条理。他按着《诗经》中的国别和篇次，系统地附合史料，编成了《诗谱》，差不多给每篇诗确定了时代；《笺》中也更多地发挥了作为各篇诗的背景的历史。以史证诗，在他手里算是集大成了。

《大序》说明诗的教化作用；这种作用似乎建立在风、雅、颂、赋、比、兴，所谓"六义"上。《大序》只解释了风、雅、颂。说风是风化（感化）、风刺的意思，雅是正的意思，颂是形容盛德的意思。这都是按着教化作用解释的。照近人的研究，这三个字大概都从音乐得名。风是各地方的乐调，《国风》便是各国土乐的意思。雅就是"乌"字，似乎描写这种乐的呜呜之音。雅也就是"夏"字，古代乐章叫作"夏"的很多，也许原是地名或族名。雅又分《大雅》《小雅》，大约也是乐调不同的缘故。**❶**颂就是"容"字，容就是"样子"；这种乐连歌带舞，舞就有种种样子了。风、雅、颂之外，其实还该有个"南"。南是南音或南调，《诗经》中《周南》《召南》的诗，原是相当于现在河南、湖北一带地方的歌谣。《国风》旧有十五，分出二南，还剩十三；而其中邶、鄘两国的诗，现经考定，都是卫诗，那么只有十一《国风》⑬了。颂有《周颂》《鲁颂》《商颂》，《商颂》经考定实是《宋颂》。至于搜集的歌谣，大概是在二南、《国风》和《小雅》里。

赋、比、兴的意义，说数最多。大约这三个名字原都含有政治和教化的意味。赋本是唱诗给人听，但在《大序》里，也许是"直铺陈今之政教善恶"⑭的意思。比、兴都是《大序》所谓"主文而谲谏"；不直陈而用譬喻叫"主文"，

❶ 李山先生则认为："（诗篇产生）时代早的称'大雅'，时代靠后的称'小雅'，《大雅》多西周中期以前的作品，《小雅》则多宣王、幽王之际的作品……新近出版的《战国楚竹书·孔子诗论》颇可为笔者上述说法作证。"（《诗经析读》）

经典原文请参阅别册 008 页"《诗·周南·关雎》"。

委婉讽刺叫"谲谏"。说的人无罪，听的人却可警诫自己。《诗经》里许多譬喻就在比、兴的看法下，断章断句地硬派作政教的意义了。比、兴都是政教的譬喻，但在诗篇发端的叫作兴。❶《毛传》只在有兴的地方标出，不标赋、比；想来赋义是易见的，比、兴虽都是曲折成义，但兴在发端，往往关系全诗，比较更重要些，所以便特别标出了。《毛传》标出的兴诗，共一百十六篇，《国风》中最多，《小雅》第二；按现在说，这两部分搜集的歌谣多，所以譬喻的句子也便多了。

❶ 朱熹《诗传纲领》："赋者，直陈其事……比者，以彼状此……兴者，托物兴词。"

经典原文请参阅别册 010 页"《诗·邶风·静女》"至 012 页"《诗·大雅·文王》"。

参考资料：

顾颉刚《诗经在春秋战国间的地位》(《古史辨》第三册下)

顾颉刚《论诗经所录全为乐歌》(同上)

朱自清《言志说》(《语言与文学》)

朱自清《赋比兴说》(《清华学报》十二卷三期)

慎思明辨

1.春秋时代外交中的"赋诗言志"大都是从诗篇里断章取义。"断章取义是不管上下文的意义，只将一章中一两句拉出来，就当前的环境，作政治的暗示。"你如何看待这种"断章取义"的做法？

2.从文学的角度看，《关雎》是一首歌咏爱情的诗；而从"以史证诗"(或者"经学")的角度看，《关雎》则是赞美"后妃之德"的诗。你更认同哪一种解读方式，为什么？

朱自清原注

① 《吕氏春秋·古乐篇》。 远植补 《吕氏春秋·古乐篇》："昔葛天氏之乐，三人操牛尾，投足以歌八阕。"

② 英美吉特生《英国民歌论说》。译文据周作人《自己的园地·歌谣章》。

③ "土鼓""土槌"（蒉桴）见《礼运》和《明堂位》，"芦管"（苇篪）见《明堂位》。

④ 今《诗经》共三百十一篇，其中六篇有目无诗，实存三百零五篇。

⑤ 《卫风·淇奥》的句子。

⑥ 《论语·学而》。 远植补 《论语·学而》——子贡曰："贫而无谄，富而无骄，何如？"子曰："可也；未若贫而乐，富而好礼者也。"子贡曰："《诗》云'如切如磋，如琢如磨'，其斯之谓与？"子曰："赐也，始可与言《诗》已矣，告诸往而知来者。"谄（chǎn），谄媚，巴结。子贡，孔子弟子，姓端木，名赐，字子贡。诸，之于。

⑦ "巧笑倩兮，美目盼兮。"《卫风·硕人》的句子；"素以为绚兮"一句今已佚。

⑧ 《论语·八佾》。 远植补 《论语·八佾》——子夏问曰："'巧笑倩兮，美目盼兮，素以为绚兮。'何谓也？"子曰："绘事后素。"曰："礼后乎？"子曰："起予者商也！始可与言《诗》已矣。"素，白色的丝织品。子夏，孔子弟子，姓卜名商，字子夏。起予，启发我。

⑨ "思无邪"，《鲁颂·駉》的句子；"思"是语词，无义。 远植补 《鲁颂·駉》："駉駉牡马，在坰之野。薄言駉者，有驈有皇，有骊有黄，以车祛祛。思无邪，思马斯徂。"

⑩ 《论语·阳货》。 远植补 《论语·阳货》："子曰：'小子何莫学夫诗？诗，可以兴，可以观，可以群，可以怨。迩之事父，远之事君；多识于鸟兽草木之名。'"迩（ěr），近。

⑪ 见《孟子·万章》。 远植补 《孟子·万章下》："颂其诗，读其书，不知其人，可乎？是以论其世也。是尚友也。"颂，朗读，背诵。世，时代。

⑫ 同上。 远植补 《孟子·万章上》："故说诗者，不以文害辞，不以辞害志。以意逆志，是为得之。"文、辞，都指文字、词句。害，妨害，误解。逆，揣测，体会。

⑬ 卫、王、郑、齐、魏、唐、秦、陈、桧、曹、豳。

⑭ 《周礼·大师》郑玄注。

"三礼"第五

　　许多人家的中堂里，供奉着"天地君亲师"的大牌位。天地代表生命的本源。亲是祖先的意思，祖先是家族的本源。君师是政教的本源。人情不能忘本，所以供奉着这些。荀子❶只称这些为礼的三本①；大概是到了后世才宗教化了的。荀子是儒家大师。儒家所称道的礼，包括政治制度、宗教仪式、社会风俗习惯等等，却都加以合理的说明。从那"三本说"，可以知道儒家有拿礼来包罗万象的野心，他们认礼为治乱的根本；这种思想可以叫作礼治主义。

　　怎样叫作礼治呢？儒家说初有人的时候，各人有各人的欲望，各人都要满足自己的欲望；没有界限，没有分际，大家就争起来了。你争我争，社会就乱起来了。那时的君师们看了这种情形，就渐渐给定出礼来，让大家按着贵贱的等级，长幼的次序，各人得着自己该得的一份儿吃的、喝的、穿的、住的，各人也做着自己该做的一份儿工作❷。各等人有各等人的界限和分际；若是只顾自己，不管别人，任性儿贪多务得，偷懒图快活，这种人就得受严厉的制裁，有时候保不住性命。这种礼，教人节制，教人和平，建立起社会的秩序，可以说是政治制度。

❶荀子：名况，号卿，战国末期赵国人。他继承了孔子的礼乐学说，吸收百家学术的精华，是先秦时期集大成的思想家。

❷礼治的起源，作者是由《荀子》的说法而来。《荀子·礼论》："礼起于何也？曰：人生而有欲，欲而不得，则不能无求；求而无度量分界，则不能不争；争则乱，乱则穷。先王恶其乱也，故制礼义以分之，以养人之欲，给人之求。"

经典原文请参阅别册014页《礼记·学记》（节选）。

天生万物，是个很古的信仰。这个天是个能视能听的上帝，管生杀，管赏罚。在地上的代表，便是天子。天子祭天，和子孙祭祖先一样。❶地生万物是个事实。人都靠着地里长的活着，地里长的不够了，便闹饥荒；地的力量自然也引起了信仰。天子诸侯祭社稷，祭山川，都是这个来由。最普遍的还是祖先的信仰。直到我们的时代，这个信仰还是很有力的。按儒家说，这些信仰都是"报本返始"②的意思。报本返始是庆幸生命的延续，追念本源，感恩怀德，勉力去报答的意思。但是这里面怕不单是怀德，还有畏威的成分。感谢和恐惧产生了种种祭典。儒家却只从感恩一面加以说明，看作礼的一部分。但这种礼教人恭敬，恭敬便是畏威的遗迹了。儒家的丧礼，最主要的如三年之丧，也建立在感恩的意味上②；却因恩谊的亲疏，又定出等等差别来。这种礼，大部分可以说是宗教仪式。

居丧一面是宗教仪式，一面是普通人事。普通人事包括一切日常生活而言。日常生活都需要秩序和规矩。居丧以外，如婚姻、宴会等大事，也各有一套程序，不能随便马虎过去；这样是表示郑重，也便是表示敬意和诚心。至于对人，事君，事父母，待兄弟姊妹，待子女，以及夫妇、朋友之间，也都自有一番道理。按着尊卑的分际，各守各的道理，君仁臣忠，父慈子孝，兄友弟恭，夫妇朋友互相敬爱，才算能做人；人人能做人，天下便治了。就是一个人饮食言动，也都该有个规矩，别叫旁人难过，更别侵犯着旁人❸，反正诸事都记得着自己的分儿。这些个规矩也是礼的一部分；有些固然含着宗教意味，但大部分可以说是风俗习惯。这些风俗习惯有一些也可以说是生活的艺术。

王道不外乎人情，礼是王道的一部分，按儒家说是通乎人情的③。既通乎人情，自然该诚而不伪了。但儒家所称道的

---

❶古人认为，天子"父天母地"（《白虎通德论》），即以天为父，以地为母。

❷孔子认为，小孩儿生下来三年才能离开父母的怀抱，所以父母去世后，也要为其守丧三年以报答养育之恩。《论语·阳货》："子生三年，然后免于父母之怀。夫三年之丧，天下之通丧也。"

❸人应利他而非利己。《礼记·坊记》："君子贵人而贱己，先人而后己。"

礼，并不全是实际施行的。有许多只是他们的理想，这种就不一定通乎人情了。就按那些实际施行的说，每一个制度、仪式或规矩，固然都有它的需要和意义。但是社会情形变了，人的生活跟着变；人的喜怒爱恶虽然还是喜怒爱恶，可是对象变了。那些礼的惰性却很大，并不跟着变。❶这就留下了许许多多遗形物，没有了需要，没有了意义；不近人情的伪礼，只会束缚人。《老子》里攻击礼，说"有了礼，忠信就差了"④❷；后世有些人攻击礼，说"礼不是为我们定的"⑤；近来大家攻击礼教，说"礼教是吃人的"。这都是指着那些个伪礼说的❸。

从来礼乐并称，但乐实在是礼的一部分；乐附属于礼，用来补助仪文的不足。乐包括歌和舞，是"人情之所必不免"的⑥。不但是"人情之所必不免"，而且乐声的绵延和融和也象征着天地万物的"流而不息，合同而化"⑦。这便是乐本。乐教人平心静气，互相和爱，教人联合起来，成为一整个儿。人人能够平心静气，互相和爱，自然没有贪欲、捣乱、欺诈等事，天下就治了。乐有改善人心、移风易俗的功用，所以与政治是相通的。按儒家说，礼、乐、刑、政，到头来只是一个道理；这四件都顺理成章了，便是王道❹。这四件是互为因果的。礼坏乐崩，政治一定不成；所以审乐可以知政⑧。"治世之音安以乐，其政和；乱世之音怨以怒，其政乖；亡国之音哀以思，其民困。"⑨吴公子季札到鲁国观乐，乐工奏哪一国的乐，他就知道是哪一国的；他是从乐歌里所表现的政治气象而知道的⑩。歌词就是诗；诗与礼乐也是分不开的。孔子教学生要"兴于诗，立于礼，成于乐"⑪；那时要养成一个人才，必需学习这些。这些诗、礼、乐，在那时代都是贵族社会所专有，与平民是无干的。❺到了战国，新声兴起，古乐衰废，听者只求悦耳，就无所谓这一套乐意。汉

❶礼，应与时俱进。

❷老子之时，周礼几乎沦为幌子和工具，统治者们打着尊奉周礼之名，行争权夺利、压榨剥削之实，忠信丧失殆尽。

❸鲁迅《狂人日记》："我翻开历史一查，这历史没有年代，歪歪斜斜的每叶上都写着'仁义道德'几个字。我横竖睡不着，仔细看了半夜，才从字缝里看出字来，满本都写着两个字是'吃人'！"

❹王道：儒家所提倡的以仁义道德治理天下的政治主张，与以武力、权势等统治天下的"霸道"相对。

❺孔子创办私学，平民子弟也可以学到曾为贵族专享的礼乐文化了。《史记·孔子世家》："孔子以诗书礼乐教，弟子盖三千焉，身通六艺者七十有二人。"

以来胡乐大行，那就更说不到了。

古代似乎没有关于乐的经典；只有《礼记》里的《乐记》，是抄录儒家的《公孙尼子》等书而成，原本已经是战国时代的东西了。关于礼，汉代学者所传习的有三种经和无数的"记"。那三种经是《仪礼》《礼古经》《周礼》。《礼古经》已亡佚，《仪礼》和《周礼》相传都是周公作的。但据近来的研究，这两部书实在是战国时代的产物。❶《仪礼》大约是当时实施的礼制，但多半只是士❷的礼。那些礼是很繁琐的，踵事增华❸的多，表示诚意的少，已经不全是通乎人情的了。《仪礼》可以说是宗教仪式和风俗习惯的混合物；《周礼》却是一套理想的政治制度。那些制度的背景可以看出是战国时代；但组成了整齐的系统，便是著书人的理想了。

"记"是儒家杂述礼制、礼制变迁的历史，或礼论之作；所述的礼制有实施的，也有理想的，又叫作《礼记》；这《礼记》是一个广泛的名称。这些"记"里包含着《礼古经》的一部分。汉代所见的"记"很多，但流传到现在的只有三十八篇《大戴记》和四十九篇《小戴记》。后世所称《礼记》，多半专指《小戴记》说。大戴是戴德；小戴是戴圣，戴德的侄儿。相传他们是这两部书的编辑人❹。但二戴都是西汉的《仪礼》专家。汉代有五经博士；凡是一家一派的经学影响大的，都可以立博士。大戴仪礼学后来立了博士，小戴本人就是博士。汉代经师的家法最严，一家的学说里绝不能掺杂别家。但现存的两部"记"里都各掺杂着非二戴的学说。所以有人说这两部书是别人假托二戴的名字纂辑的；至少是二戴原书多半亡佚，由别人拉杂凑成的，——可是成书也还在汉代。——这两部书里，《小戴记》容易些，后世诵习的人比较多些；所以差不多专占了《礼记》的名字❺。

❶ 蒋伯潜先生认为，《周礼》虽出自战国人之手，"但此人自是大才，盖掇拾成周典制之遗，参以己意，拟为一代之制，以俟后王采行者"（《十三经概论》）。古代中央机构的"六部"（吏、户、礼、兵、刑、工）尚书，便是大体对应《周礼》的"六官"而来。

❷ 士：先秦时期贵族的最低等级，地位在大夫之下、庶民之上。

❸ 踵（zhǒng）事增华：继续以前的事业并加以发展。用于此处，含有贬义。

经典原文请参阅别册014页"《礼记·乐记》（节选）"。

❹ 戴德、戴圣叔侄只是《礼记》的"编辑人"，而《礼记》的撰写者已不能确知。班固认为，撰写者是"七十子后学者"，也就是孔子的弟子以及后学。可见，此书并非成于一人一时。

❺ 《礼记》中的《大学》《中庸》两篇后来被抽出来组成了"四书"，传播更为广泛。本书"'四书'第七"中，作者说："这四种书原来并不在一起，《学》《庸》都在《礼记》里，《论》《孟》是单行的。"

参考资料：

洪业《礼记引得·序》《仪礼引得·序》

慎思明辨

1.朱自清先生在文中说："婚姻、宴会等大事，也各有一套程序，不能随便马虎过去；这样是表示郑重，也便是表示敬意和诚心。"你认为婚礼和宴会有必要"各有一套程序"吗？这是繁文缛节，还是有其必要价值？

2.儒家认为，"乐"是治国的重要的手段。朱自清先生在文中阐述儒家的观点说："乐教人平心静气，互相和爱，教人联合起来，成为一整个儿。人人能够平心静气，互相和爱，自然没有贪欲、捣乱、欺诈等事，天下就治了。"你认为"乐"真有这种治理国家的功效，还是儒家在夸大其词？

朱自清原注

① 《礼论篇》。远植补《荀子·礼论篇》："礼有三本：天地者，生之本也；先祖者，类之本也；君师者，治之本也。无天地恶生？无先祖恶出？无君师恶治？三者偏亡焉，无安人。故礼上事天，下事地，尊先祖而隆君师，是礼之三本也。"恶（wū），怎么，如何。焉，就，则。

② 《礼记·郊特牲》。

③ 《礼记·乐记》。

④ 《老子·三十八章》。远植补《老子·三十八章》："故失道而后德，失德而后仁，失仁而后义，失义而后礼。夫礼者，忠信之薄，而乱之首。"

⑤ 阮籍语，原文见《世说新语·任诞》。远植补《世说新语·任诞》："阮籍嫂尝还家，籍见与别。或讥之，籍曰：'礼岂为我辈设也？'"按：古代认为男女之间授受不亲，所以嫂子和小叔子之间不能互相问候。《礼记·曲礼》："嫂叔不通问。"

⑥ 《荀子·乐论篇》《礼记·乐记》。

⑦ 《礼记·乐记》。

⑧ 同⑦。

⑨ 同⑦。

⑩ 《左传·襄公二十九年》。

⑪ 《论语·泰伯》。

《春秋》三传第六（《国语》附）

❶《春秋》书名的由来，说法不一。晋人杜预认为，选取"春秋"这两个代表一年四季的字为史书之名，表示这类记事史书的体例为编年史。还有人认为，孔子于鲁哀公十四年春作《春秋》，九月书成，"以其书春作秋成，故云《春秋》"（《公羊传疏》引《春秋说》）。

❷《公羊传·哀公十四年》："麟者，仁兽也。有王者则至，无王者则不至。有以告者曰：'有麕而角者。'孔子曰：'孰为来哉！孰为来哉！'反袂拭面，涕沾袍……西狩获麟，孔子曰：'吾道穷矣！'"麕（jūn）而角，长特角的獐子。

"春秋"是古代记事史书的通称。古代朝廷大事，多在春秋二季举行，所以记事的书用这个名字。❶各国有各国的《春秋》，但是后世都不传了。传下的只有一部《鲁春秋》，《春秋》成了它的专名，便是《春秋经》了。传说这部《春秋》是孔子作的，至少是他编的。鲁哀公十四年，鲁西有猎户打着一只从没有见过的独角怪兽，想着定是个不祥的东西，将它扔了。这个新闻传到了孔子那里，他便去看。他一看，就说："这是麟啊。为谁来的呢！干什么来的呢！唉唉！我的道不行了！"说着流下泪来，赶忙将袖子去擦，泪点儿却已滴到衣襟上❷。原来麟是个仁兽，是个祥瑞的东西；圣帝、明王在位，天下太平，它才会来，不然是不会来的。可是那时代哪有圣帝、明王？天下正乱纷纷的，麟来的真不是时候，所以让猎户打死；它算是倒了运了。

孔子这时已经年老，也常常觉着生的不是时候，不能行道；他为周朝伤心，也为自己伤心。看了这只死麟，一面同情它，一面也引起自己的无限感慨。他觉着生平说了许多教；当世的人君总不信他，可见空话不能打动人。他发愿修一部《春秋》，要让人从具体的事例里，得到善恶的教训，他相信这样得来的教训，比抽象的议论深切著明得多。❶他觉得修成了这部《春秋》，虽然不能行道，也算不白活一辈子。这便动起手来，九个月书就成功了。书起于鲁隐公，终于获麟；因获麟有感而作，所以叙到获麟绝笔，是纪念的意思。但是《左传》里所载的《春秋经》，获麟后还有，而且在记了"孔子卒"的哀公十六年后还有：据说那却是他的弟子们续修的了。

这个故事虽然够感伤的，但我们从种种方面知道，它却不是真的。《春秋》只是鲁国史官的旧文，孔子不曾掺进手去。《春秋》可是一部信史，里面所记的鲁国日食，有三十次和西方科学家所推算的相合，这决不是偶然的。不过书中残阙、零乱和后人增改的地方，都很不少。书起于隐公元年，到哀公十四年止，共二百四十二年（西元前七二二—西元前四八一）；后世称这二百四十二年为春秋时代。书中纪事按年月日，这叫作编年。编年在史学上是个大发明；这教历史系统化，并增加了它的确实性。❷《春秋》是我国现存的第一部编年史。书中虽用鲁国纪元，所记的却是各国的事，所以也是我们第一部通史❸。所记的齐桓公、晋文公的霸迹最多；后来说"尊王攘夷❹"是《春秋》大义，便是从这里着眼。

古代史官记事，有两种目的：一是征实❺，二是劝惩。像晋国董狐不怕权势，记"赵盾弑其君"①，齐国太史记"崔杼弑其君"②，虽杀身不悔，都为的是征实和惩恶，作后世的鉴戒。❻但是史文简略，劝惩的意思有时不容易看出来，因此便需要解说的人。《国语》记楚国申叔时论教太子的科目，有"春秋"一项，说"春秋"有奖善惩恶的作用，可以戒劝太子的心。孔子是第一个开门授徒，拿经典教给平民的人，《鲁春秋》也该是他的一种科目。关于劝惩的所在，他大约

❶《史记·太史公自序》："子曰：'我欲载之空言，不如见之于行事之深切著明也。'夫《春秋》，上明三王之道，下辨人事之纪，别嫌疑，明是非，定犹豫，善善恶恶，贤贤贱不肖，存亡国，继绝世，补敝起废，王道之大者也。"三王，指夏禹、商汤、周文周武。人事之纪，人与人之间的伦理纲常。继绝世，使断绝的帝王世系再继续下去。

经典原文请参阅别册016页"《史记·孔子世家》（节选）"。

❷我国史书体例主要有：编年体，如《春秋》《资治通鉴》；国别体，如《国语》《战国策》；纪传体，如《史记》《汉书》；纪事本末体，如《通鉴纪事本末》。纪传体为主流。

❸通史：一般指连续叙述各个时代史实的史书，区别于只记载一朝一代的"断代史"。而《春秋》所记载的历史只是东周的前半部分，朱自清先生称其为"通史"，似与今人观点有所不同。

❹见下页。

❺见下页。

❻见下页。

经典原文请参阅别册 017 页"晋灵公不君"。

有许多口义传给弟子们。他死后，弟子们散在四方，就所能记忆的又教授开去。《左传》《公羊传》《穀梁传》，所谓《春秋》三传里，所引孔子解释和评论的话，大概就是检的这一些。

三传特别注重《春秋》的劝惩作用；征实与否，倒在其次。按三传的看法，《春秋》大义可以从两方面说：明辨是非，分别善恶，提倡德义，从成败里见教训，这是一；夸扬霸业，推尊周室，亲爱中国，排斥夷狄，实现民族大一统的理想，这是二。前者是人君的明鉴，后者是拨乱反正❶的程序。这都是王道。而敬天事鬼，也包括在王道里。《春秋》里记灾，表示天罚；记鬼，表示恩仇，也还是劝惩的意思。古代记事的书常夹杂着好多的迷信和理想，《春秋》也不免如此；三传的看法，大体上是对的。但在解释经文的时候，却往往一个字一个字地咬嚼；这一咬嚼，便不顾上下文穿凿傅会起来了。《公羊》《穀梁》，尤其如此。

这样咬嚼出来的意义就是所谓"书法"，所谓"褒贬"，也就是所谓"微言"。后世最看重这个。他们说孔子修《春秋》，"笔则笔，削则削"③，"笔"是书，"削❷"是不书，都有大道理在内。又说一字之褒，比教你作王公还荣耀，一字之贬，比将你作罪人杀了还耻辱。❸本来孟子说过，"孔子成《春秋》而乱臣贼子惧"④，那似乎只指概括的劝惩作用而言。等到褒贬说发展，孟子这句话倒像更坐实了。而孔子和《春秋》的权威也就更大了。后世史家推尊孔子，也推尊《春秋》，承认这种书法是天经地义；但实际上他们却并不照三传所咬嚼出来的那么穿凿傅会地办。这正和后世诗人尽管推尊《毛诗》传、笺里比兴的解释，实际上却不那样穿凿傅会地作诗一样。三传，特别是《公羊传》和《穀梁传》，和《毛诗》传、笺，在穿凿解经这件事上是一致的。

上页❹尊王攘（rǎng）夷：齐桓公、晋文公为争取诸侯称霸的地位，都打出"尊王室""攘夷狄"的旗号。后用以指拥戴中央政权，抵御外敌入侵。朱自清先生下文说"夸扬霸业，推尊周室，亲爱中国，排斥夷狄，实现民族大一统的理想"，就是对"尊王攘夷"的具体解说。攘，排斥。夷，古称东方的少数民族，也泛指周边的民族。

上页❺征实：求取历史事实。

上页❻南宋文天祥高度赞扬晋齐两国的史官坚守了天地间之正气，其《正气歌》曰："时穷节乃见，一一垂丹青。在齐太史简，在晋董狐笔。"

❶拨乱反正：治理混乱的局面，使其恢复正常。

❷削：用刀削除。古代以竹、木为书写材料，删改时需用刀刮去竹、木上的字迹。这种刀相当于今之橡皮擦。

❸《幼学琼林·文事》："孔子作《春秋》，因获麟而绝笔，故曰《麟经》。荣于华衮，乃《春秋》一字之褒；严于斧钺，乃《春秋》一字之贬。"

三传之中，公羊、穀梁两家全以解经为主，左氏却以叙事为主。公、穀以解经为主，所以咬嚼得更利害些。战国末期，专门解释《春秋》的有许多家，公、穀较晚出而仅存。这两家固然有许多彼此相异之处，但渊源似乎是相同的；他们所引别家的解说也有些是一样的。这两种《春秋经传》经过秦火，多有残阙的地方；到汉景帝、武帝时候，才有经师重加整理，传授给人。<u>公羊、穀梁只是家派的名称，仅存姓氏，名字已不可知。</u>❶至于他们解经的宗旨，已见上文；《春秋》本是儒家传授的经典，解说的人，自然也离不了儒家，在这一点上，三传是大同小异的。

《左传》这部书，汉代传为鲁国左丘明所作。这个左丘明，有的说是"鲁君子"，有的说是孔子的朋友；后世又有说是鲁国的史官的⑤。这部书历来讨论的最多。汉时有五经博士。凡解说"五经"自成一家之学的，都可立为博士。立了博士，便是官学；那派经师便可做官受禄。当时《春秋》立了公、穀二传的博士。《左传》流传得晚些，古文派经师也给它争立博士。今文派却说这部书不得孔子《春秋》的真传，不如公、穀两家。后来虽一度立了博士，可是不久还是废了。倒是民间传习的渐多，终于大行！原来公、穀不免空谈，《左传》却是一部仅存的古代编年通史（残缺又少）❷，用处自然大得多。《左传》以外，还有一部分国记载的《国语》，汉代也认为左丘明所作，称为《春秋外传》。❸后世学者怀疑这一说的很多。据近人的研究，《国语》重在"语"，记事颇简略，大约出于另一著者的手，而为《左传》著者的重要史料之一。这书的说教，也不外尚德、尊天、敬神、爱民，和《左传》是很相近的，只不知著者是谁。其实《左传》著者我们也不知道。说是左丘明，但矛盾太多，不能教人相信。《左传》成书的时代大概在战国，比公、穀二

❶公羊、穀梁都是复姓。一般认为，作《公羊传》的人叫作公羊高（《汉书》颜师古注说），作《穀梁传》的人叫作穀梁赤（桓谭《新论》说）。

❷《左传》是我国现存第一部叙事详备的编年体史书。

❸司马迁《报任安书》："左丘失明，厥有《国语》。"按：司马迁认为，一位失明的复姓左丘的人撰写了《国语》，而在《史记·十二诸侯年表》中，他又说"鲁君子左丘明"撰写了《左氏春秋》，后人遂不知其所言"左丘失明"依据为何。

传早些。❶

　　《左传》这部书大体依《春秋》而作；参考群籍，详述史事，征引孔子和别的"君子"解经评史的言论，吟味书法，自成一家言。但迷信卜筮，所记祸福的预言，几乎无不应验❷；这却大大违背了征实的精神，而和儒家的宗旨也不合了。晋范宁作《穀梁传序》说，"左氏艳而富，其失也巫"；"艳"是文章美，"富"是材料多，"巫"是多叙鬼神，预言祸福。这是句公平话。注《左传》的，汉代就不少，但那些许多已散失，现存的只有晋杜预注，算是最古了。❸

　　杜预作《春秋序》，论到《左传》，说"其文缓，其旨远"；"缓"是委婉，"远"是含蓄。这不但是好史笔，也是好文笔。所以《左传》不但是史学的权威，也是文学的权威。《左传》的文学本领，表现在记述辞令和描写战争上。春秋列国，盟会颇繁，使臣会说话不会说话，不但关系荣辱，并且关系利害，出入很大，所以极重辞令。《左传》所记当时君臣的话，从容委曲，意味深长。只是平心静气地说，紧要关头却不放松一步，真所谓恰到好处。这固然是当时风气如此，但不经《左传》著者的润饰工夫，也决不会那样在纸上活跃的。战争是个复杂的程序，叙得头头是道，已经不易，叙得有声有色，更难；这差不多全靠忙中有闲，透着优游不迫神儿才成。这却正是《左传》著者所擅长的。❹

参考资料：
洪业《春秋经传引得·序》

❶ 今之学者普遍认为，《左传》大约成书于战国初年，编订者是一位儒家学者，其姓名不详。

❷ 《左传》中的预兆，大都有道德化倾向。符合礼义的，多有吉兆；不符合礼义的，多有凶兆。这反映了春秋时代人们的世界观和认识水平。

❸ 西晋人杜预嗜读《左传》，自称有"《左传》癖"。

❹ 从容委曲、意味深长、平心静气、恰到好处、有声有色、忙中有闲、优游不迫，对《左传》文风的这些评价，恰也是朱自清先生自己这本《经典常谈》的行文特色。

慎思明辨

1.朱自清先生在文中说："《春秋》只是鲁国史官的旧文，孔子不曾掺进手去。"可是为什么司马迁、班固这些大史学家却认为孔子作《春秋》？请你查阅相关资料，谈谈对这个问题的理解。

2.晋灵公被赵穿所弑，而史官的记载却为"赵盾弑其君"，其原因是什么？你认为这样与史实不符的记载方式，其优缺点在何处？请阅读别册《经典选读》中017页"晋灵公不君"部分，并结合本章的相关内容，谈谈你的理解。

朱自清原注

①《左传·宣公二年》。**远植补** 晋灵公荒淫无耻，不行君道，被其臣子赵穿弑杀，而史官董狐认为当权的正卿赵盾未尽到臣子之责，所以将历史记录为"赵盾弑其君"。《左传·宣公二年》："乙丑，赵穿攻灵公于桃园。宣子未出山而复。大史书曰：'赵盾弑其君。'以示于朝。"宣子，指赵盾。（"赵盾弑其君"事详见别册《经典选读》中"晋灵公不君"部分。）

②《左传·襄公二十五年》。**远植补** 齐国权臣崔杼因个人恩怨而弑杀了齐庄公吕光，齐太史如实记录下"崔杼弑其君"的史实，崔杼不满其记录，遂将太史杀害。太史家族成员不畏权贵，仍然坚持"崔杼弑其君"的记录，以致太史的两位弟弟遭到崔杼杀害。而三位已死史官的弟弟前仆后继，依然作同样的历史书写。崔杼看到没有办法阻止了，这才作罢。《左传·襄公二十五年》："大史书曰：'崔杼弑其君。'崔子杀之。其弟嗣书，而死者二人。其弟又书，乃舍之。"

③《史记·孔子世家》。

④《孟子·滕文公下》。

⑤《史记·十二诸侯年表序》说是"鲁君子"，《汉书·刘歆传》说"亲见夫子"，"好恶与圣人同"，杜预《春秋序》说是"身为国史"。

"四书"第七

❷ 朱熹：字元晦，号晦庵，宋代理学家，与"二程"共同发展出了"程朱学派"。后世尊称朱熹为朱子。

❸ 八股文：明清科举制度的一种考试文体。其段落有严格规定。每篇由破题、承题、起讲、入手、起股、中股、后股、束股等部分组成。从起股到束股四个部分，都有两股相互排比对偶的文字，共为八股。这种文体多内容空泛，形式死板，束缚人的思想。现多用"八股文"来比喻空洞死板的文章、演讲等。按：本书"文第十三"一章亦论及了八股文，可参考。

"四书五经"到现在还是我们口头上一句熟语。"五经"是《易》《书》《诗》《礼》《春秋》❶；"四书"按照普通的顺序是《大学》《中庸》《论语》《孟子》，前二者又简称《学》《庸》，后二者又简称《论》《孟》；有了简称，可见这些书是用得很熟的。本来呢，从前私塾里，学生入学，是从"四书"读起的。这是那些时代的小学教科书，而且是统一的标准的小学教科书，因为没有不用的。那时先生不讲解，只让学生背诵，不但得背正文，而且得背朱熹❷的小注。只要囫囵吞枣地念，囫囵吞枣地背；不懂不要紧，将来用得着，自然会懂的。怎么说将来用得着？那些时候行科举制度。科举是一种竞争的考试制度，考试的主要科目是八股文❸，题目都出在"四书"里，而且是朱注的"四书"里。科举分几级，考中的得着种种出身或资格，凭着这种资格可以建功立业，也可以升官发财；作好作歹，都得先弄个资格到手。科举几乎是当时读书人唯一的出路。每个学生都先读"四书"，而且读的是朱注，便是这个缘故。

将朱注"四书"定为科举用书，是从元仁宗皇庆二年（西元一三一三）起的。规定这四种书，自然因为这些书本身重要，有人人必读的价值；规定朱注，也因为朱注发明书义比旧注好些，切用些。这四种书原来并不在一起，《学》《庸》都在《礼记》里，《论》《孟》是单行的。这些书原来只算是诸子书❶，朱子原来也只称为"四子"；但《礼记》《论》《孟》在汉代都立过博士，已经都升到经里去了。后来唐代的"九经"里虽然只有《礼记》，宋代的"十三经"却又将《论》《孟》收了进去①。《中庸》很早就被人单独注意，汉代已有关于《中庸》的著作，六朝时也有，可惜都不传了②。关于《大学》的著作却直到司马光的《大学通义》才开始，这部书也不传了。这些著作并不曾教《学》《庸》普及，教《学》《庸》和《论》《孟》同样普及的是朱子的注，"四书"也是他编在一起的，"四书"的名字也因他而有。

但最初用力提倡这几种书的是程颢、程颐兄弟❷。他们说："《大学》是孔门的遗书，是初学者入德的门径。只有从这部书里，还可以知道古人做学问的程序。从《论》《孟》里虽也可看出一些，但不如这部书的分明易晓。学者必须从这部书入手，才不会走错了路。"③这里没提到《中庸》。可是他们是很推尊《中庸》的。他们在另一处说："'不偏'叫作'中'，'不易'叫作'庸'；'中'是天下的正道，'庸'是天下的定理。《中庸》是孔门传授心法的书，是子思❸记下来传给孟子的。书中所述的人生哲理，意味深长；会读书的细加玩赏，自然能心领神悟终身受用不尽。"④这四种书到了朱子手里才打成一片。他接受二程的见解，加以系统的说明，四种书便贯串起来了。

他说，古来有小学大学。小学里教洒扫进退的规矩，和礼、乐、射、御、书、数，所谓"六艺"的。大学里教穷理、正心、修己、治人的道理。所教的都切于民生日用，都是实学。《大学》这部书便是古来大学里教学生的方法，规

❶朱熹《大学章句序》："三代之隆，其法寖备，然后王宫、国都以及闾巷，莫不有学。人生八岁，则自王公以下，至于庶人之子弟，皆入小学，而教之以洒扫、应对、进退之节，礼乐、射御、书数之文；及其十有五年，则自天子之元子、众子，以至公、卿、大夫、元士之适（嫡）子，与凡民之俊秀，皆入大学，而教之以穷理、正心、修己、治人之道。此又学校之教、大小之节所以分也。"节目，条目，项目。

❷应机接物：适应时机地待人接物。

❸"重在猎取功名"的读书人，是把读"四书"当成了"敲门砖"。成人，即"成德"，指成就个人的道德修为。

❹书贾(gǔ)：书商。

模大，节目详；而所谓"格物、致知、诚意、正心、修身、齐家、治国、平天下"，是循序渐进的。❶程子说是"初学者入德的门径"，就是为此。这部书里的道理，并不是为一时一事说的，是为天下后世说的。这是"垂世立教的大典"⑤，所以程子举为初学者的第一部书。《论》《孟》虽然也切实，却是"应机接物❷的微言"⑥，问的不是一个人，记的也不是一个人。浅深先后，次序既不分明，抑扬可否，用意也不一样，初学者领会较难。所以程子放在第二步。至于《中庸》，是孔门的心法，初学者领会更难，程子所以另论。

但朱子的意思，有了《大学》的提纲挈领，便能领会《论》《孟》里精微的分别去处；融贯了《论》《孟》的旨趣，也便能领会《中庸》里的心法。人有人心和道心；人心是私欲，道心是天理。人该修养道心，克制人心，这是心法。朱子的意思，不领会《中庸》里的心法，是不能从大处着眼，读天下的书，论天下的事的。他所以将《中庸》放在第三步，和《大学》《论》《孟》合为"四书"，作为初学者的基础教本。后来规定"四书"为科举用书，原也根据这番意思。不过朱子教人读"四书"，为的成人，后来人读"四书"，却重在猎取功名❸；这是不合于他提倡的本心的。至于顺序变为《学》《庸》《论》《孟》，那是书贾❹因为《学》《庸》篇页不多，合为一本的缘故；通行既久，居然约定俗成了。

《礼记》里的《大学》，本是一篇东西，朱子给分成经一章，传十章；传是解释经的。因为要使传合经，他又颠倒了原文的次序，并补上一段儿。他注《中庸》时，虽没有这样大的改变，可是所分的章节，也与郑玄注的不同。所以这两部书的注，称为《大学章句》《中庸章句》。《论》《孟》的注，却是融合各家而成，所以称为《论语集注》《孟子集注》。《大学》的经一章，朱子想着是曾子追述孔子的话；传十章，他相信是曾子的意思，由弟子们记下的。《中庸》的著者，朱子和程子一样，都接受《史记》的记载，认为是子思⑦。但关于书名的解释，他修正了一些。他说，"中"除"不偏"外，还有"无过无不及"的意思；"庸"解作"不易"，不如解作"平常"的好⑧。❶照近人的研究，《大学》的思想和文字，很有和荀子相同的地方，大概是荀子学派的著作。《中庸》，首尾和中段思想不一贯，从前就有人疑心。照近来的看法，这部书的中段也许是子思原著的一部分，发扬孔子的学说，如"时中"❷"忠恕"❸"知仁勇"❹"五伦"等。首尾呢，怕是另一关于《中庸》的著作，经后人混合起来的；这里发扬的是孟子的天人相通的哲理，所谓"至诚""尽性"❺，都是的。著者大约是一个孟子学派。

《论语》是孔子弟子们记的。这部书不但显示一个伟大的人格——孔子，并且让读者学习许多做学问做人的节目：如"君子""仁""忠恕"，如"时习""阙疑""好古""隅反""择善""困学"等，都是可以终身应用的。《孟子》据说是孟子本人和弟子公孙丑、万章等共同编定的。书中说"仁"兼说"义"，分辨"义""利"甚严；而辩"性善"，教人求"放心"，影响更大。又说到"养浩然之气"，那"至大至刚""配义与道"的"浩然之气"⑨，这是修养的最高境界，所谓天人相通的哲理。书中攻击杨朱、墨翟两派，辞锋咄咄逼人。这在儒家叫作攻异端，功劳是很大的。孟子生在战国时代，他不免"好辩"，他自己也觉得的⑩；他的话流露着"英气"，"有圭角"❻，和孔子的温润是不同的。❼所以儒家只称为"亚圣"，次于孔子一等⑪。《孟子》有东汉的赵岐注。《论语》有孔安国、马融、郑玄诸家注，却都已残佚，只零星地见于魏何晏的《集解》里。汉儒注经，多以训诂名

❶ 朱熹《中庸章句》题下自注："中者，不偏不倚、无过不及之名。庸，平常也。"

❷ 时中：儒家认为，人立身行事，应该随时合乎时宜，无过与不及为时中。《中庸》："君子之中庸也，君子而时中。"

❸ 忠恕：儒家的道德规范。《中庸》："忠恕违道不远，施诸己而不愿，亦勿施于人。"朱熹《中庸章句》："尽己之心为忠，推己及人为恕。"按：用孔子的话说，"忠"即"己欲立而立人，己欲达而达人"（《论语·雍也》），"恕"即"己所不欲，勿施于人"（《论语·颜渊》）。

经典原文请参阅别册019页"《大学》(节选)"。

❹ 知仁勇：智、仁、勇。《中庸》："好学近乎智，力行近乎仁，知耻近乎勇。"

❺ 见下页。

❻ 见下页。

❼ 见下页。

上页 ⑤ 至诚、尽性：尽量发挥禀性。《中庸》："唯天下至诚，为能尽其性；能尽其性，则能尽人之性；能尽人之性，则能尽物之性；能尽物之性，则可以赞天地之化育；可以赞天地之化育，则可以与天地参矣。"朱熹《中庸章句》"天下至诚，谓圣人之德之实，天下莫能加也。尽其性者德无不实，故无人欲之私，而天命之在我者，察之由之，巨细精粗，无毫发之不尽也……赞，犹助也。与天地参，谓与天地并立为三也。"

上页 ⑥ 圭角：圭的棱角。比喻锋芒。

上页 ⑦ 今人黄仁宇《孔孟》："《论语》中所叙述的孔子，有一种轻松愉快的感觉，不如孟子凡事紧张。"

经典原文请参阅别册019 页"《论语》三十则"至 026 页"天命谓之性"。

❶ 为古书作注，大体有两种方向：一种是"照着讲"，以探求原典的本意为追求；另一种是"接着讲"，以在注释原典过程中阐发自己的理念为追求。朱熹为"四书"作注，"照着讲"和"接着讲"二者兼而有之。

❷ 朱熹不以圣贤而自居，不以己能而夸耀，确具中国古代学者共有之谦逊美德。

物为重；但《论》《孟》词意显明，所以只解释文句，推阐义理而止。魏晋以来，玄谈大盛，孔子已经道家化；解《论语》的也多参入玄谈，参入当时的道家哲学。这些后来却都不流行了。到了朱子，给《论》《孟》作注，虽说融会各家，其实也用他自己的哲学作架子。❶他注《学》《庸》，更显然如此。他的哲学切于世用，所以一般人接受了，将他解释的孔子当作真的孔子。

他那一套"四书"注实在用尽了平生的力量，改定至再至三；直到临死的时候，他还在改定《大学·诚意章》的注。注以外又作了《四书或问》，发扬注义，并论述对于旧说的或取或舍的理由。他在"四书"上这样下工夫，一面固然为了诱导初学者，一面还有一个用意，便是排斥老、佛，建立道统。他在《中庸章句·序》里论到诸圣道统的传承，末尾自谦❷说，"于道统之传，不敢妄议"；其实他是隐隐在以传道统自期呢。《中庸》传授心法，正是道统的根本。将它加在《大学》《论》《孟》之后而成"四书"，朱子自己虽然说是给初学者打基础，但一大半恐怕还是为了建立道统，不过他自己不好说出罢了。他注"四书"在宋孝宗淳熙年间（西元一一七四——一一八九）。他死后朝廷将他的"四书"注审定为官书，从此盛行起来。他果然成了传儒家道统的大师了。

慎思明辨

1.朱自清先生在文中说:"那时先生不讲解,只让学生背诵,不但得背正文,而且得背朱熹的小注。只要囫囵吞枣地念,囫囵吞枣地背;不懂不要紧,将来用得着,自然会懂的。"老师只让小学生"囫囵吞枣地背",这种教学方法的利弊分别是什么?

2.朱自清先生在文中说孟子:"他的话流露着'英气','有圭角',和孔子的温润是不同的。"你认为孔子"温润"吗?请结合《论语》和《史记·孔子世家》等相关文献,谈谈你的看法。

朱自清原注

① "九经":《易》《书》《诗》、"三礼"、《春秋》三传。"十三经":《易》《书》《诗》、"三礼"、《春秋》三传、《论语》《孝经》《尔雅》《孟子》。

② 《汉书·艺文志》有《中庸说》二篇,《隋书·经籍志》有戴颙《中庸传》二卷,梁武帝《中庸讲疏》一卷。

③ 原文见《大学章句》卷头。远植补《大学章句》卷头:"子程子曰:'《大学》,孔氏之遗书,而初学入德之门也。'于今可见古人为学次第者,独赖此篇之存,而论、孟次之。学者必由是而学焉,则庶乎其不差矣。"

④ 原文见《中庸章句》卷头。远植补《中庸章句》卷头:"子程子曰:'不偏之谓中,不易之谓庸。中者,天下之正道,庸者,天下之定理。'此篇乃孔门传授心法,子思恐其久而差也,故笔之于书,以授孟子。其书始言一理,中散为万事,末复合为一理,'放之则弥六合,卷之则退藏于密',其味无穷,皆实学也。善读者玩索而有得焉,则终身用之,有不能尽者矣。"

⑤ 原文见《中庸章句》卷头。

⑥ 朱子《大学或问·卷一》。

⑦ 《孔子世家》。远植补《孔子世家》:"孔子生鲤,字伯鱼。伯鱼年五十,先孔子死。伯鱼生伋,字子思,年六十二。尝困于宋。子思作《中庸》。"

⑧ 《中庸或问·卷一》。

⑨ 《公孙丑》。远植补《孟子·公孙丑上》:"(公孙丑曰:)'敢问何谓浩然之气?'(孟子)曰:'难言也。其为气也,至大至刚,以直养而无害,则塞于天地之间。其为气也,配义与道;无是,馁也。是集义所生者,非义袭而取之也。行有不慊于心,则馁矣。'"慊(qiè),快,痛快。

⑩ 《滕文公》。

⑪ 《孟子集注·序说》引程子说。

《战国策》第八

❶公元前453年，韩、魏、赵灭知氏，三分其地，从此三家势力远在晋君之上。据《史记·晋世家》记载，晋君"反朝韩、赵、魏之君"。

❷公元前386年，周安王正式承认田氏为诸侯。田氏取代姜姓掌握了齐国政权，史称"田氏代齐"或"田陈篡齐"。

❸封建制度：此处应指天子分封土地给诸侯，使其建立邦国的政治制度，主要实行于周朝。

❹战国时期最先称王的是魏惠王，后齐威王、秦惠文王也陆续称王。而楚、越、吴等国实际在春秋时已经称王。

春秋末年，列国大臣的势力渐渐膨胀起来。这些大臣都是世袭的，他们一代一代聚财养众，明争暗夺了君主的权力，建立起自己的特殊地位。等到机会成熟，便跳起来打倒君主自己干。那时候各国差不多都起了内乱。晋国让韩、魏、赵三家分了❶，姓姜的齐国也让姓田的大夫占了❷。这些，周天子只得承认了。这是封建制度❸崩坏的开始。那时候周室也经过了内乱，土地大半让邻国抢去，剩下的又分为东、西周；东、西周各有君王，彼此还争争吵吵的。这两位君王早已失去春秋时代"共主"的地位，而和列国诸侯相等了。后来列国纷纷称王❹，周室更不算回事；他们至多能和宋、鲁等小国君主等量齐观罢了。

秦、楚两国也经过内乱，可是站住了。它们本是边远的国家，却渐渐伸张势力到中原来。内乱平后，大加整顿，努力图强，声威便更广了。还有极北的燕国，向来和中原国家少来往；这时候也有力量向南参加国际政治了。秦、楚、燕和新兴的韩、魏、赵、齐，是那时代的大国，称为"七雄"。那些小国呢，从前可以仰仗霸主的保护，作大国的附庸；现在可不成了，只好让人家吞的吞，并的并。算只留下宋、鲁等两三国，给七雄当缓冲地带。封建制度既然在崩坏中，七雄便各成一单位，各自争存，各自争强，国际政局比春秋时代紧张多了。战争也比从前严重多了。列国都在自己边界上修起长城来。这时候军器进步了；从前的兵器都用铜打成，现在有用铁打成的了❶。战术也进步了。攻守的方法都比从前精明，从前只用兵车和步卒，现在却发展了骑兵了❷。这时候还有以帮人家作战为职业的人。这时候的战争，杀伤是很多的。孟子说："争地以战，杀人盈野；争城以战，杀人盈城。"① 可见那凶惨的情形。后人因此称这时代为战国时代。

在长期混乱之后，贵族有的做了国君，有的渐渐衰灭。这个阶级算是随着封建制度崩坏了。那时候的国君，没有了世袭的大臣，便集权专制起来。辅助他们的是一些出身贵贱不同的士人。那时候君主和大臣都竭力招揽有技能的人，甚至学鸡鸣、学狗盗的也都收留着❸。这是所谓"好客""好士"的风气。其中最高的是说客，是游说之士。当时国际关系紧张，战争随时可起。战争到底是劳民伤财的，况且难得有把握；重要的还是做外交的工夫。外交办得好，只凭口舌排难解纷，可以免去战祸❹；就是不得不战，也可以多找一些与国，一些帮手。担负这种外交的人，便是那些策士，那些游说之士。游说之士既然这般重要，所以立谈可以取卿相；只要有计谋，会辩说就成，出身的贵贱倒是不在乎的。

七雄中的秦，从孝公用商鞅变法以后，日渐强盛。到后来成了与六国对峙的局势。这时候的游说之士，有的劝六国联合起来抗秦，有的劝六国联合起来亲秦。前一派叫"合纵❺"，是联合南北各国的意思，后一派叫"连横"，是联合东西各国的意思——只有秦是西方的国家。合纵派的代表是苏秦，连横派的是张仪，他们可以代表所有的战国游说之士。后世提到游说的策士，总想到这两个人，提到纵横

❶除铁兵器的发明和使用之外，弩的发明也大大增强了杀伤力。弩能"射六百步之外"，密集的车阵无法抵御弩箭的进攻，这迫使战争方式由车战转为步骑兵的野战。

❷据梁启超《赵武灵王传》记载，赵武灵王"下令易胡服，改兵制，习骑射"，史称"胡服骑射"。

❸齐国孟尝君门客众多，在秦国被扣留时，靠着鸡鸣（学鸡叫以骗人）狗盗（扮成狗去盗窃）之徒脱离了危险。

❹《史记·平原君虞卿列传》："三寸之舌，强于百万之师。"

❺合纵：古书中也经常作"合从"。

家，也总是想到这两个人。他们都是鬼谷先生❶的弟子。苏秦起初也是连横派。他游说秦惠王，秦惠王老不理他；穷得要死，只好回家。妻子、嫂嫂、父母，都瞧不起他。他恨极了，用心读书，用心揣摩；夜里倦了要睡，用锥子扎大腿，血流到脚上。这样整一年，他想着成了，便出来游说六国合纵。这回他果然成功了，佩了六国相印，又有势又有钱。打家里过的时候，父母郊迎三十里，妻子低头，嫂嫂爬在地下谢罪。他叹道："人生世上，势位富贵，真是少不得的！"张仪和楚相喝酒。楚相丢了一块璧。手下人说张仪穷而无行，一定是他偷的，绑起来打了几百下。张仪始终不认，只好放了他。回家，他妻子说："唉，要不是读书游说，哪会受这场气！"他不理，只说："看我舌头还在罢？"妻子笑道："舌头是在的。"他说："那就成！"后来果然做了秦国的相；苏秦死后，他也大大得意了一番。❷

苏秦使锥子扎腿的时候，自己发狠道："哪有游说人主不能得金玉锦绣，不能取卿相之尊的道理！"这正是战国策士的心思。他们凭他们的智谋和辩才，给人家画策，办外交；谁用他们就帮谁。他们是职业的，所图的是自己的功名富贵；帮你的时候帮你，不帮的时候也许害你。翻覆❸，在他们看来是没有什么的。本来呢，当时七雄分立，没有共主，没有盟主，各干各的，谁胜谁得势。国际间没有是非，爱帮谁就帮谁，反正都一样。苏秦说连横不成，就改说合纵，在策士看来，这正是当然。张仪说舌头在就行，说是说非，只要会说，这也正是职业的态度。他们自己没有理想，没有主张，只求揣摩主上的心理❹，拐弯儿抹角投其所好。这需要技巧，《韩非子·说难篇》专论这个。说得好固然可以取"金玉锦绣"和"卿相之尊"，说得不好也会招杀身之祸，利害所关如此之大，苏秦费一整年研究揣摩不算多。当时各

❶鬼谷先生：鬼谷子。相传为春秋战国时期隐士，居于鬼谷，遂以地名相称。传世《鬼谷子》一书为后人伪作。据学者研究，苏秦的时代要晚于张仪二三十年，两人之间并无往来，更不可能同时师事鬼谷子。（牛鸿恩说）

❷《史记·张仪列传》："张仪已学游说诸侯。尝从楚相饮，已而楚相亡璧，门下意张仪，曰：'仪贫无行，必此盗相君之璧。'共执张仪，掠笞数百，不服，醳之。其妻曰：'嘻！子毋读书游说，安得此辱乎？'张仪谓其妻曰：'视吾舌尚在不？'其妻笑曰：'舌在也。'仪曰：'足矣。'"醳(shì)，同"释"，释放。在不(fǒu)，即"在否"。

经典原文请参阅别册027页"苏秦始将连横"。

❸翻覆：反复无常，变化不定。

❹《韩非子·说难》："凡说之难：在知所说之心。"

国所重的是威势，策士所说原不外战争和诈谋；但要因人、因地进言，广博的知识和微妙的机智都是不可少的。

　　记载那些说辞的书叫《战国策》，是汉代刘向编定的，书名也是他提议的。但在他以前，汉初著名的说客蒯通①，大约已经加以整理和润饰，所以各篇如出一手。《汉书》本传里记着他"论战国时说士权变，亦自序其说，凡八十一篇，号曰《隽永》"，大约就是刘向所根据的底本了。② 蒯通那枝笔是很有力量的，铺陈的伟丽，叱咤的雄豪，固然传达出来了；而那些曲折微妙的声口②，也丝丝入扣，千载如生。读这部书，真是如闻其语，如见其人。汉以来批评这部书的都用儒家的眼光。刘向的序里说战国时代"捐礼让而贵战争，弃仁义而用诈谲，苟以取强而已矣"，可以代表。但他又说这些是"高才秀士"的"奇策异智"，"亦可喜，皆可观"。这便是文辞的作用了。宋代有个李文叔，也说这部书所记载的事"浅陋不足道"，但"人读之，则必乡其说之工③，而忘其事之陋者，文辞之胜移之而已"。又道，说的还不算难，记的才真难得呢。③ 这部书除文辞之胜外，所记的事，上接春秋时代，下至楚、汉兴起为止，共二百零二年（西元前四○三—西元前二○二），也是一部重要的古史。所谓战国④时代，便指这里的二百零二年；而战国的名称也是刘向在这部书的序里定出的。

❶ 蒯（kuǎi）通：秦末汉初人，曾为韩信谋士，劝说韩信拥兵自立，与刘邦、项羽"三足鼎立"。韩信不听，后被吕后以谋反罪名杀害。

❷ 声口：口气。

❸ 乡其说之工：崇尚其文辞的工巧。乡，向往，敬仰。

❹ 战国属东周。现以公元前475年为界，东周前半段称"春秋"，后半段称"战国。"

经典原文请参阅别册029页"冯煖客孟尝君"至所在章末。

参考资料：
雷海宗《中国通史选读》第二册（清华大学讲义排印本）

慎思明辨

1.朱自清先生在文中说："那时候君主和大臣都竭力招揽有技能的人，甚至学鸡鸣、学狗盗的也都收留着。这是所谓'好客''好士'的风气。"宋人王安石写过一篇《读孟尝君传》，却认为"孟尝君特鸡鸣狗盗之雄耳，岂足以言得士"，意思是孟尝君只不过是一群鸡鸣狗盗的首领罢了，哪里能说是得到了贤士！请找来王安石的这篇短文读一读，谈谈你的见解。

2.朱自清先生在文中说苏秦："他恨极了，用心读书，用心揣摩；夜里倦了要睡，用锥子扎大腿，血流到脚上。"像苏秦这样的学习方法，你认为值得肯定吗？

朱自清原注

① 《离娄》。
② 罗根泽《战国策作于蒯通考》及《补证》(《古史辨》第四册)。
③ 李格非《书战国策后》。

《史记》《汉书》第九

　　说起中国的史书，《史记》《汉书》，真是无人不知，无人不晓。这有两个原因。一则这两部书是最早的有系统的历史，再早虽然还有《尚书》《鲁春秋》《国语》《春秋左氏传》《战国策》等，但《尚书》《国语》《战国策》，都是记言的史，不是记事的史。《春秋》和《左传》是记事的史了，可是《春秋》太简短，《左氏传》虽够铺排的，而跟着《春秋》编年的系统，所记的事还不免散碎。《史记》创了"纪传体" ❶，叙事自黄帝以来到著者当世，就是汉武帝的时候，首尾三千多年。《汉书》采用了《史记》的体制，却以汉事为断，从高祖到王莽，只二百三十年。后来的史书全用《汉书》的体制，断代成书；二十四史里，《史记》《汉书》以外的二十二史都如此。这称为"正史 ❷"。《史记》《汉书》，可以说都是"正史"的源头。二则，这两部书都成了文学的古典；两书有许多相同处，虽然也有许多相异处。大概东汉、魏、晋到唐，喜欢《汉书》的多，唐以后喜欢《史记》的多，而明、清两代尤然。这是两书文体各有所胜的缘故。但历来班、马并称，《史》《汉》连举，它们叙事写人的技术，毕竟是大同的。

❶ 关于"编年体""纪传体""断代史""通史"等内容，本书《春秋》三传第六一章亦有涉及，可参考。

❷ 正史：与私家修撰的"野史"相对的官修史书。清乾隆四年，乾隆帝定《史记》《汉书》等二十四部史书为正史。

❶读万卷书，行万里路。

❷《史记·太史公自序》："迁生龙门，耕牧河山之阳。年十岁则诵古文。二十而南游江、淮，上会稽，探禹穴，窥九疑，浮于沅、湘；北涉汶、泗，讲业齐、鲁之都，观孔子之遗风，乡射邹、峄；厄困鄱、薛、彭城，过梁、楚以归。于是迁仕为郎中，奉使西征巴、蜀以南，南略邛（qióng）、笮（zuó）、昆明，还报命。"

《史记》，汉司马迁著。司马迁字子长，左冯翊夏阳（今陕西韩城）人，景帝中元五年（西元前一四五）生，卒年不详。他是太史令司马谈的儿子。小时候在本乡只帮人家耕耕田放放牛玩儿。司马谈做了太史令，才将他带到京师（今西安）读书。他十岁的时候，便认识"古文"的书了。二十岁以后，到处游历，真是足迹遍天下。❶他东边到过现在的河北、山东及江、浙沿海，南边到过湖南、江西、云南、贵州，西边到过陕、甘、西康等处，北边到过长城等处；当时的"大汉帝国"，除了朝鲜、河西（今宁夏一带）、岭南几个新开郡外，他都走到了。他的出游，相传是父亲命他搜求史料去的；但也有些处是因公去的。❷他搜得了多少写的史料，没有明文，不能知道。可是他却看到了好些古代的遗迹，听到了好些古代的轶闻；这些都是活史料，他用来印证并补充他所读的书。他作《史记》，叙述和描写往往特别亲切有味，便是为此。他的游历不但增扩了他的见闻，也增扩了他的胸襟；他能够综括三千多年的事，写成一部大书，而行文又极其抑扬变化之致，可见出他的胸襟是如何的阔大。

他二十几岁的时候，应试得高第，做了郎中。武帝元封元年（西元前一一〇），大行封禅典礼，步骑十八万，旌旗千余里。司马谈是史官，本该从行；但是病得很重，留在洛阳不能去。司马迁却跟去了。回来见父亲，父亲已经快死了，拉着他的手呜咽着道："我们先人从虞夏以来，世代做史官；周末弃职他去，从此我家便衰微了。我虽然恢复了世传的职务，可是不成；你看这回封禅大典，我竟不能从行，真是命该如此！再说孔子因为眼见王道缺、礼乐衰，才整理文献，论《诗》《书》，作《春秋》，他的功绩是不朽的。孔子到现在又四百多年了，各国只管争战，史籍都散失了，这得搜求整理；汉朝一统天下，明主、贤君、忠臣、死义之士，也得记载表彰。我做了太史令，却没能尽职，无所论著，真是惶恐万分。❶你若能继承先业，再做太史令，成就我的未竟之志，扬名于后世，那就是大孝了。❷你想着我的话罢。"① 司马迁听了父亲这番遗命，低头流泪答道："儿子虽然不肖，定当将你老人家所搜集的材料，小心整理起来，不敢有所遗失。"② 司马谈便在这年死了；司马迁这年三十六岁。父亲的遗命指示了他一条伟大的路。

父亲死的第三年，司马迁果然做了太史令。他有机会看到许多史籍和别的藏书，便开始做整理的工夫。那时史料都集中在太史令手里，特别是汉代各地方行政报告，他那里都有。他一面整理史料，一面却忙着改历的工作；直到太初元年（西元前一〇四），太初历完成，才动手著他的书。天汉二年（西元前九九），李陵❸奉了贰师将军李广利❹的命，领了五千兵，出塞打匈奴。匈奴八万人围着他们；他们杀伤了匈奴一万多，可是自己的人也死了一大半。箭完了，又没吃的，耗了八天，等贰师将军派救兵。救兵竟没有影子。匈奴却派人来招降。李陵想着回去也没有脸，就降了。武帝听了这个消息，又急又气。朝廷里纷纷说李陵的坏话。武帝问司马迁，李陵到底是个怎样的人。李陵也做过郎中，和司马迁同过事，司马迁是知道他的。❺

他说李陵这个人秉性忠义，常想牺牲自己，报效国家。这回以少敌众，兵尽路穷，但还杀伤那么些人，功劳其实也不算小。他决不是怕死的人，他的降大概是假意的，也许在等机会给汉朝出力呢。武帝听了他的话，想着贰师将军是自己派的元帅，司马迁却将功劳归在投降的李陵身上，真是大不敬；便教将他抓起来，下在狱里。第二年，武帝杀了李陵全家，处司马迁宫刑。❻宫刑是个大辱，污及先人，见笑亲

❶ 父亲遗命、家族责任感、文化使命感，让司马迁接受了创作《史记》这一伟大任务。

❷《孝经》："身体发肤，受之父母，不敢毁伤，孝之始也。立身行道，扬名于后世，以显父母，孝之终也。夫孝，始于事亲，中于事君，终于立身。"

❸ 李陵：出身将门，乃"飞将军"李广之孙。

❹ 李广利：汉武帝宠妃李夫人之兄。汉武帝曾命李广利到大宛（yuān）国的贰师城（在今吉尔吉斯斯坦境内）取良马，故委任其为"贰师将军"。

❺ 司马迁《报任安书》："李陵提步卒不满五千，深践戎马之地，足历王庭，垂饵虎口，横挑强胡，仰亿万之师，与单于连战十有余日，所杀过当，虏救死扶伤不给。游裘之君长咸震怖，乃悉征其左右贤王，举引弓之人，一国共攻而围之。转斗千里，矢尽道穷，救兵不至，士卒死伤如积。然陵一呼劳军，士无不起，躬自流涕，沫血饮泣，更张空拳，冒白刃，北向争死敌者。"

❻ "李陵之祸"中，司马迁成了汉武帝的"出气筒"以及贰师将军的"替罪羊"，因而遭受宫刑。

❶ 司马迁《报任安书》："所以隐忍苟活，幽于粪土之中而不辞者，恨私心有所不尽，鄙陋没世而文采不表于后世也。"

❷《史记·太史公自序》："先人有言：'自周公卒五百岁而有孔子。孔子卒后至今五百岁，有能绍明世，正《易传》，继《春秋》，本《诗》《书》《礼》《乐》之际？'意在斯乎！意在斯乎！小子何敢让焉。"

❸ 西狩获麟，孔子作《春秋》而绝笔。参见本书"《春秋》三传第六"。

❹ 龟鉴：借鉴，义同"龟镜"。龟以卜吉凶，镜以辨美恶。

❺ 三代：指夏、商、周三朝。

友。他灰心失望已极，只能发愤努力，在狱中专心致志写他的书，希图留个后世名❶。过了两年，武帝改元太始，大赦天下。他出了狱，不久却又做了宦者做的官，中书令，重被宠信。但他还继续写他的书。直到征和二年（西元前九一），全书才得完成，共一百三十篇，五十二万六千五百字。他死后，这部书部分地流传；到宣帝时，他的外孙杨恽才将全书献上朝廷去，并传写公行于世。汉人称为《太史公书》《太史公》《太史公记》《太史记》。魏晋间才简称为《史记》，《史记》便成了定名。这部书流传时颇有缺佚，经后人补续改窜了不少；只有元帝、成帝间褚少孙补的有主名，其余都不容易考了。

司马迁是窃比孔子的❷。孔子是在周末官守散失时代第一个保存文献的人；司马迁是秦火以后第一个保存文献的人。他们保存的方法不同，但是用心一样。《史记·自序》里记着司马迁和上大夫壶遂讨论作史的一番话。司马迁引述他的父亲称扬孔子整理"六经"的丰功伟业，而特别着重《春秋》的著作。他们父子都是相信孔子作《春秋》的❸。他又引董仲舒所述孔子的话："我有种种觉民救世的理想，凭空发议论，恐怕人不理会；不如借历史上现成的事实来表现，可以深切著明些。"❸这便是孔子作《春秋》的趣旨；他是要明王道、辨人事，分明是非、善恶、贤不肖，存亡继绝，补敝起废，作后世君臣龟鉴❹。《春秋》实在是礼义的大宗，司马迁相信礼治是胜于法治的。他相信《春秋》包罗万象，采善贬恶，并非以刺讥为主。像他父亲遗命所说的，汉兴以来，人主明圣盛德，和功臣、世家、贤大夫之业，是他父子职守所在，正该记载表彰。他的书记汉事较详，固然是史料多，也是他意主尊汉的缘故。他排斥暴秦，要将汉远承三代❺。

这正和今文家说的《春秋》尊鲁一样，他的书实在是窃比《春秋》的。他虽自称只是"厥协六经异传，整齐百家杂语"④，述而不作，不敢与《春秋》比，那不过是谦词罢了。

他在《报任安书》里说他的书"欲以究天人之际，通古今之变，成一家之言"。❶《史记·自序》里说："罔（网）罗天下放佚旧闻，王迹所兴，原始察终，见盛观衰，论考之行事。""王迹所兴"，始终盛衰，便是"古今之变"，也便是"天人之际"。"天人之际"只是天道对于人事的影响；这和所谓"始终盛衰"都是阴阳家言。阴阳家倡"五德终始说"❷，以为金木水火土五行之德，互相克胜，终始运行，循环不息。当运者盛，王迹所兴；运去则衰。西汉此说大行，与"今文经学"合而为一。司马迁是请教过董仲舒的，董就是今文派的大师；他也许受了董的影响。"五德终始说"原是一种历史哲学；实际的教训只是让人君顺时修德。

《史记》虽然窃比《春秋》，却并不用那咬文嚼字的书法，只据事实录，使善恶自见。书里也有议论，那不过是著者牢骚之辞，与大体是无关的。原来司马迁自遭李陵之祸，更加努力著书。他觉得自己已经身废名裂，要发抒意中的郁结，只有这一条通路。他在《报任安书》和《史记·自序》里引了文王以下到韩非诸贤圣，都是发愤才著书的。❸他自己也是个发愤著书的人。天道的无常，世变的无常，引起了他的慨叹；他悲天悯人，发为牢骚抑扬之辞。这增加了他的书的情韵。后世论文的人推尊《史记》，一个原因便在这里。

班彪论前史得失，却说他"论议浅而不笃，其论术学，则崇黄、老而薄五经，序货殖，则轻仁义而羞贫穷，论游侠，则贱守节而贵俗功"，以为"大敝伤道"⑤；班固也说他"是非颇谬于圣人"⑥。其实推崇道家的是司马谈❹；司马迁时，儒学已成独尊之势，他也成了一个推崇的人了。至于

❶ 简言之，"究天人之际"即探究天道和人事的分界和规律；"通古今之变"即从历史的兴衰成败中总结经验教训，提供借鉴；"成一家之言"即追求发言权之独立，自主观察和评判一切人事。

❷ 朱自清先生说："当时阴阳家的首领是齐人驺衍。他研究'阴阳消息'，创为'五德终始'说。"参见本书"诸子第十"。

❸ 司马迁《报任安书》："古者富贵而名磨灭，不可胜记，唯倜傥非常之人称焉。盖文王拘而演《周易》；仲尼厄而作《春秋》；屈原放逐，乃赋《离骚》；左丘失明，厥有《国语》；孙子膑脚，兵法修列；不韦迁蜀，世传《吕览》；韩非囚秦，《说难》《孤愤》；《诗》三百篇，大底圣贤发愤之所为作也。此人皆意有所郁结，不得通其道，故述往事，思来者。"

❹ 《史记·太史公自序》中引有评价阴阳、儒、墨、名、法、道家优劣的"论六家要指"，其作者正是崇尚道家思想的司马谈（司马迁之父）。

❶ 司马迁《报任安书》："因为诬上，卒从吏议。家贫，货赂不足以自赎，交游莫救视，左右亲近不为一言。"

❷《史记·太史公自序》："略推三代，录秦汉，上记轩辕，下至于兹。著十二本纪，既科条之矣。并时异世，年差不明，作十表。礼乐损益，律历改易，兵权山川鬼神，天人之际，承敝通变，作八书。二十八宿环北辰，三十辐共一毂，运行无穷，辅拂股肱之臣配焉，忠信行道，以奉主上，作三十世家。扶义俶傥，不令己失时，立功名于天下，作七十列传。凡百三十篇，五十二万六千五百字，为《太史公书》。"

❸ 自出机杼 (zhù)：比喻诗文的构思和布局别出心裁，独创新意。

❹《史记》是我国第一部纪传体通史。

❺ 班彪父子对《史记》的这一评价，可谓不刊之论。

《游侠》《货殖》两传，确有他的身世之感。那时候有钱可以赎罪，他遭了李陵之祸，刑重家贫，不能自赎，所以才有"羞贫穷"的话；他在穷窘之中，交游竟没有一个抱不平来救他的❶，所以才有称扬游侠的话。这和《伯夷传》里天道无常的疑问，都只是偶一借题发挥，无关全书大旨。东汉王允死看"发愤"著书一语，加上咬文嚼字的成见，便说《史记》是"佞臣"的"谤书"⑦，那不但误解了《史记》，也太小看了司马迁了。

《史记》体例有五：十二本纪，记帝王政迹，是编年的；十表，以分年略记世代为主；八书，记典章制度的沿革；三十世家，记侯国世代存亡；七十列传，类记各方面人物。❷史家称为"纪传体"，因为"纪传"是最重要的部分。古史不是断片的杂记，便是顺案年月的纂录；自出机杼❸，创立规模，以驾驭去取各种史料的，从《史记》起始。司马迁的确能够贯穿经传，整齐百家杂语，成一家言。他明白"整齐"的必要，并知道怎样去"整齐"：这实在是创作，是以述为作。他这样将自有文化以来三千年间君臣士庶的行事，"合一炉而冶之"，却反映着秦汉大一统的局势。《春秋左氏传》虽也可算通史，但是规模完具的通史，还得推《史记》为第一部书❹。班固根据他父亲班彪的意见，说司马迁"善叙事理，辩而不华，质而不俚；其文直，其事核，不虚美，不隐恶，故谓之实录"❺。⑧"直"是"简省"的意思；简省而能明确，便见本领。《史记》共一百三十篇，列传占了全书的过半数；司马迁的史观是以人物为中心的。他最长于描写；靠了他的笔，古代许多重要人物的面形，至今还活现在纸上。

《汉书》，汉班固著。班固，字孟坚，扶风安陵（今陕西咸阳）人，光武帝建武八年（西元三二）生，和帝永元四年（西元九二）卒。他家和司马氏一样，也是个世家；《汉书》是子继父业，也和司马迁差不多。但班固的凭藉，比司马迁好多了。他曾祖班斿，博学有才气，成帝时，和刘向❶同校皇家藏书。成帝赐了他全套藏书的副本，《史记》也在其中。当时书籍流传很少，得来不易；班家得了这批赐书，真像大图书馆似的。他家又有钱，能够招待客人。后来有好些学者，老远地跑到他家来看书，扬雄便是一个。班斿的次孙班彪，既有书看，又得接触许多学者；于是尽心儒术，成了一个史学家。《史记》以后，续作很多，但不是偏私，就是鄙俗；班彪加以整理补充，著了六十五篇《后传》。他详论《史记》的得失，大体确当不移。他的书似乎只有本纪和列传；世家是并在列传里❷。这部书没有流传下来，但他的儿子班固的《汉书》是用它作底本的。

　　班固生在河西，那时班彪避乱在那里。班固有弟班超，妹班昭，后来都有功于《汉书》。他五岁时随父亲到那时的京师洛阳。九岁时能作文章，读诗赋。大概是十六岁罢，他入了洛阳的大学，博览群书。他治学不专守一家；只重大义，不沾沾在章句上❸。又善作辞赋❹。为人宽和容众，不以才能骄人。在大学里读了七年书，二十三岁上，父亲死了，他回到安陵去。明帝永平元年（西元五八），他二十八岁，开始改撰父亲的书。他觉得《后传》不够详的，自己专心精究，想完成一部大书。过了三年，有人上书给明帝，告他私自改作旧史。当时天下新定，常有人假造预言，摇惑民心；私改旧史，更有机会造谣，罪名可以很大。

　　明帝当即诏令扶风郡逮捕班固，解到洛阳狱中，并调看他的稿子。他兄弟班超怕闹出大乱子，永平五年（西元六二），带了全家赶到洛阳；他上书给明帝，陈明原委，请求召见❺。明帝果然召见。他陈明班固不敢私改旧史，只是

❶刘向：西汉宗室大臣、文献学家，《战国策》即为其所整理。参见本书"《战国策》第八"。

❷朱自清先生在本章后文写道："书（《汉书》）里没有世家一体，本于班彪《后传》。"

❸班固可谓"好读书，不求甚解"（陶渊明《五柳先生传》）。

❹班固的《两都赋》颇负盛名，开创了京都赋的范例。

❺班固的这位贤弟班超，胸有大志，博览群书，能言善辩，行事果决。后投笔从戎，随军出击匈奴；又奉命出使西域，功勋卓著。官至西域都护，封定远侯。

②2017年，蒙古国境内发现了摩崖石刻《燕然山铭》。可参考历史学者辛德勇先生《发现燕然山铭》一书。

③此所谓狗仗人势。

④此所谓公报私仇。

⑤班昭是我国历史上第一位女历史学家。曾多次被召入皇宫，教导皇后、诸贵人读书明礼。著有教导当时女性做人道理的《女诫》。

续父所作。那时扶风郡也已将班固稿子送呈。明帝却很赏识那稿子，便命班固做校书郎，兰台令史，跟别的几个人同修世祖（光武帝）本纪。班家这时候很穷。班超也做了一名书记，帮助哥哥养家。后来班固等又述诸功臣的事迹，作列传载记二十八篇奏上。这些后来都成了刘珍等所撰的《东观汉记》的一部分，与《汉书》是无关的。

明帝这时候才命班固续完前稿。永平七年（西元六四），班固三十三岁，在兰台重行写他的大著。兰台是皇家藏书之处，他取精用弘，比家中自然更好。次年，班超也做了兰台令史。虽然在官不久，就从军去了，但一定给班固帮助很多①。章帝即位，好辞赋，更赏识班固了。他因此得常到宫中读书，往往连日带夜地读下去。大概在建初七年（西元八二），他的书才大致完成。那年他是五十一岁了。和帝永元元年（西元八九），车骑将军窦宪出征匈奴，用他做中护军，参议军机大事。这一回匈奴大败，逃得不知去向。窦宪在出塞三千多里外的燕然山上刻石纪功，教班固作铭②。这是著名的大手笔。

次年他回到京师，就做窦宪的秘书。当时窦宪威势极盛；班固倒没有仗窦家的势欺压人，但他的儿子和奴仆却都无法无天的。这就得罪了许多地面上的官儿；他们都敢怒而不敢言。有一回他的奴子喝醉了，在街上骂了洛阳令种兢③；种兢气恨极了，但也只能记在心里。永元四年（西元九二），窦宪阴谋弑和帝，事败，自杀。他的党羽，或诛死，或免官。班固先只免了官，种兢却饶不过他，逮捕了他，下在狱里④。他已经六十一岁了，受不得那种苦，便在狱里死了。和帝得知，很觉可惜，特地下诏申斥种兢，命他将主办的官员抵罪。班固死后，《汉书》的稿子很散乱。他的妹子班昭⑤也是高才博学，嫁给曹世叔，世叔早死，她的节行并为人所重，当时称为曹大家❶。这时候她奉诏整理哥哥的书；并有高才郎官十人，从她研究这部书——经学大师扶风马融，就在这十人里。书中的八表和天文志那时还未完成，她和马融的哥哥马续参考皇家藏书，将这些篇写定，这也是奉诏办的。

《汉书》的名称从《尚书》来，是班固定的。他说唐、虞、三代当时都有记载，颂述功德；汉朝却到了第六代才有司马迁的《史记》。而《史记》是通史，将汉朝皇帝的本纪放在尽后头，并且将尧的后裔的汉和秦、项放在相等的地位，这实在不足以推尊本朝。❷况《史记》只到武帝而止，也没有成段落似的。他所以断代述史，起于高祖，终于平帝时王莽之诛，共十二世，二百三十年，作纪、表、志、传凡百篇，称为《汉书》⑨。班固著《汉书》，虽然根据父亲的评论，修正了《史记》的缺失，但断代的主张，却是他的创见❸。他这样一面保存了文献，一面贯彻了发扬本朝功德的趣旨。所以后来的正史都以他的书为范本，名称也多叫作"书"。他这个创见，影响是极大的。他的书所包举的，比《史记》更为广大；天地、鬼神、人事、政治、道德、艺术、文章，尽在其中。

书里没有世家一体，本于班彪《后传》❹。汉代封建制度，实际上已不存在；无所谓侯国，也就无所谓世家。这一体的并入列传，也是自然之势。至于改"书"为"志"，只是避免与《汉书》的"书"字相重，无关得失。但增加了《艺文志》，叙述古代学术源流，记载皇家藏书目录，所关却就大了。《艺文志》的底本是刘歆的《七略》。刘向、刘歆父子都曾奉诏校读皇家藏书；他们开始分别源流，编订目录⑩，使那些"中秘书"渐得流传于世，功劳是很大的。他们的原著都已不存，但《艺文志》还保留着刘歆《七略》的大部

❶大家(gū)：古代对妇女的尊称。家，同"姑"。

❷不像司马迁那样具有宏大的视野，班固竭力推尊本朝，是典型的"汉朝至上主义者"。

❸《汉书》是我国第一部纪传体断代史。

❹《汉书·列传》的第一篇为《陈胜项籍传》。而在《史记》中，二人的传记分别为《陈涉世家》和《项羽本纪》。在司马迁的眼里，陈胜堪比诸侯，项羽位同帝王。

分。这是后来目录学家的宝典。❶原来秦火之后，直到成帝时，书籍才渐渐出现；成帝诏求遗书于天下，这些书便多聚在皇家。刘氏父子所以能有那样大的贡献，班固所以想到在《汉书》里增立《艺文志》，都是时代使然。司马迁便没有这样好运气。

《史记》成于一人之手❷，《汉书》成于四人之手。表、志由曹大家和马续补成；纪、传从昭帝至平帝有班彪的《后传》作底本。而从高祖至武帝，更多用《史记》的文字。这样一看，班固自己作的似乎太少。因此有人说他的书是"剽窃"而成⑪，算不得著作。但那时的著作权的观念还不甚分明，不以钞袭为嫌；而史书也不能凭虚别构。班固删润旧文，正是所谓"述而不作"。他删润的地方，却颇有别裁，决非率尔下笔。史书叙汉事，有阙略的，有隐晦的，经他润色，便变得详明；这是他的独到处。汉代"明主、贤君、忠臣、死义之士"，他实在表彰得更为到家。书中收载别人整篇的文章甚多，有人因此说他是"浮华"之士⑫。这些文章大抵关系政治学术，多是经世有用之作。那时还没有文集，史书加以搜罗，不失保存文献之旨。至于收录辞赋，却是当时的风气和他个人的嗜好；不过从现在看来，这些也正是文学史料，不能抹煞❸的。

班、马优劣论起于王充《论衡》。他说班氏父子"文义浃❹备，纪事详赡"，观者以为胜于《史记》⑬。王充论文，是主张"华实俱成"的⑭。汉代是个辞赋的时代，所谓"华"，便是辞赋化。《史记》当时还用散行文字；到了《汉书》，便弘丽精整，多用排偶，句子也长了。这正是辞赋的影响。自此以后，直到唐代，一般文士，大多偏爱《汉书》，专门传习，《史记》的传习者却甚少。这反映着那时期崇尚骈文❺的风气。唐以后，散文渐成正统，大家才提倡起《史记》来；

明归有光及清桐城派更力加推尊，《史记》差不多要驾乎《汉书》之上了。这种优劣论起于二书散整不同，质文各异；其实是跟着时代的好尚而转变的。

晋代张辅，独不好《汉书》。他说："世人论司马迁、班固才的优劣，多以固为胜，但是司马迁叙三千年事，只五十万言，班固叙二百年事，却有八十万言。烦省相差如此之远，班固哪里赶得上司马迁呢！"⑮刘知幾《史通》却以为"《史记》虽叙三千年事，详备的也只汉兴七十多年，前省后烦，未能折中；若教他作《汉书》，恐怕比班固还要烦些"⑯。刘知幾**左袒**❶班固，不无过甚其辞。平心而论，《汉书》确比《史记》繁些。《史记》是通史，虽然意在尊汉，不妨详近略远，但叙汉事到底不能太详；司马迁是知道"折中"的。《汉书》断代为书，尽可充分利用史料，尽其颂述功德的职分；载事既多，文字自然繁了，这是一。《汉书》载别人文字也比《史记》多，这是二。《汉书》文字趋向骈体，句子比散体长，这是三。这都是"事有必至，理有固然"，不足为《汉书》病。范晔《后汉书·班固传赞》说班固叙事"不**激诡**，不**抑抗**，赡而不秽，详而有体，使读之者**亹亹**而不厌"❷，这是不错的。

宋代郑樵在《通志·总序》里抨击班固，几乎说得他不值一钱。刘知幾论通史不如断代，以为通史年月悠长，史料亡佚太多，所可采录的大都**陈陈相因**❸，难得新异。《史记》已不免此失；后世仿作，贪多务得，又加上繁杂的毛病，简直教人懒得去看⑰。按他的说法，像《鲁春秋》等，怕也只能算是截取一个时代的一段儿，相当于《史记》的叙述汉事；不是无首无尾，就是有首无尾。这都不如断代史的首尾一贯好。像《汉书》那样，所记的只是班固的近代，史料丰富，搜求不难。只需破费工夫，总可一新耳目，"使读之者亹亹

❶ **左袒** (tǎn)：偏护一方。义近"袒护""偏袒"。

❷ **激诡** (guǐ)：毁誉失当。抑抗：缩小与夸张。亹 (wěi) 亹：勤勉不倦的样子。

❸ 陈陈相因：指沿袭老一套，没有改进。语出《史记·平准书》："太仓之粟，陈陈相因。"因，继，沿袭。

❶朱自清先生的看法，更为通达。

❷班固写史相对客观冷静，司马迁则笔锋常带感情。

❸矩矱(yuē)：规矩法度。绳墨：木工打直线的工具，借指规矩或法度。

而不厌"的[18]。郑樵的意见恰相反。他注重会通，以为历史是联贯的，要明白因革损益的轨迹，非会通不可。通史好在能见其全，能见其大。他称赞《史记》，说是"六经之后，惟有此作"。他说班固断汉为书，古今间隔，因革不明，失了会通之道，真只算是片段罢了[19]。其实通古和断代，各有短长，刘、郑都不免一偏之见❶。

　　《史》《汉》可以说是各自成家。《史记》"文直而事核"，《汉书》"文赡而事详"[20]。司马迁感慨多，微情妙旨，时在文字蹊径之外；《汉书》却一览之余，情词俱尽。但是就史论史，班固也许比较客观些❷，比较合体些。明茅坤说"《汉书》以矩矱胜"[21]，清章学诚说"班氏守绳墨"❸，"班氏体方用智"[22]，都是这个意思。晋傅玄评班固，"论国体则饰主阙而折忠臣，叙世教则贵取容而贱直节"[23]。这些只关识见高低，不见性情偏正，和司马迁《游侠》《货殖》两传蕴含着无穷的身世之痛的不能相比，所以还无碍其为客观的。总之，《史》《汉》二书，文质和繁省虽然各不相同，而所采者博，所择者精，却是一样；组织的弘大，描写的曲达，也同工异曲。二书并称良史，决不是偶然的。

经典原文请参阅别册033页"《史记》《汉书》第九"。

参考资料：

郑鹤声《史汉研究》《司马迁年谱》《班固年谱》

慎思明辨

　　1.朱自清先生在文中说："司马迁《游侠》《货殖》两传蕴含着无穷的身世之痛……"你知道朱先生为什么会这样说吗？请阅读这两篇"列传"，谈谈你的理解。

　　2.朱自清先生在本文结尾处援引了很多评价《史》《汉》的观点。请结合具体文本，谈谈你个人的见解。

朱自清原注

① 原文见《史记·自序》。**远植补**《史记·太史公自序》："是岁天子始建汉家之封，而太史公（司马谈）留滞周南，不得与从事，故发愤且卒。而子迁适使反，见父于河洛之间。太史公执迁手而泣曰：'余先周室之太史也。自上世尝显功名于虞夏，典天官事。后世中衰，绝于予乎？汝复为太史，则续吾祖矣。今天子接千岁之统，封泰山，而余不得从行，是命也夫，命也夫！余死，汝必为太史；为太史，无忘吾所欲论著矣。且夫孝始于事亲，中于事君，终于立身。扬名于后世，以显父母，此孝之大者。夫天下称诵周公，言其能论歌文武之德，宣周邵之风，达太王王季之思虑，爰及公刘，以尊后稷也。幽厉之后，王道缺，礼乐衰，孔子修旧起废，论《诗》《书》，作《春秋》，则学者至今则之。自获麟以来四百有余岁，而诸侯相兼，史记放绝。今汉兴，海内一统，明主贤君忠臣死义之士，余为太史而弗论载，废天下之史文，余甚惧焉，汝其念哉！'"

② 原文见《史记·自序》。**远植补**《史记·太史公自序》："迁俯首流涕曰：'小子不敏，请悉论先人所次旧闻，弗敢阙。'"

③ 原文见《史记·自序》。**远植补**《史记·太史公自序》："余闻董生曰：'周道衰废，孔子为鲁司寇，诸侯害之，大夫壅之。孔子知言之不用，道之不行也，是非二百四十二年之中，以为天下仪表，贬天子，退诸侯，讨大夫，以达王事而已矣。'子曰：'我欲载之空言，不如见之于行事之深切著明也。'"

④ 原文见《史记·自序》。**远植补**《史记·太史公自序》："'……《春秋》采善贬恶，推三代之德，褒周室，非独刺讥而已也。'汉兴以来，至明天子，获符瑞，封禅，改正朔，易服色，受命于穆清，泽流罔极，海外殊俗，重译款塞，请来献见者，不可胜道。臣下百官力诵圣德，犹不能宣尽其意。且士贤能而不用，有国者之耻；主上明圣而德不布闻，有司之过也。且余尝掌其官，废明圣盛德不载，灭功臣世家贤大夫之业不述，堕先人所言，罪莫大焉。余所谓述故事，整齐其世传，非所谓作也，而君比之于《春秋》，谬矣。"又曰："序略，以拾遗补艺，成一家之言，厥协六经异传，整齐百家杂语，藏之名山，副在京师，俟后世圣人君子。"

⑤《后汉书·班彪传》。

⑥《汉书·司马迁传赞》。**远植补**《汉书·司马迁传赞》："又其是非颇缪于圣人，论大道则先黄老而后六经，序游侠则退处士而进奸雄，述货殖则崇势利而羞贱贫，此其所蔽也。"

⑦《后汉书·蔡邕传》。**远植补**《后汉书·蔡邕传》："（王）允曰：'昔武帝不杀司马迁，使作谤书，流于后世。方今国祚中衰，神器不固，不可令佞臣执笔在幼主左右。既无益圣德，复使吾党蒙其讪议。'"

⑧《汉书·司马迁传赞》。

⑨《汉书·叙传》。

⑩ 刘向著有《别录》。

⑪《通志·总序》。

⑫《通志·总序》。

⑬《超奇篇》，这里据《史通·鉴识》原注引，和通行本文字略异。

⑭《超奇篇》。

⑮ 原文见《晋书·张辅传》。

⑯ 原文见《史通·杂说上》。

⑰《史通·六家》。

⑱《史通·六家》。

⑲《通志·总序》。

⑳《后汉书·班固传赞》。远植补 本条注释似有误。"文直而事核""文赡而事详"语见《后汉书·班彪列传下》，故本注释应注为"《后汉书·班彪列传下》"。

㉑《汉书评林·序》。

㉒《文史通义·诗教下》。远植补 本条注释似有误。"班氏体方用智"语见《文史通义·书教下》，故本注释应注为"《文史通义·书教下》"。

㉓《史通·书事》。

诸子第十

春秋末年，封建制度开始崩坏，贵族的统治权，渐渐维持不住。社会上的阶级，有了紊乱的现象。到了战国，更看见农奴解放，商人抬头。这时候一切政治的、社会的、经济的制度，都起了根本的变化。大家平等自由，形成了一个大解放的时代。在这个大变动当中，一些才智之士对于当前的情势，有种种的看法，有种种的主张；他们都想收拾那动乱的局面，让它稳定下来❶。有些倾向于守旧的，便起来拥护旧文化、旧制度，向当世的君主和一般人申述他们拥护的理由，给旧文化、旧制度找出理论上的根据。也有些人起来批评或反对旧文化、旧制度；又有些人要修正那些；还有人要建立新文化、新制度来代替旧的；还有人压根儿反对一切文化和制度。这些人也都根据他们自己的见解各说各的，都"持之有故，言之成理"❷。这便是诸子之学，大部分可以称为哲学。这是一个思想解放的时代，也是一个思想发达的时代，在中国学术史里是稀有的❸。

诸子都出于职业的"士"。"士"本是封建制度里贵族的末一级❹；但到了春秋、战国之际，"士"成了有材能的人的通称。在贵族政治未崩坏的时候，所有的知识、礼、乐

❶ 春秋战国时期，礼崩乐坏，诸侯纷争，社会动荡。先秦诸子都想给"生病"的社会提供"药方"。

❷ 百家争鸣。

❸ 德国哲学家卡尔·雅斯贝斯 (Karl Jaspers) 指出，公元前 800 年至公元前 200 年为人类文明的"轴心时代"。他说："在那个时代，苏格拉底、柏拉图、以色列先知、释迦牟尼、孔子、老子创立各自的思想体系，共同构成人类文明的精神基础。直到今天，人类仍然附着在这种基础之上。"

❹ 周代贵族分为天子、诸侯、卿大夫、士四个等级。

❶"学在王官"日益转向了"学在私门"。

❷本书"《尚书》第三"中朱自清先生曾言："大致今文派继承先秦诸子的风气，'思以其道易天下'，所以主张通经致用。"

❸《论语·述而》："子曰：'自行束脩以上，吾未尝无诲焉。'"束脩，十条干肉，古时学生初次拜访老师时赠送的礼物。这一礼物是菲薄的。诲，教诲。

❹《淮南子·要略》："孔子修成、康之道，述周公之训，以教七十子，使服其衣冠，修其篇籍，故儒者之学生焉。"成康，周成王和周康王。周公，姬姓，名旦。七十子，指孔子最杰出的弟子，又称"七十二贤人"。

❺述而不作：只阐述他人学说而不加自己的创见。按：朱自清下文说道："他所谓'述而不作'，其实是以述为作，就是理论化旧文化、旧制度，要将那些维持下去。"

等等，都在贵族手里，平民是没分的。那时有知识技能的专家，都由贵族专养专用，都是在官的。到了贵族政治崩坏以后，贵族有的失了势，穷了，养不起自用的专家。这些专家失了业，流落到民间，便卖他们的知识技能为生❶。凡有权有钱的都可以临时雇用他们；他们起初还是伺候贵族的时候多，不过不限于一家贵族罢了。这样发展了一些自由职业；靠这些自由职业为生的，渐渐形成了一个特殊阶级，便是"士农工商"的"士"。这些"士"，这些专家，后来居然开门授徒起来。徒弟多了，声势就大了，地位也高了。他们除掉执行自己的职业之外，不免根据他们专门的知识技能，研究起当时的文化和制度来了。这就有了种种看法和主张，各"思以其道易天下"①。❷诸子百家便是这样兴起的。

第一个开门授徒发扬光大那非农非工非商非官的"士"的阶级的，是孔子。孔子名丘，他家原是宋国的贵族，贫寒失势，才流落到鲁国去。他自己做了一个儒士；儒士是以教书和相礼为职业的，他却只是一个"老教书匠"。他的教书有一个特别的地方，就是"有教无类"②。他大招学生，不问身家，只要缴相当的学费就收❸；收来的学生，一律教他们读《诗》《书》等名贵的古籍，并教他们礼乐等功课。这些从前是只有贵族才能够享受的，孔子是第一个将学术民众化的人。他又带着学生，周游列国，说当世的君主；这也是从前没有的。他一个人开了讲学和游说的风气，是"士"阶级的老祖宗。他是旧文化、旧制度的辩护人，以这种姿态创始了所谓儒家。所谓旧文化、旧制度，主要的是西周的文化和制度，孔子相信是文王、周公创造的。继续文王、周公的事业，便是他给他自己的使命。❹他自己说，"述而不作❺，信而好古"③；所述的，所信所好的，都是周代的文化和制度。《诗》《书》《礼》《乐》等是周文化的代表，所以他拿来作学生的必修科目。这些原是共同的遗产，但后来各家都讲自己的新学说，不讲这些；讲这些的始终只有"述而不作"的儒家，因此《诗》《书》《礼》《乐》等便成为儒家的专有品了。

孔子是个博学多能的人，他的讲学是多方面的。他讲学的目的在于养成"人"，养成为国家服务的人，并不在于养成某一家的学者。他教学生读各种书、学各种功课之外，更注重人格的修养。他说为人要有真性情，要有同情心，能够推己及人，这所谓"直❶""仁❷""忠""恕"❸；一面还得合乎礼，就是遵守社会的规范。凡事只问该做不该做，不必问有用无用；只重义，不计利。这样人才配去干政治，为国家服务。孔子的政治学说，是"正名主义"❹。他想着当时制度的崩坏，阶级的紊乱，都是名不正的缘故。君没有君道，臣没有臣道，父没有父道，子没有子道，实和名不能符合起来，天下自然乱了。救时之道，便是"君君，臣臣，父父，子子"④；正名定分，社会的秩序、封建的阶级便会恢复的。他是给封建制度找了一个理论的根据。这个正名主义，又是从《春秋》和古史官的种种书法归纳得来的。他所谓"述而不作"，其实是以述为作，就是理论化旧文化、旧制度，要将那些维持下去。他对于中国文化的贡献，便在这里。

孔子以后，儒家还出了两位大师，孟子和荀子。孟子名轲，邹人；荀子名况，赵人。这两位大师代表儒家的两派。他们也都拥护周代的文化和制度，但更进一步的加以理论化和理想化。孟子说人性是善的。人都有恻隐心、羞恶心、辞让心、是非心；这便是仁义礼智等善端，只要能够加以扩充，便成善人❺。这些善端，又总称为"不忍人之心"。圣王本于"不忍人之心"，发为"不忍人之政"⑤，便是"仁政""王政"。一切政治的、经济的制度都是为民设的，君也

❶一般而言，直即直道，公正无私。

❷仁者爱人。"爱人，即视他人为同类，友善待之"，"仁的内涵是忠和恕"。（钱宁语）

❸关于"忠""恕"的解释，参见本书047页旁批❸。

❹《论语·子路》："名不正，则言不顺；言不顺，则事不成；事不成，则礼乐不兴；礼乐不兴，则刑罚不中；刑罚不中，则民无所错手足。"错，同"措"，放置。

❺孟子所言"恻隐心"等，参见别册《经典选读·"四书"》第七。

❶《孟子·尽心下》:"民为贵,社稷次之,君为轻。"

是为民设的❶——这却已经不是封建制度的精神了。和王政相对的是霸政。霸主的种种制作设施,有时也似乎为民,其实不过是达到好名、好利、好尊荣的手段罢了。荀子说人性是恶的。性是生之本然,里面不但没有善端,还有争夺放纵等恶端。但是人有相当聪明才力,可以渐渐改善学好;积久了,习惯自然,再加上专一的工夫,可以到圣人的地步。所以善是人为的❷。孟子反对功利,他却注重它。他论王霸的分别,也从功利着眼。孟子注重圣王的道德,他却注重圣王的威权。他说生民之初,纵欲相争,乱得一团糟;圣王建立社会国家,是为明分、息争的。礼是社会的秩序和规范,作用便在明分;乐是调和情感的,作用便在息争。他这样从功利主义出发,给一切文化和制度找到了理论的根据。

❷《荀子·性恶》:"人之性恶,其善者伪也。"伪,人为的,非先天的。

儒士多半是上层社会的失业流民;儒家所拥护的制度,所讲、所行的道德也是上层社会所讲、所行的。还有原业农工的下层失业流民,却多半成为武士。武士是以帮人打仗为职业的专家。墨翟便出于武士。墨家的创始者墨翟,鲁国人,后来做到宋国的大夫,但出身大概是很微贱的❸。"墨"原是作苦工的犯人的意思,大概是个诨名;"翟"是名字。墨翟本是贱者,也就不辞用那个诨名自称他们的学派。墨家是有团体组织的,他们的首领叫作"钜子";墨子大约就是第一任"钜子"。他们不但是打仗的专家,并且是制造战争器械的专家。

❸《史记·孟子荀卿列传》:"盖墨翟,宋之大夫,善守御,为节用。或曰并孔子时,或曰在其后。"按:据学者研究,墨子应在孔子之后,而与孔子之孙子思并时,生活在战国前期。

❹墨子善于守城,故称"墨守",成语"墨守成规"即由此而来。该成语后用以形容因循守旧,不肯改进。

但墨家和别的武士不同,他们是有主义的。他们虽以帮人打仗为生,却反对侵略的打仗;他们只帮被侵略的弱小国家做防卫的工作❹。《墨子》里只讲守的器械和方法,攻的方面,特意不讲。这是他们的"非攻"主义。他们说天下大害,在于人的互争;天下人都该视人如己,互相帮助,不但利他,而且利己。这是"兼爱"主义。墨家注重功利,凡与国家人民有利的事物，才认为有价值。国家人民，利在富庶；凡能使人民富庶的事物是有用的，别的都是无益或有害。他们是平民的代言人，所以反对贵族的周代的文化和制度。他们主张"节葬""短丧""节用""非乐"，都和儒家相反。他们说他们是以节俭勤苦的夏禹为法的①。他们又相信有上帝和鬼神，能够赏善罚恶；这也是下层社会的旧信仰。儒家和墨家其实都是守旧的；不过一个守原来上层社会的旧，一个守原来下层社会的旧罢了。

　　压根儿反对一切文化和制度的是道家。道家出于隐士。孔子一生曾遇到好些"避世"之士；他们着实讥评孔子。这些人都是有知识学问的。他们看见时世太乱，难以挽救，便消极起来，对于世事，取一种不闻不问的态度。他们讥评孔子"知其不可而为之"⑥，费力不讨好；他们自己便是知其不可而不为的、独善其身的聪明人。后来有个杨朱，也是这一流人，他却将这种态度理论化了，建立"为我"的学说。他主张"全生保真，不以物累形"⑦；将天下给他，换他小腿上一根汗毛，他是不干的。②天下虽大，是外物；一根毛虽小，却是自己的一部分。所谓"真"，便是自然。杨朱所说的只是教人因生命的自然，不加伤害；"避世"便是"全生保真"的路。不过世事变化无穷，避世未必就能避害，杨朱的教义到这里却穷了。老子、庄子的学说似乎便是从这里出发，加以扩充的。杨朱实在是道家的先锋。

　　老子相传姓李名耳，楚国隐士。③楚人是南方新兴的民族，受周文化的影响很少；他们往往有极新的思想。孔子遇到那些隐士，也都在楚国；这似乎不是偶然的。庄子名周，宋国人，他的思想却接近楚人。老学以为宇宙间事物的变化，都遵循一定的公律，在天然界如此，在人事界也如此，这叫作"常"。顺应这些公律，便不须避害，自然能避害，

① 鲁迅先生《故事新编》中有一则写墨子的短篇小说，标题叫《非攻》，活泼有趣，内涵深刻，可参看。

经典原文请参阅别册049页"《墨子·兼爱》（节选）"。

② 《孟子·尽心上》："杨子取为我，拔一毛而利天下，不为也。墨子兼爱，摩顶放踵利天下，为之。"取，主张。摩顶放踵（zhǒng），摩秃头顶，走破脚跟，形容极度损害自身。

③ 《史记·老子韩非列传》："老子者，楚苦县厉乡曲仁里人也，姓李氏，名耳，字聃（dān），周守藏室之史也。"守藏室，藏书室，图书、档案馆。史，文职官吏。按：老子本是周朝官吏，见周之衰，出关而去，莫知所终。

所以说，"知常曰明"⑧。事物变化的最大公律是物极则反。处世接物，最好先从反面下手。"将欲翕❶之，必固张之；将欲弱之，必固强之；将欲废之，必固兴之；将欲夺之，必固与之。"⑨❷ "大直若屈，大巧若拙，大辩若讷❸。"⑩ 这样以退为进，便不至于有什么冲突了。因为物极则反，所以社会上政治上种种制度，推行起来，结果往往和原来目的相反。"法令滋彰，盗贼多有。"⑪ 治天下本求有所作为，但这是费力不讨好的，不如排除一切制度，顺应自然，无为而为，不治而治。那就无不为，无不治了❹。自然就是"道"，就是天地万物所以生的总原理。物得道而生，是道的具体表现。一物所以生的原理叫作"德"，"德"是"得"的意思❺。所以宇宙万物都是自然的。这是老学的根本思想，也是庄学的根本思想。但庄学比老学更进一步。他们主张绝对的自由，绝对的平等。天地万物，无时不在变化之中，不齐是自然的。一切但须顺其自然，所有的分别，所有的标准，都是不必要的。社会上、政治上的制度，硬教不齐的齐起来，只徒然伤害人性罢了。所以圣人是要不得的；儒、墨是"不知耻"的⑫。按庄学说，凡天下之物，都无不好；凡天下的意见，都无不对；无所谓物我，无所谓是非❻；甚至死和生也都是自然的变化，都是可喜的。明白这些个，便能与自然打成一片，成为"无入而不自得"的至人了。老、庄两派，汉代总称为道家。

庄学排除是非，是当时"辩者"的影响。"辩者"，汉代称为名家，出于讼师。辩者的一个首领郑国邓析，便是春秋末年著名的讼师。另一个首领梁相惠施❼，也是法律行家。邓析的本事在对于法令能够咬文嚼字地取巧，"以是为非，以非为是"。⑬ 语言文字往往是多义的；他能够分析语言文字的意义，利用来作种种不同甚至相反的解释。这样发展

---

❶ 翕 (xī)：收敛，收缩。

❷ 常言"欲擒故纵"，即"从反面下手"之例。

❸ 讷 (nè)：言语迟钝。

❹ 老子的"无为"，并非不做任何事，而指顺应自然而为，无妄为。

❺ 《老子》一书分"道经"和"德经"两部分，故又称《道德经》。

❻ 庄子倡导消除物我差异，泯灭万物区别，这实际是其对平等的极致追求。他认为世间万事万物，包括人与人之间千差万别，缺乏客观公正的评价标准，"彼亦一是非，此亦一是非"（《庄子·齐物论》）。因此，只要有比较和评价，便不公平，便有伤害。

经典原文请参阅别册044 页"《老子》五章"、048 页"《齐物论》（节选）"。

❼ 惠施即惠子，是庄子"相爱相杀"的密友。《庄子》中有关二人的寓言故事，如"濠梁之辩""惠子相梁""五石之瓠"和"运斤成风"等，都值得一读。参见别册《经典选读·诸子第十》。

了辩者的学说。当时的辩者有惠施和公孙龙两派。惠施派说，世间各个体的物，各有许多性质；但这些性质，都因比较而显，所以不是绝对的。各物都有相同之处，也都有相异之处。从同的一方面看，可以说万物无不相同；从异的一方面看，可以说万物无不相异。同异都是相对的：这叫作"合同异"。⑭

▶ 经典原文请参阅别册048 页"《秋水》（节选四）"。

公孙龙，赵人。他这一派不重个体而重根本，他说概念有独立分离的存在。譬如一块坚而白的石头，看的时候只见白，没有坚；摸的时候只觉坚，不见白。所以白性与坚性两者是分离的。况且天下白的东西很多，坚的东西也很多，有白而不坚的，也有坚而不白的，也可见白性与坚性是分离的❶，白性使物白，坚性使物坚；这些虽然必须因具体的物而见，但实在有着独立的存在，不过是潜存罢了。这叫作"离坚白"⑮。这种讨论与一般人感觉和常识相反，所以当时以为"怪说""琦辞"，"辩而无用"⑯。但这种纯理论的兴趣，在哲学上是有它的价值的。至于辩者对于社会政治的主张，却近于墨家。

❶ 公孙龙还有"白马非马"之论，参见别册《经典选读·诸子第十》。

▶ 经典原文请参阅别册052 页"白马非马"。

儒、墨、道各家有一个共通的态度，就是托古立言；他们都假托古圣贤之言以自重。孔子托于文王、周公，墨子托于禹，孟子托于尧、舜，老、庄托于传说中尧、舜以前的人物；一个比一个古，一个压一个。不托古而变古的只有法家❷。法家出于"法术之士"⑰，法术之士是以政治为职业的专家。贵族政治崩坏的结果，一方面是平民的解放，一方面是君主的集权。这时候国家的范围，一天一天扩大，社会的组织也一天一天复杂。人治、礼治，都不适用了。法术之士便创一种新的政治方法帮助当时的君主整理国政，做他们的参谋。这就是法治。当时现实政治和各方面的趋势是变古 —— 尊君权、禁私学、重富豪。法术之士便拥护这种趋势，加以理

❷ 韩非子认为，用先王之法治当世之民，理论与实际会严重脱节，这与守株待兔一样愚蠢。《韩非子·五蠹》："圣人不期修古，不法常可，论世之事，因为之备。""论世"两句意谓：根据当前社会的实际情况，从而制定相应的政治措施。

论化。

他们中间有重势、重术、重法三派，而韩非子集其大成。他本是韩国的贵族，学于荀子❶。他采取荀学、老学和辩者的理论，创立他的一家言；他说势、术、法三者都是"帝王之具"⑱，缺一不可。势的表现是赏罚，赏罚严，才可以推行法和术。因为人性究竟是恶的。术是君主驾驭臣下的技巧。综核名实是一个例。譬如教人做某官，按那官的名位，该能作出某些成绩来；君主就可以照着去考核，看他名实能相副否。又如臣下有所建议，君主便叫他去做，看他能照所说的做到否。名实相副的赏；否则罚。法是规矩准绳❷，明主制下了法，庸主只要守着，也就可以治了。君主能够兼用法、术、势，就可以一驭万，以静制动，无为而治。诸子都讲政治，但都是非职业的，多偏于理想。只有法家的学说，从实际政治来，切于实用。中国后来的政治，大部分是受法家的学说支配的。❸

古代贵族养着礼、乐专家，也养着巫祝、术数专家。礼、乐原来的最大的用处在丧、祭。丧、祭用礼、乐专家，也用巫祝；这两种人是常在一处的同事。巫祝固然是迷信的；礼、乐里原先也是有迷信成分的。礼、乐专家后来沦为儒士；巫祝、术数专家便沦为方士。他们关系极密切，所注意的事有些是相同的。汉代所称的阴阳家便出于方士。古代术数注意于所谓"天人之际"，以为天道人事互相影响❹。战国末年有些人更将这种思想推行起来，并加以理论化，使它成为一贯的学说。这就是阴阳家。

当时阴阳家的首领是齐人驺衍。他研究"阴阳消息"⑲，创为"五德终始"说⑳。"五德"就是五行之德。五行是古代的信仰。驺衍以为五行是五种天然势力，所谓"德"。每一德，各有盛衰的循环。在它当运的时候，天道人事，都受它

经典原文请参阅别册050页"《韩非子》五则"。

支配。等到它运尽而衰，为别一德所胜、所克，别一德就继起当运。木胜土，金胜木，火胜金，水胜火，土胜水，这样"终始"不息。历史上的事变都是这些天然势力的表现。每一朝代，代表一德；朝代是常变的❶，不是一家一姓可以永保的。阴阳家也讲仁义名分，却是受儒家的影响。那时候儒家也在开始受他们的影响，讲《周易》，作《易传》❷。到了秦汉间，儒家更几乎与他们混合为一；西汉今文家的经学大部便建立在阴阳家的基础上。后来"古文经学"虽然扫除了一些"非常""可怪"之论㉑，但阴阳家的思想已深入人心，牢不可拔了。

战国末期，一般人渐渐感着统一思想的需要，秦相吕不韦便是做这种尝试的第一个人。他教许多门客合撰了一部《吕氏春秋》❸。现在所传的诸子书，大概都是汉人整理编定的；他们大概是将同一学派的各篇编辑起来，题为某子，所以都不是有系统的著作。《吕氏春秋》却不然；它是第一部完整的书。吕不韦所以编这部书，就是想化零为整，集合众长，统一思想。他的基调却是道家。秦始皇统一天下，李斯为相，实行统一思想。他烧书，禁天下藏"《诗》《书》、百家语"㉒。❹但时机到底还未成熟，而秦不久也就亡了，李斯是失败了。所以汉初诸子学依然很盛。

到了汉武帝的时候，淮南王刘安仿效吕不韦的故智，教门客编了一部《淮南子》，也以道家为基调，也想来统一思想。但成功的不是他，是董仲舒。董仲舒向武帝建议："六经和孔子的学说以外，各家一概禁止。邪说息了，秩序才可统一，标准才可分明，人民才知道他们应走的路。"㉓武帝采纳了他的话。从此，帝王用功名利禄提倡他们所定的儒学，儒学统于一尊；春秋战国时代言论思想极端自由的空气便消灭了❺。这时候政治上既开了从来未有的大局面，社会和经

❶ 据《史记·秦始皇本纪》记载，秦始皇认为周为火德，而水能克火，秦代周立，故秦为水德，遂下诏将黄河改名为"德水"。

❷ 参见本书"《周易》第二"。

❸ 吕不韦对《吕氏春秋》极为自信，宣称能增损一字者，赏千金。成语"一字千金"典出于此，后来用以称赞诗文精妙，价值极高。

❹《史记·秦始皇本纪》："臣（李斯）请史官非秦记皆烧之。非博士官所职，天下敢有藏《诗》《书》、百家语者，悉诣守、尉杂烧之。"诣(yì)，到，送到。杂，合，一并。

❺ 于右任先生认为，汉武帝"罢黜百家，独尊儒术"僵化了国人的思想，其《汉武帝陵》诗曰："绝大经纶绝大才，罪功不在悔轮台。百家罢后无奇士，永为神州种祸胎。"

❶ 实际上，汉朝的统治并不纯用儒术，而是外儒内法，即"王霸杂用"。《汉书·元帝纪》："宣帝作色曰：'汉家自有制度，本以霸王道杂之，奈何纯任德教，用周政乎！且俗儒不达时宜，好是古非今，使人眩于名实，不知所守，何足委任！'"周政，周代所实行的德政，即"霸王道"中的王道。

济各方面的变动也渐渐凝成了新秩序，思想渐归于统一，也是自然的趋势。在这新秩序里，农民还占着大多数，宗法社会还保留着，旧时的礼教与制度一部分还可适用，不过民众化了罢了。另一方面，要创立政治上社会上各种新制度，也得参考旧的。这里便非用儒者不可了。儒者通晓以前的典籍，熟悉以前的制度，而又能够加以理想化、理论化，使那些东西秩然有序，粲然可观。别家虽也有政治社会学说，却无具体的办法，就是有，也不完备，赶不上儒家；在这建设时代，自然不能和儒学争胜。儒学的独尊，也是当然的。**❶**

参考资料：

冯友兰《中国哲学史》第一篇

慎思明辨

1.朱自清先生在文中提到了孟子的"性善论"和荀子的"性恶论"。他说："孟子说人性是善的。人都有恻隐心、羞恶心、辞让心、是非心；这便是仁义礼智等善端，只要能够加以扩充，便成善人。"又说："荀子说人性是恶的。性是生之本然，里面不但没有善端，还有争夺放纵等恶端。但是人有相当聪明才力，可以渐渐改善学好；积久了，习惯自然，再加上专一的工夫，可以到圣人的地步。所以善是人为的。"你支持哪一方的观点？理由又是什么？

2.朱自清先生在文中提到了道家的"为我"学说。杨朱主张"'全生保真，不以物累形'；将天下给他，换他小腿上一根汗毛，他是不干的。天下虽大，是外物；一根毛虽小，却是自己的一部分"。你认为杨朱的观点优劣之处分别在哪里？

朱自清原注

① 语见章学诚《文史通义·言公上》。

②《论语·卫灵公》。

③《论语·述而》。

④《论语·颜渊》。远植补《论语·颜渊》："齐景公问政于孔子。孔子对曰：'君君，臣臣，父父，子子。'公曰：'善哉！信如君不君，臣不臣，父不父，子不子，虽有粟，吾得而食诸？'"

⑤《孟子·公孙丑》。

⑥《论语·宪问》。

⑦《淮南子·氾论训》。

⑧《老子·十六章》。

⑨《老子·三十六章》。

⑩《老子·四十五章》。

⑪《老子·五十七章》。

⑫《庄子·在宥》《庄子·天运》。

⑬《吕氏春秋·审应览·离谓篇》。

⑭ 语见《庄子·秋水》。

⑮《荀子·非十二子篇》。远植补 本条注释似有误。"离坚白"一语见《庄子·天地》，故本注释应注为"语见《庄子·天地》"。

⑯ 语见《韩非子·孤愤》。远植补 本条注释似有误。"'怪说''琦辞'，'辩而无用'"等语见《荀子·非十二子篇》，故本注释应注为"《荀子·非十二子篇》"。

⑰《韩非子·定法》。远植补 本条注释似有误。"法术之士"一语屡见《韩非子·孤愤》，故本注释应注为"语见《韩非子·孤愤》"。

⑱《韩非子·定法》。

⑲《史记·孟子荀卿列传》。

⑳《吕氏春秋·有始览·名类篇》及《文选》左思《魏都赋》李善注引《七略》。

㉑ 何休《春秋公羊经传解诂·序》说《春秋》中"多非常异议可怪之论"。

㉒《史记·秦始皇本纪》。

㉓ 原文见《汉书·董仲舒传》。远植补《汉书·董仲舒传》："臣（董仲舒）愚以为诸不在六艺之科孔子之术者，皆绝其道，勿使并进。邪辟之说灭息，然后统纪可一而法度可明，民知所从矣。"

辞赋第十一

屈原是我国历史里永被纪念着的一个人。旧历五月五日端午节，相传便是他的忌日；他是投水死的，竞渡据说原来是表示救他的，粽子原来是祭他的。现在定五月五日为诗人节，也是为了纪念的缘故。他是个忠臣，而且是个缠绵悱恻❶的忠臣；他是个节士，而且是个浮游尘外、清白不污的节士。"举世皆浊而我独清，众人皆醉而我独醒"①，他的身世是一出悲剧。可是他永生在我们的敬意尤其是我们的同情里。"原"是他的号，"平"是他的名字。他是楚国的贵族，怀王时候，做"左徒"的官。左徒好像现在的秘书。他很有学问，熟悉历史和政治，口才又好。一方面参赞国事，一方面给怀王见客，办外交，头头是道。怀王很信任他。❷

当时楚国有亲秦、亲齐两派；屈原是亲齐派。秦国看见屈原得势，便派张仪❸买通了楚国的贵臣上官大夫、靳尚等，在怀王面前说他的坏话。怀王果然被他们所惑，将屈原放逐到汉北去。张仪便劝怀王和齐国绝交，说秦国答应割地六百里。楚和齐绝了交，张仪却说答应的是六里。怀王大怒，便举兵伐秦，不料大败而归。这时候想起屈原来了，将他召回，教他出使齐国。亲齐派暂时抬头。但是亲秦派不久

❶ 缠绵悱恻（fěi cè）：形容内心悲苦难以排遣。

❷《史记·屈原贾生列传》："屈原者，名平，楚之同姓也。为楚怀王左徒。博闻强志，明于治乱，娴于辞令。入则与王图议国事，以出号令；出则接遇宾客，应对诸侯。王甚任之。"

❸ 张仪巧舌如簧，与苏秦共为纵横家的代表。参见本书"《战国策》第八"。

又得势。怀王终于让秦国骗了去，拘留着，就死在那里。这件事是楚人最痛心的，屈原更不用说了❶。可是怀王的儿子顷襄王，却还是听亲秦派的话，将他二次放逐到江南去。他流浪了九年，秦国的侵略一天紧似一天；他不忍亲见亡国的惨象，又想以一死来感悟顷襄王，便自沈在汨罗江里❷。

《楚辞》中《离骚》和《九章》的各篇，都是他放逐时候所作。《离骚》❸尤其是千古流传的杰构。这一篇大概是二次被放时作的。他感念怀王的信任，却恨他糊涂，让一群小人蒙蔽着，播弄着。而顷襄王又不能觉悟；以致国土日削，国势日危。他自己呢，"信而见疑，忠而被谤"②，简直走投无路；满腔委屈，千端万绪的，没人可以诉说，终于只能告诉自己的一支笔，《离骚》便是这样写成的。"离骚"是"别愁"或"遭忧"的意思③。他是个富于感情的人，那一腔遏抑不住的悲愤，随着他的笔奔迸出来，"东一句，西一句，天上一句，地下一句"④，只是一片一段的，没有篇章可言。这和人在疲倦或苦痛的时候，叫"妈呀！""天哪！"一样；心里乱极了，闷极了，叫叫透一口气，自然是顾不到什么组织的❹。

篇中陈说唐、虞、三代的治，桀、纣、羿、浇的乱，善恶因果，历历分明；用来讽刺当世，感悟君王。他又用了许多神话里的譬喻和动植物的譬喻，委曲地表达出他对于怀王的忠爱，对于贤人君子的向往，对于群小的深恶痛疾。他将怀王比作美人，他是"求之不得"，"辗转反侧"；情辞凄切，缠绵不已。他又将贤臣比作香草。"美人香草"❺从此便成为政治的譬喻，影响后来解诗、作诗的人很大。汉淮南王刘安作《离骚传》说："《国风》好色而不淫，《小雅》怨诽而不乱，若《离骚》者可谓兼之矣。"⑤"好色而不淫"似乎就指美人香草用作政治的譬喻而言；"怨诽而不乱"是怨而不

❶ 南宋王十朋《楚怀王》诗曰："怀王误与虎狼亲，身死咸阳一旅人。见说国人怀旧德，楚虽三户亦亡秦。"

❷《续齐谐记》："屈原五月五日投汨罗水，楚人哀之，至此日以竹筒子贮米，投水以祭之。汉建武中，长沙区曲（一作'回'）忽见一士人，自云三闾大夫，谓曲曰，闻君当见祭，甚善，常年为蛟龙所窃，今若有惠，当以楝叶塞其上，以彩丝缠之，此二物蛟龙所惮。曲依其言。今五月五日作粽，并带楝叶五花丝，遗风也。"沈，同"沉"。

❸《离骚》是中国古代最长的抒情诗。

❹《史记·屈原贾生列传》："夫天者，人之始也；父母者，人之本也。人穷则反本，故劳苦倦极，未尝不呼天也；疾痛惨怛，未尝不呼父母也。"怛（dá），痛苦。

❺ 东汉王逸《楚辞章句·离骚经序》："《离骚》之文，依《诗》取兴，引类譬谕，故善鸟香草以配忠贞；恶禽臭物以比谗佞；灵修美人以媲于君；宓妃佚女以譬贤臣；虬龙鸾凤以托君子；飘风云霓以为小人。"宓（fú）妃，相传是伏羲的女儿，溺死于洛水，后成洛水之神。佚（yì）女，美女。

经典原文请参阅别册 053 页"屈原《九章·橘颂》"、054 页"屈原《离骚》(节选)"。

❶出世：脱离人世束缚。

❷《九章·涉江》中"登昆仑兮食玉英，与天地兮同寿，与日月兮同光"三句可能透露了屈原"神仙家"的"消息"：通过"食玉英"——服食不死仙药，来实现"与天地兮同寿"——长生不死的追求。

❸《天问》是屈原被放逐后，见楚先王祠庙及公卿祠堂上天地山川神灵、圣贤怪物行事之壁画，叩而问之而写成。聂石樵先生说："天，应指一切事物的本源。天问，就是探求事物的原始的意义。"该作品的内容主要为两部分，一部分是关于自然现象的，另一部分是历史传说中许多关于治乱兴衰的事迹的。屈原对自然和历史的传统观念提出了大胆的怀疑。鲁迅在《摩罗诗力说》中说："怀疑自遂古之初，直至百物之琐末，放言无惮，为前人所不敢言。"对屈原这种怀疑精神给予充分的肯定。

经典原文请参阅别册 055 页"屈原《九歌·山鬼》"

怒的意思。虽然我们相信《国风》的男女之辞并非政治的譬喻，但断章取义，淮南王的话却是《离骚》的确切评语。

《九章》的各篇原是分立的，大约汉人才合在一起，给了"九章"的名字。这里面有些是屈原初次被放时作的，有些是二次被放时作的，差不多都是"上以讽谏，下以自慰"⑥；引史事，用譬喻，也和《离骚》一样。《离骚》里记着屈原的世系和生辰，这几篇里也记着他放逐的时期和地域；这些都可以算是他的自叙传。他还作了《九歌》《天问》《远游》《招魂》等，却不能算自叙传，也"不皆是怨君"⑦；后世都说成怨君，便埋没了他的别一面的出世❶观了。他其实也是一"子"，也是一家之学。这可以说是神仙家，出于巫❷。《离骚》里说到周游上下四方，驾车的动物，驱使的役夫，都是神话里的。《远游》更全是说的周游上下四方的乐处。这种游仙的境界，便是神仙家的理想。

《远游》开篇说，"悲时俗之迫厄兮，愿轻举而远游"，篇中又说，"临不死之旧乡"。人间世太狭窄了，也太短促了，人是太不自由自在了。神仙家要无穷大的空间，所以要周行无碍；要无穷久的时间，所以要长生不老。他们要打破现实的、有限的世界，用幻想创出一个无限的世界来。在这无限的世界里，所有的都是神话里的人物；有些是美丽的，也有些是丑怪的。《九歌》里的神大都可爱；《招魂》里一半是上下四方的怪物，说得顶怕人的，可是一方面也奇诡可喜。因为注意空间的扩大，所以对于天地山川日月星辰，在在都有兴味。《天问》里许多关于天文地理的疑问，便是这样来的❸。一面惊奇天地之广大，一面也惊奇人事之诡异——善恶因果，往往有不相应的；《天问》里许多关于历史的疑问，便从这里着眼。这却又是他的入世观了。

要达到游仙的境界，须要"虚静以恬愉""无为而自得"，还须导引养生的修炼工夫，这在《远游》里都说了。屈原受庄学的影响极大。这些都是庄学；周行无碍，长生不老，以及神话里的人物，也都是庄学。但庄学只到"我"与自然打成一片而止，并不想创造一个无限的世界；神仙家似乎比庄学更进了一步。神仙家也受阴阳家的影响；阴阳家原也讲天地广大，讲禽兽异物的。阴阳家是齐学。齐国滨海，多有怪诞的思想。屈原常常出使到那里，所以也沾了齐气❶。还有齐人好"隐"。"隐"是"遁词以隐意，谲譬以指事"⑧，是用一种滑稽的态度来讽谏。淳于髡可为代表❷。楚人也好"隐"。屈原是楚人，而他的思想又受齐国的影响，他爱用种种政治的譬喻，大约也不免沾点齐气。但是他不取滑稽的态度，他是用一副悲剧面孔说话的。《诗大序》所谓"谲谏"，所谓"言之者无罪，闻之者足以戒"，倒是合式的说明。至于像《招魂》里的铺张排比，也许是纵横家的风气。

《离骚》各篇多用"兮"字足句，句逗❸以参差不齐为主。"兮"字足句，三百篇中已经不少；句逗参差，也许是"南音"的发展。"南"本是南乐的名称；三百篇❹中的"二南"，本该与风、雅、颂分立为四。"二南"是楚诗，乐调虽已不能知道，但和风、雅、颂必有异处。从"二南"到《离骚》，现在只能看出句逗由短而长、由齐而畸的一个趋势；这中间变迁的轨迹，我们还能找到一些，总之，决不是突如其来的。这句逗的发展，大概多少有音乐的影响。从《汉书·王褒传》，可以知道楚辞的诵读是有特别的调子的⑨，这正是音乐的影响。屈原诸作奠定了这种体制，模拟的日见其多。就中最出色的是宋玉，他作了《九辩》。宋玉传说是屈原的弟子；《九辩》的题材和体制都模拟《离骚》和《九章》，算是代屈原说话，不过没有屈原那样激切罢了。宋玉自己可也加上一些新思想；他是第一个描写"悲秋"的人❺。

❶ 本章 080 页朱自清先生已言"屈原是亲齐派"。

❷《史记·滑（gǔ）稽列传》："淳于髡（kūn）者，齐之赘婿也。长不满七尺，滑稽多辩，数使诸侯，未尝屈辱。"滑稽，比喻能言善辩，应对如流。

经典原文请参阅别册 055 页"屈原《九章·涉江》"。

❸ 句逗：同"句读（dòu）"，即断句。句，句末的停顿。读，句中的停顿。

❹ 三百篇：指《诗经》。《诗经》还有"诗""《诗》三百"等名称。

❺ 宋玉《九辩》："悲哉秋之为气也！萧瑟兮草木摇落而变衰。"

还有个景差，据说是《大招》的作者；《大招》是模拟《招魂》的。

　　到了汉代，模拟《离骚》的更多，东方朔、王褒、刘向、王逸都走着宋玉的路。大概武帝时候最盛，以后就渐渐地差了。汉人称这种体制为"辞"，又称为"楚辞"。刘向将这些东西编辑起来，成为《楚辞》一书。^❶东汉王逸给作注，并加进自己的拟作，叫作《楚辞章句》。北宋洪兴祖又作《楚辞补注》；《章句》和《补注》合为《楚辞》标准的注本。但汉人又称《离骚》等为"赋"。《史记·屈原传》说他"作《怀沙》之赋"；《怀沙》是《九章》之一，本无"赋"名。《传》尾又说："宋玉、唐勒、景差之徒，皆好辞而以赋见称。"《汉书·艺文志·诗赋略》列"屈原赋二十五篇"，就是《离骚》等。大概"辞"是后来的名字，专指屈、宋一类作品；赋虽从辞出，却是先起的名字，在未采用"辞"的名字以前，本包括"辞"而言。所以浑言^❷称"赋"，称"辞赋"，分言称"辞"和"赋"。后世引述屈、宋诸家，只通称"楚辞"，没有单称"辞"的。但却有称"骚""骚体""骚赋"的，这自然是《离骚》的影响。

　　荀子的《赋篇》最早称"赋"。篇中分咏"礼""知""云""蚕""箴（针）"五件事物，像是谜语；其中颇有讽世的话，可以说是"隐"的支流余裔。荀子久居齐国的稷下^❸，又在楚国做过县令，死在那里。他的好"隐"，也是自然的。《赋篇》总题分咏，自然和后来的赋不同，但是安排客主，问答成篇，却开了后来赋家的风气。荀赋和屈辞原来似乎各是各的；这两体的合一，也许是在贾谊手里。贾谊是荀卿的再传弟子，他的境遇却近于屈原^❹，又久居屈原的故乡；很可能的，他模拟屈原的体制，却袭用了荀卿的"赋"的名字。这种赋日渐发展，屈原诸作也便被称为

❶ "楚辞"二字，既指一种具有浓郁楚地特色的文体，又指收录了屈原、宋玉等人辞赋作品的《楚辞》这部文集。

❷ 浑言：统言，笼统地说。

❸ 稷（jì）下：齐都临淄城稷门附近。齐国君主在此设立学官，称"稷下学宫"。这是世界上最早的官办高等学府，荀子曾于此长期担任"祭酒"（学宫之长）之职。

❹ 司马迁注意到屈、贾二人境遇的接近，遂把这两位不同时代的"同命人"合写在一篇传记之中，即《屈原贾生列传》。

"赋"；"辞"的名字许是后来因为拟作多了，才分化出来，作为此体的专称的。"辞"本是"辩解的言语"的意思，用来称屈、宋诸家所作，倒也并无不合之处。

《汉书·艺文志·诗赋略》分赋为四类。"杂赋"十二家是总集，可以不论。屈原以下二十家，是言情之作。陆贾以下二十一家，已佚，大概近于纵横家言。就中"陆贾赋三篇"，在贾谊之先；但作品既不可见，是他自题为赋，还是后人追题，不能知道，只好存疑了。荀卿以下二十五家，大概是叙物明理之作。这三类里，贾谊以后各家，多少免不了屈原的影响，但已渐有散文化的趋势；第一类中的司马相如便是创始的人。——托为屈原作的《卜居》《渔父》，通篇散文化，只有几处用韵，似乎是《庄子》和荀赋的混合体制，又当别论。——散文化更容易铺张些。"赋"本是"铺"的意思，铺张倒是本来面目❶。可是铺张的作用原在讽谏；这时候却为铺张而铺张，所谓"劝百而讽一"⑩。当时汉武帝好辞赋，作者极众，争相竞胜，所以致此。扬雄说，"诗人之赋丽以则，辞人之赋丽以淫"⑪；"诗人之赋"便是前者，"辞人之赋"便是后者。甚至有诙谐嫚戏，毫无主旨的。难怪辞赋家会被人鄙视为倡优了。

东汉以来，班固作《两都赋》，"极众人之所眩曜，折以今之法度"⑫❷；张衡仿他作《二京赋》。晋左思又仿作《三都赋》❸。这种赋铺叙历史地理，近于后世的类书；是陆贾、荀卿两派的混合，是散文的更进一步。这和屈、贾言情之作，却迥不相同了。此后赋体渐渐缩短，字句却整炼起来。那时期一般诗文都趋向排偶化，赋先是领着走，后来是跟着走；作赋专重写景述情，务求精巧，不再用来讽谏。这种赋发展到齐、梁、唐初为极盛，称为"俳体"的赋⑬。"俳"是"游戏"的意思，对讽谏而言；其实这种作品倒也并非滑

❶《文心雕龙·诠赋》："'赋'者，铺也；铺采摛文，体物写志也。"摛(chī)，铺陈。

❷朱自清先生在本书"《史记》《汉书》第九"中说班固："九岁时能作文章，读诗赋。大概是十六岁罢，他入了洛阳的大学，博览群书。他治学不专守一家；只重大义，不沾沾在章句上。又善作辞赋。"

❸左思《三都赋》写成，当时人争相传写，洛阳的纸都因此涨价了。"洛阳纸贵"这一成语后借指著作广泛流行，风行一时。

① "文体"的赋：文赋。

稽嫚戏之作。唐代古文运动起来，宋代加以发挥光大，诗文不再重排偶而趋向散文化，赋体也变了。像欧阳修的《秋声赋》，苏轼的前、后《赤壁赋》，虽然有韵而全篇散行，排偶极少，比《卜居》《渔父》更其散文的。这称为"文体"的赋⑭ **①**。唐宋两代，以诗赋取士，规定程式。那种赋定为八韵，调平仄，讲对仗；制题新巧，限韵险难。这只是一种技艺罢了。这称为"律赋"。对"律赋"而言，"俳体"和"文体"的赋都是"古赋"；这"古赋"的名字和"古文"的名字差不多，真正"古"的如屈、宋的辞，汉人的赋，倒是不包括在内的。赋似乎是我国特有的体制；虽然有韵，而就它全部的发展看，却与文近些，不算是诗。

经典原文请参阅别册
057 页 "屈原《渔父》"。

参考资料：

游国恩《读骚论微初集》

慎思明辨

1. 朱自清先生在 "《战国策》第八" 一章中说："他们（按：指苏秦、张仪等战国策士）凭他们的智谋和辩才，给人家画策，办外交；谁用他们就帮谁。"可本章中的屈原却始终不曾凭借自己的才华为他国效力，最终投江殉国而死。你怎么评价策士与屈原不同的人生选择？

2. 朱自清先生在文中说屈原 "是神仙家，出于巫"。你认同这种观点吗？请查阅相关资料，谈谈你的看法。

朱自清原注

① 《楚辞·渔父》。

② 《史记·屈原传》。

③ 王逸《离骚经序》，班固《离骚赞序》。**远植补** 王逸《离骚经序》："屈原执履忠贞而被谗邪，忧心烦乱，不知所愬，乃作《离骚经》。离，别也。骚，愁也。"愬（sù），同"诉"。班固《离骚赞序》："离，犹遭也。骚，忧也。明己遭忧作辞也。"

④ 刘熙载《艺概》中《赋概》。

⑤ 《史记·屈原传》。

⑥ 王逸《楚辞章句·序》。

⑦ 《朱子语类·一四〇》。**远植补** 本条注释似有误。"不皆是怨君"一语在《朱子语类·一三九》中作"不甚怨君"。

⑧ 《文心雕龙·谐讔篇》。

⑨ 《汉书·王褒传》："宣帝时……徵能为《楚辞》。九江被公召见诵读。"

⑩ 《汉书·司马相如传赞》引扬雄语。**远植补** 《史记·司马相如列传赞》："相如虽多虚辞滥说，然其要归引之节俭，此与诗之风谏何异。扬雄以为靡丽之赋，劝百风一，犹驰骋郑卫之声，曲终而奏雅，不已亏乎？""劝百风一"，劝诱了一百处而只规讽一处，即规讽正道的言辞远远比不上劝诱奢靡的言辞，名为讽谏，实为怂恿。劝，鼓励。已，太。

⑪ 《法言·吾子篇》。

⑫ 《两都赋序》。

⑬ "俳体"的名称，见元祝尧《古赋辨体》。

⑭ "文体"的名称，见元祝尧《古赋辨体》。

诗第十二

❶《汉书·礼乐志》云："至武帝……乃立乐府，采诗夜诵，有赵、代、秦、楚之讴。以李延年为协律都尉，多举司马相如等数十人造为诗赋，略论律吕，以合八音之调，作十九章之歌。"讴(ōu)，歌曲，歌谣。

❷ 复沓(tà)：也称"复唱"，是诗歌或散文创作中常用的一种艺术表现手法，指相同（或更换少数词语）的句子反复出现。

汉武帝立乐府，采集代、赵、秦、楚的歌谣和乐谱；教李延年做协律都尉，负责整理那些歌辞和谱子，以备传习唱奏❶。当时乐府里养着各地的乐工好几百人，大约便是演奏这些乐歌的。歌谣采来以后，他们先审查一下。没有谱子的，便给制谱；有谱子的，也得看看合式不合式，不合式的地方，便给改动一些。这就是"协律"的工作。歌谣的"本辞"合乐时，有的保存原来的样子，有的删节，有的加进些复沓❷的甚至不相干的章句。"协律"以乐为主，只要合调；歌辞通不通，他们是不大在乎的。他们有时还在歌辞里夹进些泛声；"辞"写大字，"声"写小字。但流传久了，声辞混杂起来，后世便不容易看懂了。这种种乐歌，后来称为"乐府诗"，简称就叫"乐府"。北宋太原郭茂倩收集汉乐府以下历代合乐的和不合乐的歌谣，以及模拟之作，成为一书，题作《乐府诗集》；他所谓"乐府诗"，范围是很广的。就中汉乐府，沈约《宋书·乐志》特称为"古辞"。

汉乐府的声调和当时称为"雅乐"的三百篇不同，所采取的是新调子。这种新调子有两种："楚声"和"新声"。屈原的辞可为楚声的代表。汉高祖是楚人，喜欢楚声；楚声比雅乐好听。一般人不用说也是喜欢楚声的。楚声便成了风气。武帝时乐府所采的歌谣，楚以外虽然还有代、赵、秦各地的，但声调也许差不很多。那时却又输入了新声；新声出于西域和北狄的军歌。李延年多采取这种调子唱奏歌谣，从此大行，楚声便让压下去了。楚声的句调比较雅乐参差得多，新声的更比楚声参差得多。可是楚声里也有整齐的五言，楚调曲里各篇更全然如此，像著名的《白头吟》《梁甫吟》《怨歌行》都是的①。这就是五言诗的源头。

汉乐府以叙事为主。所叙的社会故事和风俗最多，历史及游仙的故事也占一部分。此外便是男女相思和离别之作，格言式的教训，人生的慨叹等等。这些都是一般人所喜欢的题材。用一般人所喜欢的调子，歌咏一般人所喜欢的题材，自然可以风靡一世。**❶** 哀帝即位，却以为这些都是不正经的乐歌；他废了乐府，裁了多一半乐工 —— 共四百四十一人，——大概都是唱奏各地乐歌的。当时颇想恢复雅乐，但没人懂得，只好罢了。不过一般人还是爱好那些乐歌。这风气直到汉末不变。东汉时候，这些乐歌已经普遍化，文人仿作的渐多；就中也有仿作整齐的五言的，像班固的《咏史》。但这种五言的拟作极少；而班固那一首也未成熟，钟嵘在《诗品·序》里评为"质木无文**❷**"，是不错的。直到汉末，一般文体都走向整炼一路，试验这五言体的便多起来；而最高的成就是《文选》所录的《古诗十九首》**❸**。

旧传最早的五言诗，是《古诗十九首》和苏武、李陵**❹**诗；说"十九首"里有七首是枚乘作的，和苏、李诗都出现于汉武帝时代。但据近来的研究，这十九首古诗实在都是汉末的作品；苏、李诗虽题了苏、李的名字，却不合于他们的事迹，从风格上看，大约也和"十九首"出现在差不多的时候。这十九首古诗并非一人之作，也非一时之作，但都模拟

❶ 汉乐府的创作根植于真实的生活，"感于哀乐，缘事而发"（《汉书·艺文志》），深受读者喜爱。

❷ 质木无文：指文章或诗过于质朴，缺乏文采。

❸ 南朝梁昭明太子萧统在其主持编选的《文选》中收录了十九首五言古诗，后遂统称这些诗为《古诗十九首》。

❹ 苏武、李陵事迹，参见本书"《史记》《汉书》第九"。

言情的乐府。歌咏的多是相思离别，以及人生无常当及时行乐的意思；也有对于邪臣当道、贤人放逐、朋友富贵相忘、知音难得等事的慨叹。这些都算是普遍的题材；但后一类是所谓"失志"之作，自然兼受了《楚辞》的影响。钟嵘评古诗，"可谓几乎一字千金❶"；因为所咏的几乎是人人心中所要说的，却不是人人口中笔下所能说的，而又能够那样平平说出，曲曲说出，所以是好。"十九首"只像对朋友说家常话，并不在字面上用工夫，而自然达意，委婉尽情，合于所谓"温柔敦厚"的诗教❷。到唐为止，这是五言诗的标准。

汉献帝建安年间（西元一九六 一 二一九），文学极盛，曹操和他的儿子曹丕、曹植两兄弟是文坛的主持人❷；而曹植更是个大诗家❸。这时乐府声调已多失传，他们却用乐府旧题，改作新词；曹丕、曹植兄弟尤其努力在五言体上。他们一班人也作独立的五言诗。叙游宴，述恩荣，开后来应酬一派。但只求明白诚恳，还是歌谣本色。就中曹植在曹丕做了皇帝之后，颇受猜忌，忧患的情感，时时流露在他的作品里。诗中有了"我"，所以独成大家。这时候五言作者既多，开始有了工拙的评论；曹丕说刘桢"五言诗之善者，妙绝时人"❸，便是例子。但真正奠定了五言诗的基础的是魏代的阮籍，他是第一个用全力作五言诗的人。

阮籍❹是老、庄和屈原的信徒。他生在魏晋交替的时代，眼见司马氏三代专权，欺负曹家，压迫名士，一肚皮牢骚只得发泄在酒和诗里。他作了《咏怀诗》八十多首，述神话，引史事，叙艳情，托于鸟兽草木之名，主旨不外说富贵不能常保，祸患随时可至，年岁有限，一般人钻在利禄的圈子里，不知放怀远大，真是可怜之极。他的诗充满了这种悲悯的情感，"忧思独伤心"❹一句可以表见。这里《楚辞》的影响很大；钟嵘说他"源出于《小雅》"，似乎是皮相之谈。

❶ 刘勰称赞古诗"直而不野，婉转附物，怊怅切情，实五言之冠冕也"（《文心雕龙·明诗》）。怊怅（chāo chàng），同"惆怅"，失意的样子。

经典原文请参阅别册059页《古诗十九首》（五首）。

❷ 曹操字孟德，被追封为魏武帝。曹丕字子桓，即魏文帝。曹植字子建，即陈思王。宋人敖陶孙说："魏武如幽燕老将，气韵沈雄。曹子建如三河少年，风流自赏。"（《敖器之评诗》）今人陈庆元说："魏文如楼头思妇，华丽幽怨。"（《三曹诗选评》）

❸ 钟嵘在《诗品》中列曹植诗为"上品"，盛赞道："骨气奇高，词采华茂，情兼雅怨，体被文质，粲溢今古，卓尔不群。"文，即上文所言"词采"。质，即上文所言"骨气"，风骨。

经典原文请参阅别册060页"曹植《白马篇》"。

❹ 阮籍：字嗣宗，魏晋诗人，世称阮步兵，"竹林七贤"之一，与嵇康合称"嵇阮"。

本来五言诗自始就脱不了《楚辞》的影响，不过他尤其如此。他还没有用心琢句；**①**但语既浑括，譬喻又多，旨趣更往往难详**②**。这许是当时的不得已，却因此增加了五言诗文人化的程度。他是这样扩大了诗的范围，正式成立了抒情的五言诗。

晋代诗渐渐排偶化、典故化。就中左思的《咏史》诗，郭璞的《游仙诗》，也取法《楚辞》，借古人及神仙抒写自己的怀抱，为后世所宗。郭璞是东晋初的人。跟着就流行了一派玄言诗，孙绰、许询是领袖。他们作诗，只是融化老、庄的文句，抽象说理，所以钟嵘说像"道德论"⑤。这种诗千篇一律，没有"我"；《兰亭集诗》各人所作四言、五言各一首，都是一个味儿，正是好例**③**。但在这种影响下，却孕育了陶渊明和谢灵运两个大诗人。陶渊明**④**，浔阳柴桑人，做了几回小官，觉得做官不自由，终于回到田园，躬耕自活。他也是老、庄的信徒，从躬耕里领略到自然的恬美和人生的道理。他是第一个人将田园生活描写在诗里。他的躬耕免祸的哲学也许不是新的，可都是他从实生活里体验得来的，与口头的玄理不同，所以亲切有味。诗也不妨说理，但须有理趣，他的诗能够作到这一步。他作诗也只求明白诚恳，不排不典；他的诗是散文化的。这违反了当时的趋势，所以《诗品》只将他放在中品里**⑤**。但他后来确成了千古"隐逸诗人之宗"。⑥

谢灵运**⑥**，宋时做到临川太守。他是有政治野心的，可是不得志。他不但是老、庄的信徒，也是佛的信徒。他最爱游山玩水，常常领了一群人到处探奇访胜；他的自然的哲学和出世的哲学教他沈溺在山水的清幽里。他是第一个在诗里用全力刻划山水的人；他也可以说是第一个用全力雕琢字句的人。他用排偶，用典故，却能创造新鲜的句子**⑦**；不过描

经典原文请参阅别册061页"阮籍《咏怀诗》（两首）"。

① 南朝钟嵘《诗品》"晋步兵阮籍诗"条："其源出于《小雅》。无雕虫之功。而《咏怀》之作，可以陶性灵，发幽思。言在耳目之内，情寄八荒之表。洋洋乎会于《风》《雅》，使人忘其鄙近，自致远大，颇多感慨之词。厥旨渊放，归趣难求。颜延注解，怯言其志。"皮相之谈，肤浅的看法。

② 南朝刘勰《文心雕龙·明诗》："嵇志清峻，阮旨遥深。"嵇，指嵇康。

③ 王羲之为此所作的诗序《兰亭集序》却是一篇上好文章、书法神品，被誉为"天下第一行书"。

④ 陶渊明：一名潜，字元亮，号五柳先生，世称靖节先生。东晋诗人，田园诗派鼻祖。

经典原文请参阅别册061页"左思《咏史》（其二）"、062页"陶渊明诗（五首）"。

⑤ 当时的审美风格倾向文质兼美，如曹植般"骨气奇高，辞采华茂"的诗方能居于"上品"；陶诗"质直"，所以只能位列"中品"。

⑥ 见下页。

⑦ 见下页。

上页 **❻** 谢灵运：名公义，字灵运，小名客儿，东晋名将谢玄之孙。南北朝时期诗人，山水诗派鼻祖。

上页 **❼** 谢灵运在盛赞曹植时，也不无自诩地说："天下才共有一石，子建独得八斗，我得一斗，自古及今同用一斗。"（《诗品》"宋临川太守谢灵运"条）此即成语"才高八斗"之出处。

❶ 谢诗虽时有写景佳句，然就整首诗而言，艺术价值尚不算高。此所谓"有句无篇"。

❷ "永明体"讲究声律："一简之内，音韵尽殊；两句之中，轻重悉异。妙达此旨，始可言文。"（《宋书·谢灵运传论》）

❸ 此"宋代"指刘裕开创的南朝"刘宋"政权。

❹ 南朝梁。

经典原文请参阅别册063 页"鲍照《拟行路难》（其六）"。

写有时不免太繁重罢了。他在赏玩山水的时候，也常悟到一些隐遁的、超旷的人生哲理；但写到诗里，不能和那精巧的描写打成一片，像硬装进去似的。❶这便不如陶渊明的理趣足，但比那些"道德论"自然高妙得多。陶诗教给人怎样赏味田园，谢诗教给人怎样赏味山水；他们都是发现自然的诗人。陶是写意，谢是工笔。谢诗从制题到造句，无一不是工笔。他开了后世诗人着意描写的路子；他所以成为大家，一半也在这里。

齐武帝永明年间（西元四八三—四九三），"声律说"大盛。四声的分别，平仄的性质，双声叠韵的作用，都有人指出，让诗文作家注意。从前只着重句末的韵，这时更着重句中的"和"；"和"就是念起来顺口，听起来顺耳。从此诗文都力求谐调，远于语言的自然。这时的诗，一面讲究用典，一面讲究声律，不免侧重技巧的毛病❷。到了梁简文帝，又加新变，专咏艳情，称为"宫体"，诗的境界更狭窄了。这种形式与题材的新变，一直影响到唐初的诗。这时候七言的乐歌渐渐发展。汉、魏文士仿作乐府，已经有七言的，但只零星偶见，后来舞曲里常有七言之作。到了宋代❸，鲍照有《行路难》十八首，人生的感慨颇多，和舞曲描写声容的不一样，影响唐代的李白、杜甫很大。但是梁❹以来七言的发展，却还跟着舞曲的路子，不跟着鲍照的路子。这些都是宫体的谐调。

唐代谐调发展，成立了律诗绝句，称为近体；不是谐调的诗，称为古体；又成立了古近体的七言诗。古体的五言诗也变了格调。这些都是划时代的。初唐时候，大体上还继续着南朝的风气，辗转在艳情的圈子里。但是就在这时候，沈佺期、宋之问奠定了律诗的体制。南朝论声律，只就一联两句说，沈、宋却能看出谐调有四种句式。两联四句才是谐调的单位，可以称为周期。这单位后来写成"仄仄平平仄❶平平仄仄平　平平平仄仄　仄仄仄平平"的谱。沈、宋在一首诗里用两个周期，就是重叠一次；这样，声调便谐和富厚，又不致单调。这就是八句的律诗。律有"声律""法律"两义。律诗体制短小，组织必须经济，才能发挥它的效力；"法律"便是这个意思。但沈、宋的成就只在声律上，"法律"上的进展，还等待后来的作家。

宫体诗渐渐有人觉得腻味了；陈子昂❷、李白❸等说这种诗颓靡浅薄，没有价值。他们不但否定了当时古体诗的题材，也否定了那些诗的形式。他们的五言古体，模拟阮籍的《咏怀》，但是失败了。一般作家却只大量地仿作七言的乐府歌行，带着多少的排偶与谐调。——当时往往就这种歌行里截取谐调的四句入乐奏唱。——可是李白更撇开了排偶和谐调，作他的七言乐府。李白，蜀人，明皇时做供奉翰林；触犯了杨贵妃，不能得志❹。他是个放浪不羁的人，便辞了职，游山水，喝酒，作诗。他的乐府很多，取材很广；他是藉着乐府旧题来抒写自己生活的。他的生活态度是出世的；他作诗也全任自然。人家称他为"天上谪仙人"⑦；这说明了他的人和他的诗。他的歌行增进了七言诗的价值；但他的绝句更代表着新制。绝句是五言或七言的四句，大多数是谐调。南北朝民歌中，五言四句的谐调最多，影响了唐人；南朝乐府里也有七言四句的，但不太多。李白和别的诗家纷纷制作，大约因为当时输入的西域乐调宜于这体制，作来可供宫廷及贵人家奏唱。绝句最短小，贵含蓄，忌说尽。李白所作，自然而不觉费力，并且暗示着超远的境界；他给这新体诗立下了一个标准。

但是真正继往开来的诗人是杜甫❺。他是河南巩县人。安禄山陷长安，肃宗在灵武即位，他从长安逃到灵武，做了

❶ 中古汉语有"平、上、去、入"四种声调。"上""去""入"三种声调有变化，故统称为"仄声"。在今天的普通话中，"入声"已消失，归入平、上、去三声之中。此所谓"入派三声"。

❷ 陈子昂《修竹篇序》："仆尝暇时观齐梁间诗，彩丽竞繁，而兴寄都绝，每以永叹。思古人，常恐逶迤颓靡，风雅不作，以耿耿也。"

❸ 李白：字太白，号青莲居士，唐代诗人，被后人誉为"诗仙"。其《古风》中说："自从建安来，绮丽不足珍。"

❹ 李白在唐明皇李隆基身边"不能得志"，主要是由李白的"工作性质"决定的。皇帝令李白"供奉翰林"，无非就是召他做一名文学侍从，倡优畜之。李白所做之事，也无非嘲风弄月、点缀太平而已，其描写杨贵妃的《清平调词三首》便是明证。

❺ 杜甫：字子美，号少陵野老，唐代诗人，被尊为"诗圣"，与李白合称"李杜"。

➤ 经典原文请参阅别册 063 页"李白诗（五首）"。

❶今四川省成都市有成都杜甫草堂博物馆。

❷《新唐书·杜甫传》称赞杜甫："善陈时事，律切精深，至千言不少衰，世号'诗史'。"

❸袁行霈主编《中国文学史（第二卷）》："沉郁顿挫，是杜诗的主要风格。沉郁，是感情的悲慨壮大深厚；顿挫，是感情表达的波浪起伏、反复低回。"

❹杜甫《江村》："清江一曲抱村流，长夏江村事事幽。自去自来梁上燕，相亲相近水中鸥。老妻画纸为棋局，稚子敲针作钓钩。多病所须唯药物，微躯此外更何求？"

经典原文请参阅别册066页"杜甫诗（五首）"。

"左拾遗"的官，因为谏救房琯，被放了出去。那时很乱，又是荒年，他辗转流落到成都，依靠故人严武，做到"检校工部员外郎"，所以后来称为杜工部。他在蜀中住了很久❶。严武死后，他避难到湖南，就死在那里。他是儒家的信徒；"致君尧舜上，再使风俗淳"是他的素志⑧；又身经乱离，亲见了民间疾苦。他的诗努力描写当时的情形，发抒自己的感想。唐代以诗取士，诗原是应试的玩意儿；诗又是供给乐工歌妓唱了去伺候宫廷及贵人的玩意儿。李白用来抒写自己的生活，杜甫用来抒写那个大时代，诗的领域扩大了，价值也增高了。❷而杜甫写"民间的实在痛苦，社会的实在问题，国家的实在状况，人生的实在希望与恐惧"⑨，更给诗开辟了新世界。

他不大仿作乐府，可是他描写社会生活正是乐府的精神；他的写实的态度也是从乐府来的。他常在诗里发议论，并且引证经史百家；但这些议论和典故都是通过了他的满腔热情奔迸出来的，所以还是诗。他这样将诗历史化和散文化；他这样给诗创造了新语言。古体的七言诗到他手里正式成立；古体的五言诗到他手里变了格调。从此"温柔敦厚"之外，又开了"沈着痛快❸"一派⑩。五言律诗，王维、孟浩然已经不用来写艳情而用来写山水；杜甫却更用来表现广大的实在的人生。他的七言律诗，也是如此。他作律诗很用心在组织上。他的五言律诗最多，差不多穷尽了这体制的变化。他的绝句直述胸怀，嫌没有余味；但那些描写片段生活印象的，却也不缺少暗示的力量。他也能欣赏自然，晚年所作，颇有清新的刻划的句子。他又是个有谐趣的人，他的诗往往透着滑稽的风味。❹但这种滑稽的风味和他的严肃的态度调和得那样恰到好处，一点也不至于减损他和他的诗的身分。

杜甫的影响直贯到两宋时代，没有一个诗人不直接、间接学他的，没有一个诗人不发扬光大他的。古文家韩愈，跟着他将诗进一步散文化，而又造奇喻，押险韵，铺张描写，像汉赋似的。他的诗逞才使气，不怕说尽，是"沈着痛快"的诗。后来有元稹、白居易❶二人在政治上都升沈了一番；他们却继承杜甫写实的表现人生的态度。他们开始将这种态度理论化；主张诗要"上以补察时政，下以泄导人情"❷，"嘲风雪，弄花草"是没有意义的⑪❸。他们反对雕琢字句，主张诚实自然。他们将自己的诗分为"讽谕"的和"非讽谕"的两类。他们的诗却容易懂，又能道出人人心中的话，所以雅俗共赏，一时风行。当时最流传的是他们新创的谐调的七言叙事诗，所谓"长庆体"的，还有社会问题诗。

晚唐诗向来推李商隐❹、杜牧❺为大家。李一生辗转在党争的影响中。他和温庭筠并称；他们的诗又走回艳情一路。他们集中力量在律诗上，用典精巧，对偶整切。但李学杜、韩，器局较大；他的艳情诗有些实在是政治的譬喻，实在是感时伤事之作。所以地位在温之上。杜牧做了些小官儿，放荡不羁，而很负盛名，人家称为"小杜"——"老杜"是杜甫。他的诗词采华艳，却富有纵横气，又和温、李不同。然而都可以归为绮丽一派。这时候别的诗家也集中力量在律诗上。一些人专学张籍、贾岛的五言律，这两家都重苦吟，总捉摸着将平常的题材写得出奇，所以思深语精，别出蹊径。但是这种诗写景有时不免琐屑，写情有时不免偏僻，便觉不大方。这是僻涩一派。另一派出于元、白，作诗如说话，嬉笑怒骂，兼而有之，又时时杂用俗语。这是粗豪一派⑫。这些其实都是杜甫的鳞爪❻，也都是宋诗的先驱；绮丽一派只影响宋初的诗，僻涩、粗豪两派却影响了宋一代的诗。

❶白居易：字乐天，号香山居士，唐代诗人，被称为"诗魔"。

❷白居易《寄唐生》："惟歌生民病，愿得天子知。"

❸白居易《与元九书》："文章合为时而著，歌诗合为事而作。"

经典原文请参阅别册068页"白居易诗（两首）"。

❹李商隐：字义山，号玉谿生，唐代诗人，与杜牧合称"小李杜"。按：杜甫、李白合称"大李杜"。

❺杜牧：字牧之，唐代诗人。晚年长居樊川别业，故世称杜樊川。

❻后人只得其一鳞半爪便可成"派"，此源于杜甫本身之丰富与伟大。北宋秦观说："于是杜子美者，穷高妙之格，极豪逸之气，包冲澹之趣，兼峻洁之姿，备藻丽之态，而诸家之作所不及焉。然不集诸家之长，杜氏亦不能独至于斯也。"（《韩愈论》）

经典原文请参阅别册070页"李商隐诗（两首）"。

宋初的诗专学李商隐；末流只知道典故对偶，真成了诗玩意儿。王禹偁独学杜甫，开了新风气。欧阳修、梅尧臣接着发现了韩愈，起始了宋诗的散文化。欧阳修曾遭贬谪；他是古文家。梅尧臣一生不得志。欧诗虽学韩，却平易疏畅，没有奇险的地方。梅诗幽深淡远，欧评他"譬如妖韶女，老自有余态"，"初如食橄榄，其味久愈在"⑬。宋诗散文化，到苏轼❶而极。他是眉州眉山（今四川眉山）人，因为攻击王安石的新法，一辈子升沈在党争中。他将禅理大量地放进诗里，开了一个新境界❷。他的诗气象洪阔，铺叙宛转，又长于譬喻，真到用笔如舌的地步；但不免"掉书袋❸"的毛病。他门下出了一个黄庭坚，是第一个有意地讲究诗的技巧的人。他是洪州分宁（今江西修水）人，也因党争的影响，屡遭贬谪，终于死在贬所。他作诗着重锻炼，着重句律；句律就是篇章字句的组织与变化。他开了江西诗派。

刘克庄《江西诗派小序》说他"会萃百家句律之长，究极历代体制之变，搜猎奇书，穿穴异闻，作为古律，自成一家；虽只字半句不轻出"。他不但讲究句律，并且讲究运用经史以至奇书异闻，来增富他的诗。这些都是杜甫传统的发扬光大。王安石已经提倡杜诗，但到黄庭坚，这风气才昌盛。黄还是继续将诗散文化，但组织得更经济些；他还是在创造那阔大的气象，但要使它更富厚些。他所求的是新变❹。他研究历代诗的利病，将作诗的规矩得失，指示给后学，教他们知道路子，自己去创造，（发）展到变化不测的地步。所以能够独开一派。他不但创新，还主张点化陈腐以为新；创新需要大才，点化陈腐，中才都可勉力作去。他不但能够"以故为新"，并且能够"以俗为雅"❺。其实宋诗都可以说是如此，不过他开始有意地运用这两个原则罢了。他的成就尤其在七言律上；组织固然更精密，音调也谐中有拗，使每

❶苏轼：字子瞻，号东坡居士，北宋文学家、书法家。与父苏洵、弟苏辙合称"三苏"。

❷钱锺书《宋诗选注·序》："有唐诗作榜样是宋人的大幸，也是宋人的大不幸。看了这个好榜样，宋代诗人就学了乖，会在技巧和语言方面精益求精。"

❸掉书袋：喜欢引用古书词句，炫耀渊博。

❹黄庭坚作诗追求"生新"，希望在唐诗之外另辟蹊径。他说："随人作计终后人，自成一家始逼真。"（《以右军书数种赠邱十四》）

❺王安石曾说："世间好语言，已被老杜道尽；世间俗语言，已被乐天道尽。"（《苕溪渔隐丛话》）为摆脱窘境，黄庭坚提出"点铁成金"之法："古之能为文章者，真能陶冶万物，虽取古人之陈言入于翰墨，如灵丹一粒，点铁成金也。"（《答洪驹父书》）

个字都斩绝地站在纸面上，不至于随口滑过去。

经典原文请参阅别册071页"黄庭坚诗（两首）"。

南宋的三大诗家都是从江西派变化出来的。杨万里为人有气节；他的诗常常变格调。写景最工；新鲜活泼的譬喻，层见叠出，而且不碎不僻，能从大处下手。写人的情意，也能铺叙纤悉，曲尽其妙；所谓"笔端有口，句中有眼"⑭。他作诗只是自然流出，可是一句一转，一转一意；所以只觉得熟，不觉得滑。不过就全诗而论，范围究竟狭窄些。范成大是个达官。他是个自然诗人，清新中兼有拗峭。陆游是个爱君爱国的诗人。吴之振《宋诗钞》说他学杜而能得杜的心。他的诗有两种：一种是感激豪宕，沈郁深婉之作；一种是流连光景，清新刻露之作。他作诗也重真率，轻"藻绘"，所谓"文章本天成，妙手偶得之"⑮。他活到八十五岁，诗有万首❶；最熟于诗律，七言律尤为擅长。——宋人的七言律实在比唐人进步。

向来论诗的对于唐以前的五言古诗，大概推尊，以为是诗的正宗；唐以后的五言古诗，却说是变格，价值差些，可还是诗。诗以"吟咏情性"⑯，该是"温柔敦厚"的。按这个界说，齐、梁、陈、隋的五言古诗其实也不够格，因为题材太小，声调太软，算不得"敦厚"。七言歌行及近体成立于唐代，却只能以唐代为正宗。宋诗议论多，又一味刻划，多用俗语，拗折声调。他们说这只是押韵的文，不是诗。但是推尊宋诗的却以为天下事物穷则变，变则通，诗也是如此。变是创新，是增扩，也就是进步。若不容许变，那就只有模拟，甚至只有钞袭；那种"优孟衣冠❷"，甚至土偶木人，又有什么意义可言！即如模拟所谓盛唐诗的，末流往往只剩了空廓的架格和浮滑的声调；要是再不变，诗道岂不真穷了？所以诗的界说应该随时扩展；"吟咏情性""温柔敦厚"诸语，也当因历代的诗辞而调整原语的意义。诗毕竟是

❶陆游，字务观，号放翁，南宋诗人。其诗集《剑南诗稿》收诗九千三百余首。

❷优孟衣冠：比喻假扮古人或模仿他人。优孟，春秋时楚国著名的优伶，擅长滑稽讽谏。

①启功先生尝言：唐以前诗是长出来的，唐人诗是嚷出来的，宋人诗是想出来的，宋以后诗是仿出来的。

诗，无论如何地扩展与调整，总不会与文混合为一的。诗体正变说起于宋代，唐、宋分界说起于明代；其实历代诗各有胜场，也各有短处，只要知道新、变，便是进步，这些争论是都不成问题的①。

慎思明辨

1.朱自清先生在文中说陶渊明："他作诗也只求明白诚恳，不排不典；他的诗是散文化的。这违反了当时的趋势，所以《诗品》只将他放在中品里。"然而宋代以来的人却给予陶渊明极高的评价。元好问认为其诗"一语天然万古新，繁华落尽见真淳"（《论诗绝句三十首》）；苏轼甚至认为陶渊明是历史上最伟大的诗人，说"其诗质而实绮，癯而实腴"（《与苏辙书》），还说即使是曹植、刘祯、鲍照、谢灵运、李白、杜甫这些顶级诗人，也比不上陶渊明。你认为陶渊明的诗歌超越了李诗、杜诗吗？请结合具体诗作谈谈你的看法。

2.鲁迅先生在《致杨霁云》信中说："我以为一切好诗，到唐已被做完，此后倘非能翻出如来掌心之'齐天大圣'，大可不必动手。"清人赵翼却认为："李杜诗篇万口传，至今已觉不新鲜。江山代有才人出，各领风骚数百年。"（《论诗五首·其二》）你更认同哪一种观点？请结合具体诗作谈谈你的看法。

朱自清原注

① 以上参用朱希祖《汉三大乐府调辨》（《清华学报》四卷二期）说。**远植补** 本条注释中的期刊于 1955 年更名为《清华大学学报》，本注释中的期刊出处目前已更新为"朱希祖《汉三大乐歌声调辨》[《清华大学学报（自然科学版）》1927 年 02 期]"。

② "诗教"见《礼记·经解》。

③《与吴质书》。

④《咏怀》第一首。

⑤《诗品·序》。

⑥《诗品》论陶语。

⑦ 原是贺知章语，见《旧唐书·李白传》。**远植补** "谪仙人"事，亦见唐人孟棨（qǐ）《本事诗·高逸第三》："李太白初自蜀至京师，舍于逆旅。贺监知章闻其名，首访之，既奇其姿，复请所为文，出《蜀道难》以示之。读未竟，称叹者数四，号为'谪仙'。解金龟换酒，与倾尽醉，期不间日，由是声誉光赫。"

⑧ 杜甫《奉赠韦左丞丈二十二韵》。**远植补**《奉赠韦左丞丈二十二韵（节选）》："纨袴不饿死，儒冠多误身。丈人试静听，贱子请具陈。甫昔少年日，早充观国宾。读书破万卷，下笔如有神。赋料扬雄敌，诗看子建亲。李邕求识面，王翰愿卜邻。自谓颇挺出，立登要路津。致君尧舜上，再使风俗淳。"

⑨ 胡适《白话文学史》。

⑩《沧浪诗话》说诗的"大概有二：曰优游不迫，曰沈着痛快"。

⑪ 白居易《与元九（稹）书》。"优游不迫"就是"温柔敦厚"。

⑫ 以上参用胡小石《中国文学史》（上海人文社版）说。**远植补** 本条注释似有误，本注释应注为"以上参用胡小石《中国文学史讲稿上编》（上海人文社版）说"。

⑬《水谷夜行寄子美圣俞》。

⑭ 周必大跋杨诚斋诗语。

⑮ 陆游《文章诗》。

⑯《诗大序》。

文第十三

❶ 朱自清先生在本书"《周易》第二"中说："商民族是用龟的腹甲或牛的胛骨卜吉凶，他们先在甲骨上钻一下，再用火灼；甲骨经火，有裂痕，便是兆象，卜官细看兆象，断定吉凶；然后便将卜的人、卜的日子、卜的问句等用刀笔刻在甲骨上。这便是卜辞。"

❷ 朱自清先生在本书"《尚书》第三"中说："照近人的意见，《周书》大都是当时史官所记，只有一二篇像是战国时人托古之作。《商书》究竟是当时史官所记，还是周史官追记，尚在然疑之间。《虞书》《夏书》大约多是战国末年人托古之作，只《甘誓》那一篇许是后代史官追记的。"

❸ 两造：诉讼的双方当事人，即原告和被告。

现存的中国最早的文，是商代的卜辞❶。这只算是些句子，很少有一章一节的。后来《周易》卦爻辞和《鲁春秋》也是如此，不过经卜官和史官按着卦爻与年月的顺序编纂起来，比卜辞显得整齐些罢了。便是这样，王安石还说《鲁春秋》是"断烂朝报"①。所谓"断"，正是不成片段，不成章节的意思。卜辞的简略大概是工具的缘故，在脆而狭的甲骨上用刀笔刻字，自然不得不如此。卦爻辞和《鲁春秋》似乎没有能够跳出卜辞的氛围去；虽然写在竹木简上，自由比较多，却依然只跟着卜辞走。《尚书》就不同了。《虞书》《夏书》大概是后人追记，而且大部分是战国末年的追记，可以不论；但那几篇《商书》，即使有些是追记，也总在商周之间。❷那不但有章节，并且成了篇，足以代表当时史的发展，就是叙述文的发展。而议论文也在这里面见了源头。卜辞是"辞"，《尚书》里大部分也是"辞"。这些都是官文书。

记言、记事的辞之外，还有讼辞。打官司的时候，原被告的口供都叫作"辞"；辞原是"讼"的意思②，是辩解的言语。这种辞关系两造❸的利害很大，两造都得用心陈说；审判官也得用心听，他得公平地听两面儿的。这种辞也兼有叙述和议论；两造自己办不了，可以请教讼师。这至少是周代的情形。春秋时候，列国交际频繁，外交的言语关系国体和国家的利害更大，不用说更需慎重了。这也称为"辞"，又称为"命"，又合称为"辞命"或"辞令"。郑子产便是个善于辞命的人。郑是个小国，他办外交，却能教大国折服，便靠他的辞命。他的辞引古为证，宛转而有理，他的态度却坚强不屈。孔子赞美他的辞，更赞美他的"慎辞"③。孔子说当时郑国的辞命，子产先教裨谌❶创意起草，交给世叔审查，再教行人子羽修改，末了儿他再加润色④。他的确是很慎重的。辞命得"顺"，就是宛转而有理；还得"文"，就是引古为证。

孔子很注意辞命，他觉得这不是件易事，所以自己谦虚地说是办不了。但教学生却有这一科；他称赞宰我、子贡，擅长言语⑤❷，"言语"就是"辞命"。那时候言文似乎是合一的。辞多指说出的言语，命多指写出的言语；但也可以兼指。各国派使臣，有时只口头指示策略，有时预备下稿子让他带着走。这都是命。使臣受了命，到时候总还得随机应变，自己想说话；因为许多情形是没法预料的。——当时言语，方言之外有"雅言"。"雅言"就是"夏言"，是当时的京话或官话。孔子讲学似乎就用雅言，不用鲁语⑥。卜、《尚书》和辞命，大概都是历代的雅言。讼辞也许不同些。雅言用的既多，所以每字都能写出，而写出的和说出的雅言，大体上是一致的。孔子说"辞"只要"达"就成⑦。辞是辞命，"达"是明白，辞多了像背书，少了说不明白，多少要恰如其分❸。⑧辞命的重要，代表议论文的发展。

战国时代，游说之风大盛。游士立谈可以取卿相，所以最重说辞。他们的说辞却不像春秋的辞命那样从容宛转了。他经典原文请参阅别册027页"《战国策》第八"

们铺张局势，滔滔不绝，真像背书似的；他们的话，像天花乱坠，有时夸饰，有时诡曲，不问是非，只图激动人主的心。那时最重辩。墨子是第一个注意辩论方法的人，他主张"言必有三表"。"三表"是"上本之于古者圣王之事"，"下原察百姓耳目之实"，"废（发）以为刑政，观其中国家百姓人民之利"⑨；便是三个标准。不过他究竟是个注重功利的人，不大喜欢文饰，"恐人怀其文，忘其'用'"，所以楚王说他"言多不辩"。⑩——后来有了专以辩论为事的"辩者"，墨家这才更发展了他们的辩论方法，所谓《墨经》便成于那班墨家的手里。——儒家的孟、荀也重辩。孟子说："予岂好辩哉？予不得已也！"⑪荀子也说："君子必辩。"⑫这些都是游士的影响。但道家的老、庄，法家的韩非，却不重辩。《老子》里说，"信言不美，美言不信"⑬，"老学"所重的是自然。《庄子》里说，"大辩不言"⑭，"庄学"所要的是神秘。韩非也注重功利，主张以法禁辩，说辩"生于上之不明"⑮。后来儒家作《易·文言传》，也道："君子进德修业。忠信，所以进德也；修辞立其诚，所以居业❶也。"这不但是在暗暗地批评着游士好辩的风气，恐怕还在暗暗地批评着后来称为名家的"辩者"呢。《文言传》旧传是孔子所作，不足信；但这几句话和"辞达"论倒是合拍的。

孔子开了私人讲学的风气，从此也便有了私家的著作。第一种私家著作是《论语》，却不是孔子自作而是他的弟子们记的他的说话。诸子书大概多是弟子们及后学者所记，自作的极少❷。《论语》以记言为主，所记的多是很简单的。孔子主张"慎言"，痛恨"巧言"和"利口"❸；他向弟子们说话，大概是很质直的，弟子们体念他的意思，也只简单地记出。到了墨子和孟子，可就铺排得多。《墨子》大约也是弟子们所记。《孟子》据说是孟子晚年和他的弟子公孙丑、

❶ 居业：保功业。

❷《汉书·艺文志》："《论语》者，孔子应答弟子时人及弟子相与言而接闻于夫子之语也。当时弟子各有所记。夫子既卒，门人相与辑而论篹，故谓之'论语'。"

❸《论语·学而》："巧言令色，鲜（xiǎn）矣仁！"《论语·卫灵公》："巧言乱德。"《论语·阳货》："恶（wù）利口之覆邦家者。"

万章等编定的，可也是弟子们记言的体制。那时是个"好辩"的时代。墨子虽不好辩，却也脱不了时代影响。孟子本是个好辩的人。记言体制的恢张❶，也是自然的趋势。这种记言是直接的对话。由对话而发展为独白，便是"论"。初期的论，言意浑括，《老子》可为代表；后来的《墨经》，《韩非子·储说》的经，《管子》的《经言》，都是这体制。再进一步，便是恢张的论，《庄子·齐物论》等篇以及《荀子》《韩非子》《管子》的一部分，都是的。——群经诸子书里常常夹着一些韵句，大概是为了强调。后世的文也偶尔有这种例子。中国的有韵文和无韵文的界限，是并不怎样严格的。

❶恢张：扩展，张大。

还有一种"寓言"，藉着神话或历史故事来抒论。《庄子》多用神话，《韩非子》多用历史故事；《庄子》有些神仙家言，《韩非子》是继承《庄子》的寓言而加以变化。战国游士的说辞也好用譬喻。譬喻成了风气，这开了后来辞赋的路。论是进步的体制，但还只以篇为单位，"书"的观念还没有。直到《吕氏春秋》，才成了第一部有系统的书⑯。这部书成于吕不韦的门客之手，有十二纪、八览、六论，共三十多万字❷。十二代表十二月，八是卦数，六是秦代的圣数；这些数目是本书的间架，是外在的系统，并非逻辑的秩序，汉代刘安主编《淮南子》，才按照逻辑的秩序，结构就严密多了。自从有了私家著作，学术日渐平民化。著作越过越多，流传也越过越广。"雅言"便成了凝定的文体了。后世大体采用，言文渐渐分离。战国末期，"雅言"之外原还有齐语、楚语两种有势力的方言⑰。但是齐语只在《春秋公羊传》里留下一些，楚语只在屈原的"辞"里留下几个助词如"羌""些"等；这些都让"雅言"压倒了。

伴随着议论文的发展，记事文也有了长足的进步。这里

❷朱自清先生在本书"诸子第十"中说："现在所传的诸子书，大概都是汉人整理编定的；他们大概是将同一学派的各篇编辑起来，题为某子，所以都不是有系统的著作。《吕氏春秋》却不然；它是第一部完整的书。吕不韦所以编这部书，就是想化零为整，集合众长，统一思想。"

① 准确地说，《左传》是中国第一部叙事详备的编年体史书。

② 古人是相信"数"的。朱自清先生在本书"《周易》第二"中说："那时候相信数目是有魔力的，所以巫术里用得着它……人生有数，世界也有数，数是算好了的一笔账。"

③ 委曲：婉转，委婉。

《春秋左氏传》是一座里程碑。在前有分国记言的《国语》，《左传》从它里面取材很多。那是铺排的记言，一面以《尚书》为范本，一面让当时记言体的恢张的趋势推动着，成了这部书。其中自然免不了记事的文字；《左传》便从这里出发，将那恢张的趋势表现在记事文里。那时游士的说辞也有人分国记载，也是铺排的记言，后来成为《战国策》那部书。《左传》是说明《春秋》的，是中国第一部编年史。① 它最长于战争的记载；它能够将千头万绪的战事叙得层次分明，它的描写更是栩栩如生。它的记言也异曲同工，不过不算独创罢了。它可还算不得一部有自己的系统的书；它的顺序是依着《春秋》的。《春秋》的编年并不是自觉的系统，而且"断如复断"，也不成一部"书"。

汉代司马迁的《史记》才是第一部有自己的系统的史书。他创造了"纪传"的体制。他的书包括十二本纪、十表、八书、三十世家、七十列传，共五十多万字。十二是十二月，是地支；十是天干；八是卦数；三十取《老子》"三十辐共一毂"的意思，表示那些"辅弼股肱之臣""忠信行道以奉主上"⑱；七十表示人寿之大齐，因为列传是记载人物的。这也是用数目的哲学作系统，并非逻辑的秩序②，和《吕氏春秋》一样。这部书"厥协六经异传，整齐百家杂语"，以剪裁与组织见长。但是它的文字最大的贡献，还在描写人物。左氏只是描写事，司马迁进一步描写人；写人更需要精细的观察和选择，比较的更难些。班彪论《史记》"善叙事理，辨而不华，质而不野，文质相称"⑲，这是说司马迁行文委曲③自然。他写人也是如此。他又往往即事寓情，低徊不尽；他的悲愤的襟怀，常流露在字里行间。明代茅坤称他"出《风》入《骚》"⑳，是不错的。

汉武帝时候，盛行辞赋；后世说"楚辞汉赋"，真的，汉代简直可以说是赋的时代❶。所有的作家几乎都是赋的作家。赋既有这样压倒的势力，一切的文体，自然都受它的影响。赋的特色是铺张、排偶、用典故。西汉记事记言，都还用散行的文字，语意大抵简明；东汉就在散行里夹排偶，汉魏之际❷，排偶更甚。西汉的赋，虽用排偶，却还重自然，并不力求工整；东汉到魏，越来越工整，典故也越用越多。西汉普通文字，句子很短，最短有两个字的。东汉的句子，便长起来，最短的是四个字；魏代更长，往往用上四下六或上六下四的两句以完一意。所谓"骈文"或"骈体"，便这样开始发展。骈体出于辞赋，夹带着不少的抒情的成分；而句读整齐，对偶工丽，可以悦目，声调和谐，又可悦耳，也都助人情韵。因此能够投人所好，成功了不废的体制。

梁昭明太子在《文选》❸里第一次提出"文"的标准，可以说是骈体发展的指路牌。他不选经、子、史，也不选"辞"。经太尊，不可选；史"褒贬是非，纪别异同"，不算"文"；子"以立意为宗，不以能文为本"；"辞"是子、史的支流，也都不算"文"。他所选的只是"事出于沈思❹，义归乎翰藻"之作。"事"是"事类"，就是典故；"翰藻"兼指典故和譬喻。典故用得好的，譬喻用得好的，他才选在他的书里。这种作品好像各种乐器，"并为入耳之娱"，好像各种绣衣，"俱为悦目之玩"。这是"文"，和经、子、史及"辞"的作用不同，性质自异。后来梁元帝又说："吟咏风谣，流连哀思者谓之文"，"文者，惟须绮縠纷披，宫徵靡曼，唇吻遒会，情灵摇荡。"㉑这是说，用典故、有对偶、谐声调的抒情作品才叫作"文"呢。这种"文"大体上专指诗赋和骈体而言；但应用的骈体如章奏等，却不算在里头。汉代本已称诗赋为"文"，而以"文辞"或"文章"称记言、记事之作。骈体原也是些记言、记事之作，这时候却被提出

❶ 王国维《宋元戏曲考》："凡一代有一代之文学：楚之骚，汉之赋，六代之骈语，唐之诗，宋之词，元之曲，皆所谓一代之文学，而后世莫能继焉者也。"

❷ 朱自清先生在本书"《史记》《汉书》第九"中说："到了《汉书》，便弘丽精整，多用排偶，句子也长了。这正是辞赋的影响。自此以后，直到唐代，一般文士，大多偏爱《汉书》，专门传习，《史记》的传习者却甚少。这反映着那时期崇尚骈文的风气。唐以后，散文渐成正统，大家才提倡起《史记》来；明归有光及清桐城派更力加推尊，《史记》差不多要驾乎《汉书》之上了。"

❸ 《文选》：中国现存最早的一部诗文总集，由南朝梁太子萧统组织文人编选，选录了先秦至南朝梁八九百年间的一百多位作者的七百余篇作品。萧统死后谥"昭明"，所以这部书又被称为《昭明文选》。

❹ 沈思：即"沉思"。

一部分来，与诗赋并列在"文"的尊称之下，真是"附庸蔚为大国"了。

这时有两种新文体发展。一是佛典的翻译，一是群经的义疏。佛典翻译从前不是太直，便是太华；太直的不好懂，太华的简直是魏、晋人讲老、庄之学的文字，不见新义。这些译笔都不能做到"达"的地步。东晋时候，后秦主姚兴聘龟兹僧鸠摩罗什为国师，主持译事。他兼通华语及西域语，所译诸书，一面曲从华语，一面不失本旨。他的译笔可也不完全华化，往往有"天然西域之语趣"^㉒；他介绍的"西域之语趣"是华语所能容纳的，所以觉得"天然"。新文体这样成立在他的手里。但他的翻译虽能"达"，却还不能尽"信"❶；他对原文是不太忠实的。到了唐代的玄奘，更求精确，才能"信""达"兼尽，集佛典翻译的大成。这种新文体一面增扩了国语的词汇，也增扩了国语的句式。词汇的增扩，影响最大而易见，如现在口语里还用着的"因果""忏悔""刹那"等词，便都是佛典的译语。句式的增扩，直接的影响比较小些，但像文言里常用的"所以者何""何以故"等也都是佛典的译语。另一面，这种文体是"组织的，解剖的"^㉓。这直接影响了佛教徒的注疏和"科分"之学^㉔，间接影响了一般解经和讲学的人。

演释❷古人的话的有"故""解""传""注"等。用故事来说明或补充原文，叫作"故"。演释原来辞意，叫作"解"。但后来解释字句，也叫作"故"或"解"。"传"，转也，兼有"故""解"的各种意义。如《春秋左氏传》补充故事，兼阐明《春秋》辞意。《公羊传》《穀梁传》只阐明《春秋》辞意——用的是问答式的记言。❸《易传》推演卦爻辞的意旨，也是铺排的记言。《诗毛氏传》解释字句，并给每篇诗作小序，阐明辞意。"注"原只解释字句，但后来

❶ 近人严复明确提出翻译三原则：信、达、雅。

❷ 演释：阐述，解释。

❸ 朱自清先生在本书"《春秋》三传第六"中说："三传之中，公羊、穀梁两家全以解经为主，左氏却以叙事为主。公、穀以解经为主，所以咬嚼得更利害些……公羊、穀梁只是家派的名称，仅存姓氏，名字已不可知。"

也有推演辞意、补充故事的。用故事来说明或补充原文，以及一般的解释辞意，大抵明白易晓。《春秋》三传和《诗毛氏传》阐明辞意，却是断章取义，甚至断句取义，所以支离破碎，无中生有❶。注字句的本不该有大出入，但因对于辞意的见解不同，去取字义，也有各别的标准。注辞意的出入更大。像王弼注《周易》，实在是发挥老、庄的哲学；郭象注《庄子》，更是藉了《庄子》发挥他自己的哲学。南北朝人作群经"义疏"，一面便是王弼等人的影响，一面也是翻译文体的间接影响。这称为"义疏"之学。

汉、晋人作群经的注，注文简括，时代久了，有些便不容易通晓。南北朝人给这些注作解释，也是补充材料，或推演辞意。"义疏"便是这个。无论补充或推演，都得先解剖文义；这种解剖必然地比注文解剖经文更精细一层。这种精细的确不算是破坏的解剖，似乎是佛典翻译的影响。就中推演辞意的有些也只发挥老、庄之学，虽然也是无中生有，却能自成片段，便比汉人的支离破碎进步。这是王弼等人的衣钵❷，也是魏晋以来哲学发展的表现。这是又一种新文体的分化。到了唐修《五经正义》，削去玄谈，力求切实，只以疏明注义为重。解剖字句的工夫，至此而极详。宋人所谓"注疏"的文体，便成立在这时代。后来清代的精详的考证文，就是从这里变化出来的。

不过佛典只是佛典，义疏只是义疏，当时没有人将这些当作"文"的。"文"只用来称"沈思翰藻"的作品。但"沈思翰藻"的"文"，渐渐有人嫌"浮""艳"了。"浮"是不直说，不简截说的意思。"艳"正是隋代李谔《上文帝书》中所指斥的："连篇累牍，不出月露之形，积案盈箱，唯是风云之状。"那时北周的苏绰是首先提倡复古的人，李谔等纷纷响应。但是他们都没有找到路子，死板地模仿古人到底

❶ 朱自清先生在本书"《诗经》第四"中说："到了孔子时代，诗已经不常歌唱了，诗篇本来的意义，经过了多年的借用，也渐渐含糊了。他就按着借用的办法，根据他教授学生的需要，断章取义地来解释那些诗篇。后来解释《诗经》的儒生都跟着他的脚步走。最有权威的毛氏《诗传》和郑玄《诗笺》差不多全是断章取义，甚至断句取义……"

❷ 衣钵 (bō)：佛教中师父传授给徒弟的袈裟和食器。中国禅宗初祖至五祖师徒间传授道法，常付衣钵为凭证，称衣钵相传。后泛指老师传给学生的学业、知识等。

是行不通的。唐初，陈子昂❶提倡改革文体，和者尚少。到了中叶，才有一班人"宪章❷六艺，能探古人述作之旨"㉕，而元结、独孤及、梁肃最著。他们作文，主于教化，力避排偶，辞取朴拙。但教化的观念，广泛难以动众，而关于文体，他们不曾积极宣扬，因此未成宗派。开宗派的是韩愈❸。

韩愈，邓州南阳（今河南南阳）人。唐宪宗时，他做刑部侍郎，因谏迎佛骨被贬；后来官至吏部侍郎，所以称为韩吏部。他很称赞陈子昂、元结复古的功劳，又曾请教过梁肃、独孤及。他的脾气很坏，但提携后进，最是热肠。当时人不愿为师，以避标榜之名；他却不在乎，大收其弟子。他可不愿作章句师，他说师是"传道、授业、解惑"的㉖。他实在是以文辞为教的创始者。他所谓"传道"，便是传尧、舜、禹、汤、文、武、周公、孔子、孟子的道❹；所谓"解惑"，便是排斥佛、老。他是以继承孟子自命的；他排佛、老，正和孔子的拒杨、墨一样。当时佛、老的势力极大，他敢公然排斥，而且因此触犯了皇帝㉗❺。这自然足以惊动一世。他并没有传了什么新的道，却指示了道统，给宋儒开了先路。他的重要的贡献，还在他所提倡的"古文"上。

他说他作文取法《尚书》《春秋》《左传》《周易》《诗经》以及《庄子》《楚辞》《史记》、扬雄、司马相如等。《文选》所不收的经、子、史，他都排进"文"里去。这是一个大改革、大解放。他这样建立起文统来。但他并不死板地复古，而以变古为复古。他说，"惟古于辞必己出，降而不能乃剽贼❻"㉘，又说，"惟陈言之务去，戛戛乎其难哉"㉙；他是在创造新语。他力求以散行的句子换去排偶的句子，句逗总弄得参参差差的。但他有他的标准，那就是"气"。他说，"气盛则言之短长与声之高下者皆宜"㉚❼；"气"就是自然的

❶陈子昂同时也是反对颜靡浅薄宫体诗风的诗人，参见本书"诗第十二"。

❷宪章：效法。

❸韩愈：字退之，唐代文学家，自称"郡望昌黎"，世称"韩昌黎""昌黎先生"。"唐宋八大家"之首。与柳宗元一起发起"古文运动"。

经典原文请参阅别册072页"韩愈《师说》"

❹韩愈主张"文以明道"，但他重道而不轻文。

❺韩愈《左迁至蓝关示侄孙湘》诗曰："一封朝奏九重天，夕贬潮州路八千。欲为圣明除弊事，肯将衰朽惜残年。云横秦岭家何在？雪拥蓝关马不前。知汝远来应有意，好收吾骨瘴江边。"

❻剽(piāo)贼：抄袭。

❼韩愈强调诗文是"不平则鸣"的产物。"大凡物不得其平则鸣……人之为言也，亦然有不得已者而后言，其歌也有思，其哭也有怀，凡出乎口而为声者，其皆有弗平者乎！"（《送孟东野序》）

语气，也就是自然的音节。他还不能跳出那定体"雅言"的圈子而采用当时的白话；但有意地将白话的自然音节引到文里去，他是第一个人。在这一点上，所谓"古文"也是不"古"的❶；不过他提出"语气流畅"（气盛）这个标准，却给后进指点了一条明路。他的弟子本就不少，再加上私淑❷的，都往这条路上走，文体于是乎大变。这实在是新体的"古文"，宋代又称为"散文"——算成立在他的手里。

柳宗元❸与韩愈，宋代并称；他们是好朋友。柳作文取法《书》《诗》《礼》《春秋》《易》，以及《榖梁》《孟》《荀》《庄》《老》《国语》《离骚》《史记》，也将经、子、史排在"文"里，和韩的文统大同小异。但他不敢为师，"摧陷廓清"的劳绩，比韩差得多。他的学问见解，却在韩之上，并不墨守儒言。他的文深幽精洁，最工游记❹；他创造了描写景物的新语。韩愈的门下有难、易两派。爱易派主张新而不失自然，李翱是代表。爱难派主张新就不妨奇怪，皇甫湜是代表。当时爱难派的流传盛些。他们矫枉过正，语艰意奥，扭曲了自然的语气、自然的音节，僻涩诡异，不易读诵。所以唐末宋初，骈体文又回光返照了一下。雕琢的骈体文和僻涩的古文先后盘踞着宋初的文坛。直到欧阳修出来，才又回到韩愈与李翱，走上平正通达的古文的路。

韩愈抗颜❺为人师而提倡古文，形势比较难；欧阳修居高位而提倡古文，形势比较容易。明代所称唐宋八大家㉛，韩、柳之外，六家都是宋人。欧阳修为首，以下是曾巩、王安石、苏洵和他的儿子苏轼、苏辙。曾巩、苏轼是欧阳修的门生，别的三个也都是他提拔的。他真是当时文坛的盟主❻。韩愈虽然开了宗派，却不曾有意地立宗派；欧、苏是有意地立宗派。他们虽也提倡道，但只促进了并且扩大了古文的发展。欧文主自然。他所作纡徐曲折，而能条达疏畅，无艰难

❶ 变古而不泥古，且不脱离时代，韩愈的"复古"实乃创新。

❷ 私淑：私自向所敬仰的人学习，没有直接受教。

▶ 经典原文请参阅别册 072 页 " 韩 愈《师说》。

❸ 柳宗元：字子厚，唐代文学家。祖籍河东郡，世称"柳河东""河东先生"，官终柳州刺史，故又称"柳柳州"。"唐宋八大家"之一，与韩愈合称"韩柳"。

❹ 山水游记，至柳宗元方始为独立文体。

▶ 经典原文请参阅别册 073 页"柳宗元《钴鉧潭西小丘记》。

❺ 抗颜：举首仰面，指态度严正。

❻ 欧阳修乐于提携后进，曾说："读（苏）轼书，不觉汗出，快哉快哉！老夫当避路，放他出一头地也。"（《与梅圣俞书》）此即成语"出人头地"之出处。

经典原文请参阅别册075页"欧阳修《泷冈阡表》（节选）"。

劳苦之态；最以言情见长，评者说是从《史记》脱化而出。曾学问有根柢，他的文确实而谨严；王是政治家，所作以精悍胜人。三苏长于议论，得力于《战国策》《孟子》；而苏轼才气纵横，并得力于《庄子》。他说他的文"随物赋形"，"常行于所当行，常止于不可不止"㉜；又说他意到笔随，无不尽之处㉝。这真是自然的极致了。他的文，学的人最多。

经典原文请参阅别册077页"苏轼《赤壁赋》"。

南宋有"苏文熟，秀才足"的俗谚㉞，可见影响之大。

欧、苏以后，古文成了正宗。辞赋虽还算在古文里头，可是从辞赋出来的骈体却只拿来作应用文了。骈体声调铿锵，便于宣读，又可铺张词藻不着边际，便于酬酢❶，作应用文是很相宜的。所以流传到现在，还没有完全死去。但中间却经过了散文化，自从唐代中叶的陆贽开始。他的奏议切实恳挚，绝不浮夸，而且明白晓畅，用笔如舌。唐末骈体的应用文专称"四六"，却更趋雕琢❷；宋初还是如此。转移风气的也是欧阳修。他多用虚字和长句，使骈体稍稍近于语气之自然。嗣后群起仿效，散文化的骈文竟成了定体了。这也是古文运动的大收获。

唐代又有两种新文体发展。一是语录，一是"传奇"，都是佛家的影响。语录起于禅宗。禅宗是革命的宗派，他们只说法而不著书。他们大胆地将师父们的话参用当时的口语记下来。后来称这种体制为语录。他们不但用这种体制纪录演讲，还用来通信和讨论。这是新的记言的体制，里面夹杂着"雅言"和译语。宋儒讲学，也采用这种记言的体制，不过不大夹杂译语。宋儒的影响究竟比禅宗大得多，语录体从此便成立了，盛行了。传奇是有结构的小说。❸从前只有杂录或琐记的小说，有结构的从传奇起头。传奇记述艳情，也记述神怪；但将神怪人情化。这里面描写的人生，并非全是设想，大抵还是以亲切的观察作底子。这开了后来佳人才

❶酬酢 (zuò)：宾主互相敬酒，泛指交际应酬。

❷初唐王勃的《滕王阁序》，虽然也属于"雕琢"的"四六"文，但骨气奇高，劲健大气，是震铄古今的不朽篇章，值得诵读。

❸此处所言"传奇"，特指"唐传奇"，代表作品有《柳毅传》《莺莺传》《霍小玉传》等。此外，"传奇"还指明清以唱南曲为主的长篇戏曲，代表作品有《牡丹亭》《长生殿》《桃花扇》等。

子和鬼狐仙侠等小说的先路。它的来源一方面是俳谐❶的辞赋，一方面是翻译的佛典故事；佛典里长短的寓言所给予的暗示最多。当时文士作传奇，原来只是向科举的主考官介绍自己的一种门路。当时应举的人在考试之前，得请达官将自己姓名介绍给主考官；自己再将文章呈给主考官看。先呈正经文章，过些时再呈杂文如传奇等，传奇可以见史才、诗、笔、议论，人又爱看，是科举的很好媒介。这样，作者便日见其多了。

到了宋代，又有"话本"。这是白话小说的老祖宗。话本是"说话"的底本；"说话"略同后来的"说书"，也是佛家的影响。唐代佛家向民众宣讲佛典故事，连说带唱，本子夹杂"雅言"和口语，叫作"变文"；"变文"后来也有说唱历史故事及社会故事的。"变文"便是"说话"的源头；"说话"里也还有演说佛典这一派。"说话"是平民的艺术；宋仁宗很爱听，以后便变为专业，大流行起来了❷。这里面有说历史故事的，有说神怪故事的，有说社会故事的。"说话"渐渐发展，本来由一个或几个同类而不相关联的短故事，引出一个同类而不相关联的长故事的，后来却能将许多关联的故事组织起来，分为"章回"了。这是体制上一个大进步。

话本留存到现在的已经很少，但还足以见出后世的几部小说名著，如元罗贯中❸的《三国志演义》，明施耐庵的《水浒传》❹，吴承恩❺的《西游记》，都是从话本演化出来的；不过这些已是文人的作品，而不是话本了。就中《三国志演义》还夹杂着"雅言"，《水浒传》和《西游记》便都是白话了。这里除《西游记》以设想为主外，别的都可以说是写实的。这种写实的作风在清代曹雪芹❻的《红楼梦》里得着充分的发展。《三国志演义》等书里的故事虽然是关联的，却不是联贯的。到了《红楼梦》，组织才更严密了；全书只

❶俳（pái）谐：诙谐戏谑。

❷上有所好，下必甚焉。

❸罗贯中：名本，号湖海散人，生活在元末明初。

❹《水浒传》的作者众说纷纭。有的说罗贯中作，有的说施耐庵作，有的说施耐庵作、罗贯中编，还有的说施耐庵作、罗贯中续。近代以来，学者认为"施耐庵"实为一托名，胡适、鲁迅二人均持此说。

❺吴承恩：字汝忠，号射阳山人，明代文学家。

❻曹雪芹：名霑，字梦阮，号雪芹、芹圃、芹溪，清代文学家。

是一个家庭的故事。虽然包罗万有，而能"一以贯之"。这不但是章回小说，而且是近代所谓"长篇小说"了。白话小说到此大成❶。

明代用八股文取士，一般文人都镂心刻骨地去简炼揣摩，所以极一代之盛。❷"股"是排偶的意思；这种体制，中间有八排文字互为对偶，所以有此称。——自然也有变化，不过"八股"可以说是一般的标准。——又称为"四书文"，因为考试里最重要的文字、题目都出在"四书"里。又称为"制艺"，因为这是朝廷法定的体制。又称为"时文"，是对古文而言。八股文也是推演经典辞意的；它的来源，往远处说，可以说是南北朝义疏之学，往近处说，便是宋元两代的经义。但它的格律，却是从"四六"演化的。宋代定经义为考试科目，是王安石的创制；当时限用他的群经"新义"，用别说的不录；元代考试，限于"四书"，规定用朱子的章句和集注。明代制度，主要的部分也是如此。

经义的格式，宋末似乎已有规定的标准，元明两代大体上递相承袭。但明代有两种大变化：一是排偶，一是代古人语气。因为排偶，所以讲究声调。因为代古人语气，便要描写口吻；圣贤要像圣贤口吻，小人要像小人的。这是八股文的仅有的本领，大概是小说和戏曲的不自觉的影响。八股文格律定得那样严，所以得简炼揣摩，一心用在技巧上。除了口吻、技巧和声调之外，八股文里是空洞无物的。而因为那样难，一般作者大都只能套套滥调，那真是"每下愈况"了。这原是君主牢笼士人的玩艺儿，但它的影响极大❸；明清两代的古文大家几乎没有一个不是八股文出身的。

清代中叶，古文有桐城派，便是八股文的影响。诗文作家自己标榜宗派，在前只有江西诗派，在后只有桐城文派。桐城派的势力，绵延了二百多年，直到民国初期还残留着；

❶《红楼梦》是中国古典文学的巅峰之作。

❷八股文的相关内容，本书"'四书'第七"中也有涉及，可参考。

❸书写八股取士下读书人生存状态的最经典作品，莫过于清人吴敬梓的《儒林外史》。此书极为精彩，值得一读。

这是江西派比不上的。桐城派的开山祖师是方苞，而姚鼐集其大成。他们都是安徽桐城人，当时有"天下文章在桐城"的话㉟，所以称为桐城派。方苞是八股文大家。他提倡归有光❶的文章，归也是明代八股文兼古文大家。方是第一个提倡"义法"的人。他论古文以为"六经"和《论语》《孟子》是根源，得其支流而义法最精的是《左传》《史记》；其次是《公羊传》《穀梁传》《国语》《国策》，两汉的书和疏，唐宋八家文㊱——再下怕就要数到归有光了。这是他的，也是桐城派的文统论。"义"是用意，是层次；"法"是求雅、求洁的条目。雅是纯正不杂，如不可用语录中语、骈文中丽语，汉赋中板重字法、诗歌中俊语，《南史》《北史》中佻巧语以及佛家语。后来姚鼐又加上注疏语和尺牍语。洁是简省字句。这些"法"其实都是从八股文的格律引申出来的。方苞论文，也讲"阐道"㊲；他是信程、朱之学的，不过所入不深罢了。

方苞受八股文的束缚太甚，他学得的只是《史记》、欧、曾、归的一部分，只是严整而不雄浑，又缺乏情韵。姚鼐所取法的还是这几家，虽然也不雄浑，却能"迂回荡漾，余味曲包"㊳，这是他的新境界。《史记》本多含情不尽之处，所谓远神。欧文颇得此味，归更向这方面发展——最善述哀❷，姚简直用全力揣摩。他的老师刘大櫆指出作文当讲究音节，音节是神气的迹象，可以从字句下手㊴。姚鼐得了这点启示，便从音节上用力，去求得那绵邈的情韵。他的文真是所谓"阴与柔之美"㊵。他最主张诵读，又最讲究虚助字，都是为此。但这分明是八股文讲究声调的转变。刘是雍正副榜，姚是乾隆进士，都是用功八股文的。当时汉学家提倡考据，不免繁琐的毛病。姚鼐因此主张义理、考据、词章三端相济，偏废的就是"陋"儒㊶。❸但他的义理不深，考据多误，所有的还只是词章本领。他选了《古文辞类纂》；序里虽提到"道"，

❶ 归有光：字熙甫，号震川，又号项脊生，世称"震川先生"。明代文学家。其散文被后人誉为"明文第一"。

经典原文请参阅别册078页"归有光《项脊轩志》"。

❷ 归有光的《项脊轩志》是其"述哀"名篇，值得一读。

❸ 义理和考据属于内容方面，词章属于形式方面。讲究义理，即要求观点正确；讲究考据，即要求材料准确；讲究词章，即要求形式完美。可参见施东向《义理、考据和辞章》一文。

书却只成为古文的典范。书中也不选经、子、史；经也因为太尊，子、史却因为太多。书中也选辞赋。这部选本是桐城派的经典，学文的必由于此，也只须由于此。方苞评归有光的文庶几"有序"，但"有物之言"太少。[42]曾国藩评姚鼐也说一样的话，其实桐城派都是如此。攻击桐城派的人说他们空疏浮浅，说他们范围太窄，全不错；但他们组织的技巧，言情的技巧，也是不可抹杀的。

姚鼐以后，桐城派因为路太窄，渐有中衰之势。这时候仪征阮元❶提倡骈文正统论。他以《文选序》和南北朝"文""笔"的分别为根据，又扯上传为孔子作的《易·文言传》。他说用韵用偶的才是文，散行的只是笔，或是"直言"的"言"，"论难"的"语"[43]。古文以立意、记事为宗，是子、史正流，终究与文章有别。《文言传》多韵语、偶语，所以孔子才题为"文"言。阮元所谓韵，兼指句末的韵与句中的"和"而言[44]。原来南北朝所谓"文""笔"，本有两义："有韵为文，无韵为笔"，是当时的常言[45]。——韵只是句末韵。阮元根据此语，却将"和"也算是韵，这是曲解一。梁元帝说有对偶、谐声调的抒情作品是文，骈体的章奏与散体的著述都是笔[46]。阮元却只以散体为笔，这是曲解二。至于《文言传》，固然称"文"，却也称"言"，况且也非孔子所作——这更是傅会了。他的主张，虽然也有一些响应的人，但是不成宗派。

曾国藩❷出来，中兴了桐城派。那时候一般士人，只知作八股文；另一面汉学、宋学的门户之争，却越来越利害，各走偏锋。曾国藩为补偏救弊起见，便就姚鼐义理、考据、词章三端相济之说加以发扬光大。他反对当时一般考证文的芜杂琐碎，也反对当时崇道贬文的议论，以为要明先王之道，非精研文字不可；各家著述的见道多寡，也当以他们的

❶阮元：字伯元，江苏扬州仪征人。清中期显官，同时也是经学家、训诂学家、金石学家，曾主持校刻《十三经注疏》等典籍。

❷曾国藩：字伯涵，号涤生。晚清政治家、战略家、理学家、文学家，汉族地主武装"湘军"首领，"晚清中兴四大名臣"之首。

文为衡量的标准。桐城文的病在弱在窄，他却能以深博的学问、弘通的见识、雄直的气势，使它起死回生。他才真回到韩愈，而且胜过韩愈。他选了《经史百家杂钞》，将经、史、子也收入选本里，让学者知道古文的源流，文统的一贯，眼光便比姚鼐远大得多。他的幕僚和弟子极众，真是登高一呼，群山四应。这样延长了桐城派的寿命几十年。

但"古文不宜说理"[47]，从韩愈就如此。曾国藩的力量究竟也没有能够补救这个缺陷于一千年之后。而海通以来，世变日亟，事理的繁复，有些决非古文所能表现。因此聪明才智之士渐渐打破古文的格律，放手作去。到了清末，梁启超❶先生的"新文体"可算登峰造极。他的文"时杂以俚语、韵语及外国语法，纵笔所至不检束，学者竞效之"。而"条理明晰，笔锋常带情感，对于读者，别有一种魔力"。[48] 但这种"魔力"也不能持久；中国的变化实在太快，这种"新文体"又不够用了。胡适之先生和他的朋友们这才起来提倡白话文，经过五四运动，白话文是畅行了。这似乎又回到古代言文合一的路，然而不然，这时代是第二回翻译的大时代。白话文不但不全跟着国语的口语走，也不全跟着传统的白话走，却有意地跟着翻译的白话走。这是白话文的现代化，也就是国语的现代化。中国一切都在现代化的过程中，语言的现代化也是自然的趋势，并不足怪的。❷

❶梁启超：字卓如，号任公，又号饮冰室主人等。"戊戌变法"领袖，近代文学革命运动的理论倡导者。

❷朱自清先生的见解，处处透着通达。

慎思明辨

1.朱自清先生在本文中说司马迁"悲愤的襟怀，常流露在字里行间"。"客观冷静地叙述"与"笔锋常带情感"这两种写作态度，你更认同哪一种？请结合具体作品谈谈你的认识。

2.朱自清先生在本文中说韩愈"并不死板地复古，而以变古为复古"。你从韩愈的做法中领悟到了怎样的道理？请结合具体事例谈谈你的认识。

① 宋周麟之跋孙觉《春秋经解》引王语。"朝报"相当于现在的政府公报。

②《说文·辛部》。

③ 均见《左传·襄公二十五年》。**远植补**《左传·襄公二十五年》：仲尼曰："《志》有之：'言以足志，文以足言。'不言，谁知其志？言之无文，行而不远。晋为伯，郑入陈，非文辞不为功。慎辞哉！"

④《论语·宪问》。**远植补**《论语·宪问》："子曰：'为命，裨谌草创之，世叔讨论之，行人子羽修饰之，东里子产润色之。'"

⑤《论语·先进》。**远植补**《论语·先进》："德行：颜渊，闵子骞，冉伯牛，仲弓。言语：宰我，子贡。政事：冉有，季路。文学：子游，子夏。"

⑥《论语·述而》："子所雅言：《诗》《书》、执礼，皆雅言也。"这里用刘宝楠《论语正义》的解释。

⑦《论语·卫灵公》："子曰：'辞达而已矣。'"

⑧《仪礼·聘礼》："辞多则史，少则不达，辞苟足以达，义之至也。"

⑨《非命上》。

⑩《韩非子·外储说左上》。

⑪《滕文公下》。

⑫《非相篇》。

⑬ 八十一章。

⑭《齐物论》。

⑮《问辩》。

⑯ 上节及本节参用傅斯年《战国文籍中之篇式书体》（《中央研究院语言历史研究所集刊》第一本第二分）说。

⑰《孟子·滕文公》："有楚大夫于此，欲其子之齐语也，则使齐人傅诸。"楚人要学齐语，可见齐语流行很广。又《韩诗外传·四》："然则楚之狂者楚言，齐之狂者齐言，习使然也。""楚言"和"齐言"并举，可见楚言也是很有势力的。

⑱《史记·自序》。

⑲《后汉书·班彪传》。

⑳《史记评林》总评。

㉑《金楼子·立言篇》。

㉒ 宋赞宁论罗什所译《法华经》语，见《宋高僧传·卷三》。

㉓ 梁启超《翻译文学与佛典》六之二。

㉔ 佛教徒注释经典，分析经文的章段，称为"科分"。

㉕ 李舟《独孤常州集序》。

㉖《师说》。

㉗《谏佛骨表》触怒宪宗，被贬为潮州刺史。

㉘ 樊绍述《墓志铭》。

㉙《答李翊书》。

㉚《答李翊书》。

㉛ 茅坤有《唐宋八大家文钞》，从此"唐宋八大家"成为定论。

㉜ 《文说》。**远植补** 苏轼《文说》："吾文如万斛泉源，不择地皆可出，在平地滔滔汩汩，虽一日千里无难。及其与山石曲折，随物赋形，而不可知也。所可知者，常行于所当行，常止于不可不止，如是而已矣。其他虽吾亦不能知也。"

㉝ 何薳《春渚纪闻》中"东坡事实"。

㉞ 陆游《老学庵笔记》。

㉟ 周书昌语，见姚鼐《刘海峰先生八十寿序》。

㊱ 《古文约选·序例》。

㊲ 见雷鋐《卜书》。

㊳ 吕璜纂《吴德旋初月楼古文绪论》。

㊴ 刘大櫆《论文偶记》。

㊵ 姚鼐《复鲁絜非书》。

㊶ 《述庵文钞序》，又《复秦小岘书》。

㊷ 《书震川文集后》。

㊸ 根据《说文·言部》。

㊹ 阮元《文言说》及《与友人论古文书》。

㊺ 《文心雕龙·总术》。

㊻ 《金楼子·立言篇》。

㊼ 曾国藩《复吴南屏书》："仆尝谓古文之道，无施不可，但不宜说理耳。"

㊽ 梁启超《清代学术概论》。

北京四中 语文课

经典选读

杨志刚 注

光明日报出版社

目　录

《说文解字》第一

许慎《说文解字·序》(节选)

　　黄帝之史仓颉，见鸟兽蹄远[1]之迹，知分理[2]之可相别异也，初造书契[3]……仓颉之初作书，盖依类象形，故谓之文。其后形声相益[4]，即谓之字。字者，言孳乳而浸多也[5]。著于竹帛谓之书，书者，如也。以迄[6]五帝三王之世，改易殊体，封于泰山者，七十有二代，靡[7]有同焉。

　　周礼：八岁入小学，保氏教国子，先以六书：一曰指事。指事者，视而可识，察而可见，上下是也。二曰象形。象形者，画成其物，随体诘诎[8]，日月是也。三曰形声。形声者，以事为名，取譬相成[9]，江河[10]是也。四曰会意。会意者，比类合谊，以见指㧑[11]，武信是也。五曰转注。转注者，建类一首，同意相受[12]，考老是也。六曰假借。假借者，本无其字，依声托事[13]，令长是也。

---

[1]　蹄远（háng）：蹄爪的痕迹。远，鸟兽留下的痕迹。
[2]　分理：纹理。
[3]　书契：指文字。
[4]　相益：相合，相加。
[5]　孳（zī）乳：繁殖，派生。浸：逐渐。
[6]　迄（qì）：到。
[7]　靡（mǐ）：没有。
[8]　诘诎（jié qū）：屈曲，弯曲。
[9]　"以事"两句：形声字造字时，先确定它在万物中的类属，类属确定后，就用这个类属的文（或字）来做新字"主义"的部分，再根据口语取一个读音相同或相近的文（或字）来做新字的"主音"的部分，两个部分相合而构成新字。
[10]　"江""河"均属水类，所以用"氵"来做两字"主义"的部分，然后根据口语中江河的发音，分别取了读音相当的"工""可"来作为标音的部分，这样便造出了"江""河"二字。
[11]　"比类"两句：比并代表某些事物的文，以体现新字的所指。谊，同"义"。㧑（huī），同"挥"。
[12]　"建类"两句：依据事类建立统一的部首，同一部首所属的字中，若意思相同，可以相互解释。
[13]　"本无"两句：某个词没有记录它的专用字，而依照声音相同或相近的原则把这个词所表示的事物寄托在表示其他事物的文字上。

许慎《说文解字》(节选)

汉字		《说文解字》正文
日		实也。太阳之精不亏。从囗、一。象形。凡日之属皆从日。人质切。◯古文象形。
月		阙也。大阴之精。象形。凡月之属皆从月。鱼厥切。
上（丄）		高也。此古文上，指事也。凡丄之属皆从丄。时掌切。丄篆文丄。
下（丅）		底也。指事。胡雅切。丅篆文丅。
武		楚庄王曰："夫武，定功戢兵。故止戈为武。"文甫切。
信		诚也。从人从言。会意。息晋切。古文从言省。古文信。
江		水。出蜀湔氐徼外崏山，入海。从水，工声。古双切。
河		水。出焞煌塞外昆仑山，发原注海。从水，可声。乎哥切。
考		老也。从老省，丂声。苦浩切。
老		考也。七十曰老。从人、毛、匕。言须发变白也。凡老之属皆从老。卢皓切。
令		发号也。从亼、卪。徐锴曰："号令者集而为之。卪，制也。"力正切。
长（長）		久远也。从兀从匕。兀者，高远意也。久则变化。亾声。厂者，倒亾也。凡长之属皆从长。臣铉等曰："倒亡，不亡也，长久之义也。"直良切。古文长。亦古文长。

乾卦

（乾下乾上）

乾：元，亨，利，贞[1]。

初九，潜龙勿用[2]。

九二，见龙在田，利见大人[3]。

九三，君子终日乾乾，夕惕若厉，无咎[4]。

九四，或跃在渊，无咎。

九五，飞龙在天，利见大人。

上九，亢[5]龙有悔。

用九[6]，见群龙无首，吉。

《彖》[7]曰：大哉乾元，万物资始，乃统天。云行雨施[8]，品物[9]流形。大明[10]终始，六位[11]时成。时乘六龙以御天。乾道[12]变化，各正性命。保合大和，乃利贞。首出庶物[13]，万国咸[14]宁。

《象》[15]曰：天行[16]健，君子以自强不息。"潜龙勿用"，阳在下也；"见龙

---

[1] 元：开始。亨：亨通。利：和谐。贞：正直。按："元、亨、利、贞"四字是《乾》卦的"卦辞"。

[2] 勿用：指未能有所作为。

[3] 见（xiàn）：出现。大人：指贵族统治者。

[4] 乾乾：自强不息的样子。惕若：警惕着。厉：指面临危险。无咎：不遭祸害。

[5] 亢：过甚，极度。

[6] 用九：《周易》六十四卦每卦六爻，而《乾》《坤》两卦各多一则爻辞。《乾》卦多一则"用九"，《坤》卦多一则"用六"。

[7] 《彖（tuàn）》：即《彖传》，解释卦辞的文字。

[8] 雨施：雨降。

[9] 品物：万物。

[10] 大明：指太阳。

[11] 六位：指《乾》卦的六爻之位。

[12] 乾道：天道。

[13] 开始生出万物。

[14] 咸：都。

[15] 《象》：即《象传》，解释卦、爻辞的文字。

[16] 天行：天道。

在田"，德施普也；"终日乾乾"，反复道[1]也；"或跃在渊"，进无咎也；"飞龙在天"，大人造[2]也；"亢龙有悔"，盈不可久也；"用九"，天德不可为首也。[3]

《周易·系辞下》(节选)

古者包牺氏之王天下也[4]，仰则观象于天，俯则观法于地，观鸟兽之文，与地之宜，近取诸身，远取诸物，于是始作八卦，以通神明之德，以类万物之情。作结绳而为罔罟[5]，以佃[6]以渔，盖取诸《离》[7]。包牺氏没，神农氏作，斫木为耜[8]，揉木为耒[9]，耒耨之利，以教天下，盖取诸《益》[10]。日中为市，致天下之民，聚天下之货，交易而退，各得其所，盖取诸《噬嗑》[11]。神农氏没，黄帝、尧、舜氏作，通其变，使民不倦，神而化之，使民宜之。《易》穷则变，变则通，通则久。是以"自天祐之，吉无不利"。

---

[1] 反复道：反复践行合理的行为。
[2] 造：兴起而有所作为。
[3] 刚而能柔，不能强自居首。天德，阳刚之德。
[4] 包（páo）牺氏：即伏羲氏。王（wàng）：称王，统治天下。
[5] 罟（gǔ）：网。
[6] 佃（tián）：即田，田猎。
[7] 大概取自《离》卦。《离》卦离下离上，是重离。《离》有目象，重目为网。按：罗网的制作未必取自《离》卦，《系辞》用"盖"字表示这只是一种猜测。下皆同此。
[8] 斫（zhuó）：砍削。耜（sì）：一种翻土的农具，即木锄。
[9] 耒（lěi）：一种翻土的农具，即木犁。
[10]《益》：《益》卦。此卦震下巽上。震为动，巽为木。耜、耒均为木质，使用时上下运动。
[11]《噬嗑（shì hé）》：《噬嗑》卦。此卦震下离上。离为日，震为动。人们在日下往来走动，行物品交易之事。

《尚书》第三

《尚书·尧典》[1]（节选）

曰若稽古[2]，帝尧曰[3]放勋。钦明文思安安[4]，允恭克让[5]，光被四表[6]，格[7]于上下。克明俊德，以亲九族。九族既睦，平章[8]百姓。百姓昭明[9]，协和万邦。黎民于变时雍[10]。

乃命羲和[11]，钦若昊天[12]，历象[13]日月星辰，敬授民时[14]。分命羲仲，宅嵎夷[15]，曰旸谷[16]。寅宾[17]出日，平秩东作[18]。日中[19]，星鸟[20]，以殷仲春[21]。

---

[1] 旧《书序》曰："昔在帝尧，聪明文思，光宅天下。将逊于位，让于虞舜。作《尧典》。"尧，上古五帝之一。逊于位，让位。让，禅（shàn）让。虞舜，即舜。舜号有虞氏，故称"虞舜"。

[2] 曰若：及至，等到。稽古：考察远古事迹。本句是《尚书》记述者的口吻。

[3] 曰：叫作。

[4] 本句写尧之大德。据《释文》引马融曰："威仪表备谓之钦，照临四方谓之明，经纬天地谓之文，道德纯备谓之思。"安安，同"晏晏"，温和，宽柔，包容。

[5] 允：信。克：能。

[6] 光：发扬光大。被（pī）：覆盖。四表：四方极边远之地。

[7] 格：至。

[8] 平章：区分明确。平，同"辨"，辨别。章，同"彰"，彰显。

[9] 各家族或宗族的来源、关系、户口、田亩等情况都调查清楚了。

[10] 黎民：即庶民，下层民众。下层劳动人民多面目黧（lí）黑，故又称"黔首""苍生"。于：于是。变：同"忭"，欢乐。时：相当于"而"，而且。雍：和，和谐。

[11] 羲和：羲氏与和氏。此处指下文羲仲、羲叔、和仲、和叔四人。

[12] 钦：敬。若：顺。昊天：元气广大之天。

[13] 历：推算。象：天象。

[14] 敬：谨慎。民时：农时。

[15] 宅：居住。嵎（yú）夷：地名，今不可考。

[16] 旸（yáng）谷：传说中日出之地。

[17] 寅宾：恭敬地引导、迎接。寅，敬。宾，同"摈"，导。

[18] 平秩：辨别测定。东作：即春作，春耕。张守节《史记正义》："三春主东，故言日出。耕作在春，故言东作。命羲仲恭勤道训万民东作之事，使有程期。"

[19] 日中：昼夜长短相等，即二十四节气之春分。中，中分。

[20] 鸟：鸟星，南方朱雀七宿（xiù）之一。

[21] 殷：正。仲春：春季的第二月。春季的三个月分别为孟春、仲春、季春。"日中"三句，春分之日，昼夜长短相等，黄昏时鸟星出现在南方天际，以此确定此时是春季中月正中之春分日。

厥民析^[1]，鸟兽孳尾^[2]。申^[3]命羲叔，宅南交^[4]，曰明都。平秩南讹^[5]，敬致^[6]。日永^[7]，星火^[8]，以正仲夏^[9]。厥民因^[10]，鸟兽希革^[11]。分命和仲，宅西，曰昧谷^[12]。寅饯纳日^[13]，平秩西成^[14]。宵中^[15]，星虚^[16]，以殷仲秋。厥民夷^[17]，鸟兽毛毨^[18]。申^[19]命和叔，宅朔方^[20]，曰幽都。平在朔易^[21]。日短，星昴^[22]，以正仲冬。厥民隩^[23]，鸟兽氄^[24]毛。帝曰："咨^[25]！汝羲暨^[26]和。期^[27]三百有六旬有六日，以闰月定四时，成岁^[28]。允厘百工^[29]，庶绩咸熙^[30]。"

---

[1] 厥：其，指代春分之时。析：散，指分散到田地里农耕。
[2] 孳尾：繁殖孕育。
[3] 申：再，继续。
[4] 交：地名，交趾。
[5] 南讹：指夏月天象之变化。
[6] 敬致：盖谓恭敬地迎日之来且送日之往。按：此处文字当有错讹。
[7] 日永：白昼最长。永，长。
[8] 火：心宿，东方苍龙七宿之一。
[9] "日永"三句：夏至之日，白昼时间最长，夜晚时间最短，黄昏时大火星（属心宿）出现在南方天际，以此来确定此时是夏季中月正中之夏至日。
[10] 农耕之民仍然在田野中劳作。因，接着，仍然。
[11] 希：同"稀"，稀疏。革：同"翮"，羽毛。
[12] 昧谷：地名，今不可考。
[13] 寅：敬。饯：送日之祭。先民春分朝日，秋分纳日，均为祭日之礼。
[14] 西成：日头西落时刻。
[15] 宵中：昼夜长短相等。宵，夜。
[16] 虚：虚星，北方玄武七宿之一。
[17] 夷：当同"移"，移动至邑中，不再居住于农耕时之野庐。
[18] 毨（xiǎn）：鸟兽毛羽更生。
[19] 申：重，又。
[20] 朔方：北方。
[21] 平：辨别。在：考察。朔易：指日道从南向北移动。
[22] 昴（mǎo）：昴星，西方白虎七宿之一。
[23] 隩（ào）：同"奥"，屋室，此指到屋室中居住。
[24] 氄（rǒng）：柔软细毛，此指生出柔软细毛。
[25] 咨：感叹词。
[26] 暨（jì）：与。
[27] 期（jī）：一周年。
[28] "以闰"两句：用闰月的办法保持一年十二个月春夏秋冬四时协调不乱。
[29] 允：用。厘：治。百工：百官。
[30] 庶：众，众多。绩：事业。咸熙：全都兴起。

《尚书·汤誓》[1]

王曰："格尔[2]众庶，悉听朕言[3]。非台小子[4]敢行称乱[5]，有夏[6]多罪，天命殛[7]之。今尔有众，汝曰：'我后不恤我众[8]，舍我穑事而割正夏[9]。'予惟[10]闻汝众言，夏氏有罪。予畏上帝，不敢不正。今汝其[11]曰：'夏罪其如台[12]？'夏王率遏[13]众力，率割夏邑[14]，有众率怠弗协[15]，曰：'时日曷丧[16]，予及汝皆亡！'夏德若兹[17]，今朕必往。尔尚辅予一人[18]，致[19]天之罚，予其大赉汝[20]。尔无不信，朕不食言。尔不从誓言，予则孥戮[21]汝，罔有攸赦[22]。"

---

[1] 《汤誓》为商汤伐夏桀时的誓师之辞。旧《书序》曰："伊尹相汤，伐桀，升自陑，遂与桀战于鸣条之野，作《汤誓》。"伊尹，商朝开国大臣。相，辅佐。汤，商汤，商朝开国君主。陑（ér），地名。桀（jié），夏桀，夏朝最后一位君主。

[2] 格：来。尔：你们。

[3] 悉：都。朕（zhèn）：我。

[4] 台（yí）：我。小子：商汤自称，谦辞。

[5] 称乱：作乱。

[6] 有夏：夏，夏朝。有，词头，无实义。古代称谓邦国时，常在国名前加"有"字。

[7] 殛（jí）：诛杀。

[8] 后：君王，此指夏桀。恤（xù）：体恤，忧心。

[9] 舍：停止。穑（sè）：收割谷物，此泛指农业耕作。割：同"害"，危害，祸害。正：同"征"，征伐。

[10] 予：我。惟：虽，虽然。

[11] 其：助语辞。

[12] 如台（yí）：如何。

[13] 率：相率，带头之意。遏：同"竭"，竭尽。

[14] 邑：侯国之称。

[15] 有众：指夏邑的民众。率：皆，都。弗协：不服从。

[16] 时：这个，代词。日：日头，此指夏桀。曷：何不。丧：亡，毁灭。

[17] 若兹：像这样。

[18] 尚：同"倘"，倘若，如果。辅：辅佐，追随。

[19] 致：完成，到。

[20] 其：语气词，一定。赉（lài）：赏赐。

[21] 孥（nú）：同"奴"，奴役。戮：杀戮。

[22] 罔：无。攸：所。赦：赦免。

《诗经》第四

《诗·周南·关雎》

《毛序》：《关雎》，后妃之德也[1]，风，之始也[2]，所以[3]风天下而正夫妇也。故用之乡人焉[4]，用之邦国焉[5]。风，风[6]也，教也，风以动之，教以化之。

诗者，志之所之也[7]，在心为志，发言为诗。情动于中而形[8]于言，言之不足，故嗟叹之，嗟叹之不足，故永歌[9]之，永歌之不足，不知手之舞之，足之蹈之也。

情发于声，声成文谓之音[10]，治世之音安以[11]乐，其政和；乱世之音怨以怒，其政乖[12]；亡国之音哀以思，其民困。故正得失，动天地，感鬼神，莫近于诗[13]。先王以是经夫妇[14]，成孝敬，厚人伦，美教化，移风俗。

故诗有六义焉：一曰风，二曰赋，三曰比，四曰兴，五曰雅，六曰颂。上以风化下，下以风刺上，主文而谲谏[15]，言之者无罪，闻之者足以戒，故

---

[1] 后妃：天子之妻。此指周文王正妃、周武王之母太姒（sì）。
[2] 风：此指《诗经》的十五国风。始：开始，发端。
[3] 所以：用来……的，表凭借。
[4] 令卿大夫以《关雎》教导其民。乡人，指老百姓。乡，地方行政单位，《周礼》以一万二千五百户为一乡。据《仪礼·乡饮酒礼》，卿大夫行乡饮酒礼时，以《关雎》合乐。
[5] 令诸侯以《关雎》教化其臣民。据《仪礼·燕礼》，诸侯在行燕礼饮宴其臣子及宾客时，歌乡乐《关雎》。
[6] 风：此处意为讽喻，教化。
[7] 诗是由人的情志生发而出的。志，志意，志愿。前一个"之"是助词，无实义。后一个"之"是动词，到、往。
[8] 形：表现。
[9] 永歌：引声长歌。永，长。
[10] 声音按照音律形成乐曲。文，指宫、商、角、徵、羽五声之调。
[11] 以：相当于"而"，而且，并且。
[12] 乖：乖乱，反常。
[13] 莫近于诗：犹言"莫过之于诗"。
[14] 先王用诗来使夫妇之道步入正轨。以，用。经，使合乎常道。
[15] 按：朱自清先生认为："不直陈而用譬喻叫'主文'，委婉讽刺叫'谲谏'。"（《经典常谈·〈诗经〉第四》）

曰风。至于王道衰，礼义废，政教失，国异政，家殊俗，而变风变雅[1]作矣。国史[2]明乎得失之迹，伤人伦之废，哀刑政之苛，吟咏情性，以风其上，达于事变而怀其旧俗者也。故变风发乎[3]情，止乎礼义[4]。发乎情，民之性也；止乎礼义，先王之泽[5]也。是以一国之事，系一人之本[6]，谓之风；言天下之事，形四方之风[7]，谓之雅。雅者，正也，言王政之所由废兴也。政有大小，故有小雅焉，有大雅焉。颂者，美盛德之形容，以其成功告于神明者也[8]。是谓四始[9]，诗之至也[10]。

然则《关雎》《麟趾》[11]之化，王者之风，故系之周公[12]。南[13]，言化[14]自北而南也。《鹊巢》《驺虞》之德[15]，诸侯之风也，先王之所以教，故系之

---

[1] 变风变雅："变"指下文"达于事变"之变，指时世由盛转衰，政教纲纪大坏。按照这一说法，国风中《邶风》以后的十三国风为"变风"，大雅中《民劳》以后的诗，以及小雅中《六月》以后的诗，为"变雅"。
[2] 国史：诸侯国的史官。
[3] 乎：相当于"于"，从。
[4] 不逾越礼法条规和道德准则。
[5] 泽：恩泽，恩惠。
[6] "是以"两句：作诗的人"览一国之意以为己心"，所以这一人之心其实是一国之心的反映、代表。
[7] "言天下"两句：诗人一人汇览天下四方之风俗，以自己的方式言说天下的事情。
[8] "颂者"三句：颂是赞美君王的盛德，并将其成功的事业禀告神灵的乐歌。形容，乐舞的动作、情态。
[9] 四始：指"风""大雅""小雅""颂"，被认为是王道兴衰的开始，"人君行之则为兴，废之则为衰"（郑玄《答张逸》）。《史记·孔子世家》："《关雎》之乱以为'风'始，《鹿鸣》为'小雅'始，《文王》为'大雅'始，《清庙》为'颂'始。"《毛序》开篇也说："《关雎》，后妃之德也，'风'，之始也。"
[10] 诗理至极，尽于此。
[11] 《麟趾》：指《诗·国风·周南》的最后一篇《麟之趾》，是赞美公族子弟的诗篇。
[12] 系之周公：记在周公的名下。周公，周文王之子，周武王之弟，姬姓，名旦，受封的食邑在周（今陕西岐山北），故称。后世多视为圣贤典范。周武王死后辅佐周成王而当政，周初名臣。
[13] 南：指十五国风之《周南》和《召南》。
[14] 化：教化。按：周初实行东西两都制。西都为宗周镐京，由召公负责；东都为成周雒邑，由周公负责。据考古成果显示，商王朝的势力范围已经远达湖南、湖北、江西以及广东南部地区。周人早在灭商之前，也已开始征伐、经营南方。宗周、成周以南之地，正是周人南进的要路地带，所以《毛诗序》有"化自北而南"之句（李山先生《诗经析读》说）。
[15] 《鹊巢》：《诗·国风·召南》的第一篇，是写诸侯之女出嫁的诗篇。《驺虞》，《诗·国风·召南》的最后一篇，是写诸侯打猎的诗篇。

召公[1]。《周南》《召南》，正始之道，王化之基[2]。是以《关雎》乐得淑女，以配君子，忧在进贤，不淫其色；哀窈窕，思贤才，而无伤善之心焉[3]。是《关雎》之义也。

关关雎鸠[4]，在河之洲。窈窕淑女，君子好逑[5]。参差荇菜[6]，左右流之。窈窕淑女，寤寐[7]求之。求之不得，寤寐思服[8]。悠哉悠哉，辗转反侧。参差荇菜，左右采之。窈窕淑女，琴瑟友[9]之。参差荇菜，左右芼[10]之。窈窕淑女，钟鼓乐之[11]。

《诗·邶风·静女》

《毛序》：刺时也。卫君无道，夫人无德。

《郑笺》：以君及夫人无道德，故陈静女遗我以彤管之法。德如是，可以易之为人君之配。

静女其姝[12]，俟我于城隅[13]。爱[14]而不见，搔首踟蹰[15]。

静女其娈[16]，贻我彤管[17]。彤管有炜[18]，说怿女美[19]。

---

[1] 召（shào）公：西周初政治家。周文王庶子，姓姬名奭（shì），受封的食邑在召（今陕西岐山西南），故称。与周公旦同为周武王之弟。

[2] "正始"两句：唐孔颖达《毛诗正义》："《周南》《召南》二十五篇之诗，皆是正其初始之大道，王业风化之基本也。"

[3] "哀窈窕"三句：《毛诗正义》引王肃云："哀窈窕之不得，思贤才之良质，无伤善之心焉，若苟慕其色，则善心伤也。"窈窕（yǎo tiǎo），性情温柔，体态美好。

[4] 雎（jū）鸠：又名王雎，一种水鸟。古人认为这种鸟雌雄之间感情深挚。

[5] 好逑（qiú）：好的配偶。

[6] 荇（xìng）菜：一种水菜，嫩叶可食用。

[7] 寤寐（wù mèi）：此指日日夜夜。寤，醒时。寐，睡时。

[8] 思服：思念挂怀。服，思念。

[9] 友：此指亲近。

[10] 芼（mào）：择取，挑选。

[11] 乐（lè）之：使之愉悦。

[12] 姝（shū）：美丽。

[13] 俟（sì）：等待。城隅（yú）：城角。一说指城上的角楼。

[14] 爱：同"薆"，隐藏。

[15] 踟蹰（chí chú）：犹豫徘徊。

[16] 娈（luán）：美好。

[17] 贻（yí）：赠送。彤（tóng）管：红色的管状物。一说指初生时呈红色的管状的草，即下一章所说的"荑（tí）"。

[18] 炜（wěi）：色红而光亮。

[19] 说怿（yì）：喜悦。说（yuè），同"悦"。女（rǔ）：同"汝"，你。

自牧归荑[1]，洵美且异。匪[2]女之为美，美人之贻。

《诗·魏风·硕鼠》

《毛序》：刺重敛也。国人刺其君重敛，蚕食于民，不修其政，贪而畏人，若大鼠也。

硕[3]鼠硕鼠，无食我黍[4]。三岁贯女[5]，莫我肯顾[6]。逝将去女[7]，适[8]彼乐土。乐土乐土，爰得我所[9]。硕鼠硕鼠，无食我麦。三岁贯女，莫我肯德[10]。逝将去女，适彼乐国。乐国乐国，爰得我直[11]。硕鼠硕鼠，无食我苗。三岁贯女，莫我肯劳[12]。逝将去女，适彼乐郊。乐郊乐郊，谁之永号[13]？

《诗·秦风·无衣》

《毛序》：刺用兵也。秦人刺其君好攻战，亟用兵，而不与民同欲焉。
岂曰无衣？与子同袍[14]。王于兴师[15]，修我戈矛，与子同仇[16]。
岂曰无衣？与子同泽[17]。王于兴师，修我矛戟，与子偕作。

---

[1] 牧：城邑的郊外。归（kuì）：同"馈"，赠送，给予。荑：细嫩的白茅草。
[2] 匪：非。
[3] 硕：大。
[4] 黍（shǔ）：一种比小米粒大的黏米，脱壳后俗称"黄米"。
[5] 贯：一作"宦"，侍奉。女：同"汝"，你。
[6] 莫我肯顾：即"莫肯顾我"的倒装。下文"莫我肯德""莫我肯劳"均同此。顾，顾惜，照顾。
[7] 逝：往，前往。一说同"誓"，表示态度坚决的词。去：离开。
[8] 适：到，往。
[9] 爰（yuán）：于是。所：处所，地方。
[10] 德：施恩德，感激。
[11] 直：与注[9]"所"同义。《毛传》："得其直道。"《郑笺》："犹正也。"
[12] 劳：慰劳。
[13] "乐郊"句意谓：到了乐郊之后，就可以用长号歌唱来抒发内心的郁结。谁之，即"唯以"。永号（háo），长号。
[14] 同袍：同穿一件战袍。
[15] 于：语中助词，无实义。师：军队。
[16] 同仇：指共同对付敌人。
[17] 泽：贴身的内衣。按：古人称战友为"袍泽"。

岂曰无衣？与子同裳[1]。王于兴师，修我甲兵，与子偕行。

《诗·小雅·鹿鸣》

《毛序》：燕[2]群臣嘉宾也。既饮食之，又实币帛筐篚，以将其厚意，然后忠臣嘉宾得尽其心矣。

呦呦[3]鹿鸣，食野之苹[4]。我有嘉宾，鼓瑟吹笙。吹笙鼓簧[5]，承筐是将[6]。人之好我，示我周行[7]。呦呦鹿鸣，食野之蒿[8]。我有嘉宾，德音孔昭[9]。视民不恌[10]，君子是则是效[11]。我有旨酒[12]，嘉宾式燕以敖[13]。呦呦鹿鸣，食野之芩[14]。我有嘉宾，鼓瑟鼓琴。鼓瑟鼓琴，和乐且湛[15]。我有旨酒，以燕[16]乐嘉宾之心。

《诗·大雅·文王》（节选）

《毛序》：文王受命作周也。

《郑笺》：受天命而王天下，制立周邦。

---

[1] 裳（cháng）：下衣。按：古人称上衣为衣，下衣为裳。
[2] 燕：同"宴"，宴乐。
[3] 呦（yōu）呦：群鹿鸣和声。
[4] 苹：一种野生植物。
[5] 簧：笙内发声的簧片，此处应亦指笙。
[6] 此句描述进行奉送礼物的环节。承，奉送。筐，盛放币帛的容器。是，宾语前置的标志，无实义。将，进行。按："承筐是将"即"将承筐"。
[7] 示：告，指示。周行：大道，正道。
[8] 蒿（hāo）：青蒿。
[9] 美好的声誉非常显明。孔，甚。
[10] 视：同"示"，展示给人看。恌（tiāo）：同"佻"，轻薄不正派。
[11] 则：法则，楷模，此作动词。效：效法。
[12] 旨酒：醇美之酒。
[13] 式……以：相当于"既……又……"。敖：同"遨"，遨游。
[14] 芩（qín）：一种蒿类植物，牛马喜食。
[15] 湛（dān）：深厚，深长。
[16] 燕：安。

文王在上^[1]，於^[2]昭于天。周虽旧邦，其命维新^[3]。有周不显^[4]? 帝命不时^[5]? 文王陟降^[6]，在帝左右。

---

[1] 文王：周文王，姬姓，名昌。在上：神灵在上界。
[2] 於（wū）：叹词，表示赞美、感叹等。
[3] 周家自文王开始新得天命。命，天命。《毛传》："乃新在文王也。"
[4] 有：词头，无义。不（pī）：同"丕"，语气词，无实义。
[5] 不时：即"时"。"时"当读为"承"，"承"又读为"烝"，美赞之辞。（清马瑞辰《毛诗传笺通释》说）
[6] 陟（zhì）降：上下，来往。

"三礼"第五

《礼记·学记》（节选）

善学者，师逸[1]而功倍，又从而庸之[2]；不善学者，师勤而功半，又从而怨之。善问者，如攻[3]坚木，先其易者，后其节目[4]，及其久也，相说以解[5]；不善问者反此。善待问者，如撞钟，叩之以小者则小鸣，叩之以大者则大鸣，待其从容，然后尽其声；不善答问者反此。此皆进学[6]之道也。

记问[7]之学，不足以为人师。必也其听语乎！力不能问[8]，然后语[9]之；语之而不知，虽舍之可也[10]。

《礼记·乐记》（节选）

人生而静[11]，天之性也。感于物而动[12]，性之欲[13]也。物至知知[14]，然后好恶形焉[15]。好恶无节[16]于内，知诱于外，不能反躬[17]，天理[18]灭矣。夫物之感人无穷，而人之好恶无节，则是物至而人化物[19]也。人化物也者，灭天

---

[1] 逸：安逸，此指轻松。
[2] 庸之：归功于师。庸，功劳。
[3] 攻：砍劈，加工。
[4] 节：树木枝干交接之处。目：木头纹理纠结不顺之处。
[5] 说：同"脱"，脱开。解：分解。
[6] 进学：增进学识。
[7] 记问：预先记诵书中的内容（以备学生提问）。
[8] 力不能问：学生的才力不足以应对老师的提问。
[9] 语（yù）：告诉。
[10] "语之"两句：解说之后学生仍不理解，老师即使先放一放、等待以后再说，也是可以的。
[11] 静：安静无欲。
[12] 受到外物的影响而产生情欲。按：此"动"与前文"人生而静"之"静"相对。
[13] 性之欲：人本性的欲求。
[14] 外物不断影响人，而人对事物的认知也不断增多。知知，即"知而又知"。
[15] 好恶（hào wù）：喜好和憎恶。形：形成，产生。
[16] 节：节制。
[17] 反躬：反过来要求自己，自我检讨、约束。
[18] 天理：人所禀赋的天性。
[19] 人化物：人因受到外物的影响、支配而被外物迁化。

理而穷人欲者也。于是有悖逆诈伪之心，有淫泆[1]作乱之事。是故强者胁弱，众者暴寡，知者诈愚，勇者苦[2]怯，疾病不养，老幼孤独不得其所，此大乱之道也。

是故先王之制礼乐，人为之节[3]。衰麻哭泣[4]，所以节丧纪也；钟鼓干戚[5]，所以和安乐也；昏姻冠笄[6]，所以别男女也；射乡食飨[7]，所以正交接[8]也。礼节民心，乐和民声，政以行之，刑以防之，礼、乐、刑、政，四达而不悖，则王道备矣。

乐者为同，礼者为异[9]。同则相亲，异则相敬。乐胜则流[10]，礼胜则离[11]。合情饰貌者[12]，礼、乐之事也。礼义立则贵贱等[13]矣；乐文同[14]，则上下和矣。好恶著[15]，则贤不肖[16]别矣。刑禁暴，爵[17]举贤，则政均矣。仁以爱之，义以正之，如此则民治行矣[18]。

---

[1] 淫泆（yì）：恣纵逸乐，放荡。
[2] 苦：此指坑害。
[3] 使人们用来节制自己的情欲。
[4] 衰（cuī）麻：此指古代的丧服制度。衰，同"缞"。哭泣：活人哭泣死者时，何时该哭，用何种哭法，都有其规定。
[5] 干：盾牌。戚：斧。按：此处"干戚"与"钟鼓"一样，都属于礼器。
[6] 昏姻：此指婚礼。昏，同"婚"。冠笄（jī）：冠礼和笄礼。按：古代男子二十岁而行冠礼，女子十五岁而行笄礼，以示成年。
[7] 射：射箭比赛之礼。乡：乡饮酒礼。食飨（xiǎng）：以酒食宴请宾客或祭祀宗庙之礼。
[8] 交接：结交，交往。
[9] "乐者"两句：乐起到和同的作用，礼起到区别的作用。
[10] 流：散漫而无尊卑之敬。
[11] 离：有距离而不相亲。
[12] 合情：感情和合融洽。按：感情融洽是此乐之作用。饰貌：指人知道检点，重视仪表。按：知道检点是此礼之作用。饰，当作"饬"。
[13] 等：分出等级，得到区分。
[14] 音乐的形式统一。
[15] 好恶的标准明确。
[16] 不肖（xiào）：不贤德。
[17] 爵：爵位。
[18] 以此治理百姓则百姓无不治。

《春秋》三传第六（《国语》附）

《史记·孔子世家》（节选）

  子曰："弗乎弗乎[1]，君子病没世而名不称焉[2]。吾道不行矣，吾何以自见于后世哉？"乃因史记[3]作《春秋》，上至隐公，下讫哀公十四年[4]，十二公[5]。据鲁，亲周，故殷，运之三代[6]。约其文辞而指博[7]。故吴、楚之君自称王，而《春秋》贬之曰"子[8]"；践土之会实召周天子[9]，而《春秋》讳之曰"天王狩于河阳"[10]：推此类以绳[11]当世。贬损之义，后有王者举而开之[12]。《春秋》之义行，则天下乱臣贼子惧焉。

  孔子在位听讼[13]，文辞有可与人共者，弗独有[14]也。至于为《春秋》，笔则笔，削则削，子夏之徒不能赞一辞[15]。弟子受《春秋》，孔子曰："后世知丘[16]者以《春秋》，而罪丘者亦以《春秋》[17]。"

---

[1] 不是吗，不是吗？
[2] 病：害怕，担心。没（mò）世：没于世，指死后。称：受称道、赞许。
[3] 史记：历史记载，史书。
[4] 隐公：指鲁隐公，鲁隐公元年为公元前722年。讫：至，到。哀公十四年，即公元前481年。
[5] 十二公：指春秋时期鲁国的十二位国君，顺次为隐公、桓公、庄公、闵公、僖公、文公、宣公、成公、襄公、昭公、定公、哀公。
[6] "据鲁"四句：以鲁国为主体，以周王室为宗主，以殷商为参考，汇通考察夏、商、周三代的情况。
[7] 约其文辞：使其文辞简约。约，简单，简约。指：同"旨"，意图，意旨。
[8] 子：子爵，周代爵位中的一种。吴、楚之君受周天子所封的爵位为"子爵"。
[9] 践土之会：公元前632年，晋文公在践土主导诸侯会盟，名义上在此朝见周襄王，实际召来周襄王是为了宣示自己的霸主地位。践土，地名，当时属郑国。
[10] 讳：隐瞒，忌讳。天王：指周天子，即周襄王。狩：狩猎。河阳：晋国邑名。
[11] 绳：标准，尺度，此用为动词。
[12] "贬损"两句：寓含褒贬的大义，等待日后的圣王来弘扬和推广。贬损，批评，褒贬。举，称举。开，推广。
[13] 听讼：审理案件。讼，诉讼，打官司。
[14] 弗独有：不独自决断。
[15] 子夏：孔子弟子，卜氏，名商，字子夏，以长于文学而著称。赞：助，增加。
[16] 丘：孔子自指。孔子名丘，字仲尼。
[17] 《史记集解》引刘熙曰，"知者，行尧舜之道者也。罪者，在王公之位，见贬绝者。"见，表被动。

晋灵公不君

《左传·宣公二年》(节选)

《春秋经》：秋九月乙丑，晋赵盾弑其君夷皋[1]。

《左传·宣公二年》：晋灵公不君[2]；厚敛以雕墙[3]；从台上弹人[4]，而观其辟丸也[5]；宰夫胹熊蹯[6]不熟，杀之，置诸畚[7]，使妇人载以过朝。赵盾、士季见其手，问其故，而患[8]之……

犹不改。宣子骤谏，公患之，使钼麑贼之[9]。晨往，寝门[10]辟矣，盛服将朝。尚早，坐而假寐[11]。麑退，叹而言曰："不忘恭敬，民之主也。贼民之主，不忠；弃君之命，不信。有一于此，不如死也。"触槐而死。

秋九月，晋侯饮[12]赵盾酒，伏甲[13]，将攻之。其右[14]提弥明知之，趋登[15]，曰："臣侍君宴，过三爵，非礼也。"遂扶以下，公嗾夫獒焉[16]，明搏而杀之。盾曰："弃人用犬，虽猛何为！"斗且出，提弥明死之。

初，宣子田[17]于首山，舍于翳桑[18]，见灵辄[19]饿，问其病。曰："不食三日矣。"食之，舍其半。问之，曰："宦[20]三年矣，未知母之存否，今近焉，

---

[1] 赵盾：晋国执政的正卿，赵氏，名盾，谥"宣"。按：下文"宣子"即指赵盾。夷皋，晋灵公姬姓，名夷皋，"春秋五霸"之一的晋文公之孙，晋襄公之子。"弑君"事在鲁宣公二年（前607）。
[2] 不君：言行不合为君之道。
[3] 加重收税来装饰墙壁。雕，画。
[4] 弹人：用弹弓射人。
[5] 辟：同"避"，躲避。丸：弹弓的弹丸。
[6] 宰夫：诸侯国君的厨师。胹（ér）：炖、煮。熊蹯（fán）：熊掌。
[7] 置：放置。诸：之于。畚（běn）：用蒲草编成的筐。
[8] 患：担忧，忧虑。
[9] 钼麑（chú ní）：晋国力士。贼：贼害，杀害。
[10] 寝门：内室之门。
[11] 假寐：不解衣冠而睡。
[12] 晋侯：此指晋灵公。饮：请……喝酒。
[13] 伏甲：埋伏下带甲武士。
[14] 右：车右，主要负责主人的安全保卫工作。
[15] 趋登：小步快走，登上厅堂。
[16] 嗾（sǒu）：口中发声以驱使狗。獒（áo）：大型猛犬。
[17] 田：同"畋"，打猎。
[18] 舍：住，住宿。翳（yì）桑：地名。
[19] 灵辄：人名。
[20] 宦：外出游历学为官事。

请以遗^[1]之。"使尽之，而为之箪^[2]食与肉，置诸橐^[3]以与之。既而与为公介^[4]，倒戟以御公徒^[5]，而免之。问何故。对曰："翳桑之饿人也。"问其名居，不告而退，遂自亡^[6]也。

乙丑，赵穿^[7]攻灵公于桃园。宣子未出山而复。大史^[8]书曰："赵盾弑其君。"以示于朝。宣子曰："不然。"对曰："子为正卿，亡不越竟^[9]，反^[10]不讨贼，非子而谁？"宣子曰："乌呼！'我之怀^[11]矣，自诒伊戚^[12]'，其我之谓矣^[13]！"

孔子曰："董狐^[14]，古之良史也，书法不隐^[15]。赵宣子，古之良大夫也，为法^[16]受恶。惜也，越竟乃免^[17]。"

---

[1] 遗（wèi）：给予。
[2] 箪（dān）：古代盛饭食的圆形筐。
[3] 橐（tuó）：口袋。
[4] 介：甲士，即前文晋灵公所"伏"之"甲"。
[5] 公徒：晋灵公的甲士，即前文所言"甲""介"。徒，徒步之兵，与战车之兵相对而言。
[6] 亡：逃跑，逃亡。
[7] 赵穿：晋国大夫，晋襄公之婿。
[8] 大史：即"太史"，朝廷史官。
[9] 竟：同"境"，国境。
[10] 反：同"返"，返回（朝中）。
[11] 怀：心怀，此指心理状态。
[12] 诒（yí）：留给。伊：此。戚：忧伤。按：今本《诗经》不见此两句诗。
[13] 这说的大概就是我吧！其，表推测的语气词，大概。
[14] 董狐：即前文之"大史"。
[15] 书法：古代史官写史时所遵循的体例、原则。隐：隐讳（赵盾之罪）。
[16] 法：即前文之"书法"。
[17] 赵盾如果逃奔他国，则可免蒙弑君之罪。

═══ "四书"第七 ═══

《大学》（节选）

大学之道，在明明德[1]，在亲民[2]，在止于至善。知止而后有定[3]，定而后能静[4]，静而后能安[5]，安而后能虑[6]，虑而后能得[7]。物有本末，事有终始，知所先后，则近道矣。

古之欲明明德于天下者，先治其国。欲治其国者，先齐其家[8]。欲齐其家者，先修其身。欲修其身者，先正其心。欲正其心者，先诚其意。欲诚其意者，先致其知[9]。致知在格物[10]。物格而后知至，知至而后意诚，意诚而后心正，心正而后身修，身修而后家齐，家齐而后国治，国治而后天下平。自天子以至于庶人，壹是[11]皆以修身为本。

《论语》三十则

《学而》（1.8）

子曰："君子不重[12]，则不威[13]；学则不固[14]。主[15]忠信。无友[16]不如己

---

[1] 明明德：彰明美德。前一个"明"是动词，彰明。明德，美好的德行。
[2] 亲民：亲近爱抚民众。一说"亲"当作"新"（程颐说）。"新民"即使天下人民去旧立新，去恶向善。
[3] 知道要达到至善，则志向应坚定不移。
[4] 静：心不妄动。
[5] 安：性情安和。
[6] 虑：思虑精详。
[7] 得：指处事合宜。
[8] 齐其家：使家族中的各种关系整齐有序。
[9] 致其知：获得知识，一说把自己对事物的认识推到极致。
[10] 格物：推究事物的原理。
[11] 壹是：一概，一律。
[12] 重：庄重。
[13] 不威：没有威严。
[14] 不固：得不到巩固。
[15] 主：以……为主。
[16] 友：交友。

者。过^[1]，则勿惮^[2]改。"

《学而》(1.14)

子曰："君子食无求饱，居无求安，敏^[3]于事而慎于言，就有道而正焉^[4]，可谓好学也已。"

《为政》(2.14)

子曰："君子周而不比^[5]，小人比而不周。"

《为政》(2.18)

子张学干禄^[6]。子曰："多闻阙疑^[7]，慎言其余，则寡尤^[8]；多见阙殆^[9]，慎行其余，则寡悔。言寡尤，行寡悔，禄在其中矣。"

《里仁》(4.5)

子曰："富与贵，是人之所欲也；不以其道得之，不处^[10]也。贫与贱，是人之所恶也；不以其道得之^[11]，不去也。君子去仁，恶乎^[12]成名？君子无终食之间违仁^[13]，造次必于是，颠沛必于是^[14]。"

《里仁》(4.16)

子曰："君子喻^[15]于义，小人喻于利。"

---

[1] 过：有了过错。
[2] 惮：怕，畏惧。
[3] 敏：勤勉。
[4] 就：靠近，接近。有道：有才艺或有道德之人。正：匡正。
[5] 周：以道义来团结人。比：以利害来勾结人。
[6] 子张：孔子弟子颛（zhuān）孙师，字子张。干禄：求取为官的俸禄。
[7] 阙疑：对疑惑不解的东西不妄加评论。
[8] 尤：过失，错误。
[9] 阙殆：义同"阙疑"。
[10] 不处：此指不接受。
[11] 得之：应为"去之"。去，摆脱。
[12] 恶（wū）乎：怎么，怎样。
[13] 终食：吃完一顿饭的时间。违：离开，远离。
[14] "造次"两句：在仓卒匆忙之时也一定和仁同在，在颠沛流离之时也一定和仁同在。
[15] 喻：晓喻，懂得。

《里仁》(4.24)

子曰："君子欲讷[1]于言而敏于行。"

《雍也》(6.18)

子曰："质胜文则野[2]，文胜质则史[3]。文质彬彬[4]，然后君子。"

《雍也》(6.23)

子曰："知者乐水[5]，仁者乐山。知者动，仁者静。知者乐，仁者寿。"

《述而》(7.8)

子曰："不愤不启[6]，不悱[7]不发。举一隅不以三隅反[8]，则不复[9]也。"

《述而》(7.37)

子曰："君子坦荡荡，小人长戚戚[10]。"

《泰伯》(8.7)

曾子[11]曰："士不可以不弘毅[12]，任重而道远。仁以为己任，不亦重乎？死而后已[13]，不亦远乎？"

---

[1] 讷（nè）：谨慎迟钝。
[2] 质朴多于文采就不免粗野鄙俗。
[3] 史：文辞繁多，虚浮。
[4] 文质彬彬：文质兼备、配合适当的样子。
[5] 知（zhì）：同"智"。乐（yào）：喜好，喜爱。
[6] 愤：疑惑郁结于心而欲求解的心理状态。启：启发，与下句的"发"互文见义。
[7] 悱（fěi）：想说而说不出的心理状态。
[8] 举一个角而不能推知其余三个角。隅，角。
[9] 不复：不再（继续说了）。
[10] 长戚戚：经常局促忧愁。
[11] 曾子：孔子弟子曾参，字子舆。
[12] 弘毅：志向远大，意志坚强。
[13] 已：停止。

《颜渊》（12.1）

颜渊问仁。子曰："克己复礼[1]为仁。一日克己复礼，天下归仁[2]焉。为仁由己，而由人乎哉？"颜渊曰："请问其目[3]。"子曰："非礼勿视，非礼勿听，非礼勿言，非礼勿动。"颜渊曰："回虽不敏[4]，请事[5]斯语矣。"

《颜渊》（12.4）

司马牛问君子。子曰："君子不忧不惧。"曰："不忧不惧，斯谓之君子已乎？"子曰："内省不疚[6]，夫何忧何惧？"

《颜渊》（12.16）

子曰："君子成人之美，不成人之恶。小人反是[7]。"

《颜渊》（12.24）

曾子曰："君子以文[8]会友，以友辅[9]仁。"

《子路》（13.3）

子路[10]曰："卫君待子而为政，子将奚先[11]？"子曰："必也正名[12]乎！"子路曰："有是哉，子之迂也！奚其正？"子曰："野[13]哉，由也！君子于其所不知，盖阙如[14]也。名不正，则言不顺；言不顺，则事不成；事不成，则礼乐不兴；礼乐不兴，则刑罚不中[15]；刑罚不中，则民无所错手足[16]。

---

[1] 克己复礼：约束自我，使言行归复于先王之礼。
[2] 归仁："称仁"（毛奇龄说），称许你是位仁人。
[3] 目：条目，细则。
[4] 敏：聪慧。
[5] 事：从事，奉行。
[6] 不疚：问心无愧。疚，愧疚。
[7] 反是：与这样相反。是，这样。
[8] 文：文章，学问。
[9] 辅：辅助，此指培养。
[10] 子路：孔子弟子仲由，字子路。
[11] 您将先做什么。
[12] 正名：纠正名分上的用词不当。
[13] 野：粗野，没见识。
[14] 阙如：指存疑而不乱说。
[15] 不中（zhòng）：不得当。
[16] 民众就会手足无措，惶恐不安。错，同"措"，放置。

故君子名之必可言也，言之必可行也。君子于其言，无所苟^[1]而已矣。"

《子路》(13.23)

子曰："君子和而不同^[2]，小人同而不和。"

《宪问》(14.42)

子路问君子。子曰："修己以敬^[3]。"曰："如斯^[4]而已乎？"曰："修己以安^[5]人。"曰："如斯而已乎？"曰："修己以安百姓。修己以安百姓，尧舜其犹病诸^[6]？"

《卫灵公》(15.2)

在陈绝粮^[7]，从者病^[8]，莫能兴^[9]。子路愠见曰："君子亦有穷^[10]乎？"子曰："君子固^[11]穷，小人穷斯滥^[12]矣。"

《卫灵公》(15.19)

子曰："君子病^[13]无能焉，不病人之不己知^[14]也。"

《卫灵公》(15.20)

子曰："君子疾没世而名不称焉^[15]。"

---

[1] 苟：随便，马虎。
[2] 和谐而不求同一。
[3] 修养自己，心存诚敬。
[4] 斯：这，这样。
[5] 安：使安定、安乐。
[6] 尧舜大概也担心自己做不到吧！其，表推测语气。病，担忧，忧虑。诸，之乎。
[7] 孔子师徒一行人在陈国因被围困而断粮。
[8] 从者：跟从孔子的人们。病：因饥饿而病。
[9] 兴：起身。
[10] 穷：困厄，处于困境。
[11] 固：固守。
[12] 滥：越轨，此指无所不为，什么坏事都做。
[13] 病：担忧，忧虑。
[14] 不己知："不知己"的倒装，不了解自己。
[15] 疾：对……感到遗憾。没（mò）世：到死，终生。名不称：名声得不到称颂，一说指名与实不相称（chèn）。

《卫灵公》（15.21）

子曰："君子求诸己[1]，小人求诸人。"

《卫灵公》（15.23）

子曰："君子不以言举人[2]，不以人废言。"

《卫灵公》（15.32）

子曰："君子谋[3]道不谋食。耕也，馁在其中矣[4]；学也，禄在其中矣[5]。君子忧道不忧贫。"

《卫灵公》（15.36）

子曰："当[6]仁，不让于师[7]。"

《季氏》（16.7）

孔子曰："君子有三戒[8]：少之时，血气未定，戒之在色[9]；及其壮也，血气方刚，戒之在斗；及其老也，血气既衰，戒之在得[10]。"

《季氏》（16.9）

孔子曰："生而知之者上[11]也，学而知之者次也；困[12]而学之，又其次也；困而不学，民斯为下[13]矣。"

---

[1] 求：要求。诸：之于。
[2] 以：因为。举：推举，提拔。
[3] 谋：谋求，营求。
[4] 常常饿肚子。馁，饥饿。
[5] 朱熹《论语集注》："耕所以谋食，而未必得食。学所以谋道，而禄在其中。"禄（lù），俸禄，利禄。
[6] 当：面临。
[7] 让：谦让。师：老师。
[8] 戒：戒备，警惕。
[9] 色：女色。
[10] 得：贪得无厌。
[11] 上：上等。
[12] 困：遇到困难。
[13] 下：下等。

《子张》（19.9）

子夏[1]曰："君子有三变：望之俨然[2]，即[3]之也温，听其言也厉[4]。"

《子张》（19.21）

子贡曰："君子之过[5]也，如日月之食[6]焉：过也，人皆见之；更[7]也，人皆仰[8]之。"

人皆有不忍人之心

《孟子·公孙丑上》（节选）

孟子曰："人皆有不忍人[9]之心。先王有不忍人之心，斯有不忍人之政矣；以不忍人之心行不忍人之政，治天下可运[10]之掌上。所以谓人皆有不忍人之心者：今人乍见孺子[11]将入于井，皆有怵惕[12]恻隐之心；非所以内交[13]于孺子之父母也，非所以要誉于乡党朋友也[14]，非恶其声而然[15]也。由是观之，无恻隐之心，非人也；无羞恶之心，非人也；无辞让之心，非人也；无是非之心，非人也。恻隐之心，仁之端[16]也；羞恶之心，义之端也；辞让之心，礼之端也；是非之心，智之端也。人之有是四端也，犹其有四体[17]也。

---

[1] 孔子弟子卜商，字子夏。
[2] 俨然：庄严可畏的样子。
[3] 即：靠近，靠拢。
[4] 厉：严厉笃定。
[5] 过：过错，过失。
[6] 日月之食：日食、月食。
[7] 更：更改。
[8] 仰：仰望。
[9] 不忍人：指怜爱别人。忍人，狠心对待别人。
[10] 运：运转，转动。
[11] 孺子：幼儿，小孩儿。
[12] 怵（chù）惕：惊骇，恐惧。
[13] 内（nà）交：结交。内，同"纳"。
[14] 要（yāo）誉：博取名誉。要，求取。乡党：同乡。
[15] 不是因为厌恶小孩儿的哭声才这样。
[16] 端：发端，萌芽。
[17] 四体：四肢。

有是四端而自谓不能者，自贼[1]者也；谓其君不能者，贼其君者也。凡有四端于我者，知皆扩而充之矣，若火之始然[2]，泉之始达[3]。苟[4]能充之，足以保[5]四海；苟不充之，不足以事[6]父母。"

天命之谓性

《中庸》（节选）

天命之谓性[7]，率[8]性之谓道，修道之谓教[9]。道也者，不可须臾离也，可离非道也。是故君子戒慎乎其所不睹，恐惧乎其所不闻[10]。莫见[11]乎隐，莫显乎微，故君子慎其独[12]也。喜怒哀乐之未发，谓之中；发而皆中节[13]，谓之和。中也者，天下之大本也；和也者，天下之达道也。致[14]中和，天地位[15]焉，万物育焉。

---

[1]　贼：伤害。
[2]　然：同"燃"，燃烧。
[3]　达：此指泉水涌出。
[4]　苟：假如。
[5]　保：安定。
[6]　事：侍奉。
[7]　天命：人的先天禀赋。性：本性。
[8]　率：遵循，按照。
[9]　教：教化。
[10]　"是故"两句：君子在别人看不到的地方也是谨慎的，在别人听不见的地方也是戒惧的。朱熹《中庸章句》："道者，日用事物当行之理，皆性之德而具于心，无物不有，无时不然，所以不可须臾离也。若其可离，则为外物而非道矣。是以君子之心常存敬畏，虽不见闻，亦不敢忽，所以存天理之本然，而不使离于须臾之顷也。"
[11]　见（xiàn）：同"现"，显现，明显。
[12]　独：独处的时候，也指别人不知而自己独有的心思。
[13]　中（zhòng）节：符合自然的节度、标准。
[14]　致：达到。
[15]　位：处在正确的位置上。

《战国策》第八

苏秦始将连横

《战国策·秦策一》（节选）

苏秦始将连横说秦惠王曰[1]："大王之国，西有巴、蜀、汉中之利，北有胡貉、代马[2]之用，南有巫山、黔中[3]之限，东有郩、函[4]之固。田肥美，民殷富，战车万乘，奋击百万，沃野千里，蓄积饶多，地势形便，此所谓天府[5]，天下之雄国也。以大王之贤，士民之众，车骑之用，兵法之教，可以并诸侯，吞天下，称帝而治。愿大王少留意，臣请奏其效。"

秦王曰："寡人闻之，毛羽不丰满者不可以高飞，文章不成者不可以诛罚[6]，道德不厚者不可以使[7]民，政教不顺者不可以烦[8]大臣。今先生俨然[9]不远千里而庭教之，愿以异日[10]。"……

说秦王书十上而说不行。黑貂之裘敝，黄金百斤尽，资用[11]乏绝，去秦而归。羸縢履屩[12]，负书担囊[13]，形容枯槁，面目犁[14]黑，状有愧色。归至家，妻不下纴[15]，嫂不为炊。父母不与言。苏秦喟然叹曰："妻不以我为夫，

---

[1] 苏秦：洛阳人，战国时期"纵横家"的代表人物。将：以，用。按：关于"合纵"与"连横"，朱自清先生在《经典常谈·〈战国策〉第八》中说："这时候的游说之士，有的劝六国联合起来抗秦，有的劝六国联合起来亲秦。前一派叫'合纵'，是联合南北各国的意思，后一派叫'连横'，是联合东西各国的意思——只有秦是西方的国家。合纵派的代表是苏秦，连横派的是张仪，他们可以代表所有的战国游说之士。"
[2] 胡貉（hé）、代马：貉，一种野兽，毛皮可作裘。代，代郡。
[3] 黔（qián）中：战国时楚地。
[4] 郩（xiáo）：殽山。函：函谷关。
[5] 天府：物产丰饶得像天然的府库。
[6] 法令制度不完备的，不能够实施刑罚。
[7] 使：使用，派遣。
[8] 烦：烦劳。
[9] 俨然：认真严肃，郑重其事。
[10] 希望在日后再聆听教诲。按：此为推托之辞。
[11] 资用：生活费用。
[12] 腿上打着绑腿，脚上穿着草鞋。羸，同"累"，缠绕。縢（téng），绑腿。屩（juē），草鞋。
[13] 囊：有底的口袋。
[14] 犁：黑。
[15] 纴（rèn）：织布帛的丝缕，此指织布机。

嫂不以我为叔[1]，父母不以我为子，是皆秦之罪也。"乃夜发[2]书，陈箧[3]数十，得太公《阴符》[4]之谋，伏而诵之，简练[5]以为揣摩。读书欲睡，引锥自刺其股[6]，血流至足。曰："安有说人主不能出其金玉锦绣，取卿相之尊者乎？"期年[7]，揣摩成，曰："此真可以说当世之君矣！"

于是乃摩燕乌集阙[8]，见说赵王于华屋之下。抵[9]掌而谈。赵王大悦，封为武安君，受相印。革车[10]百乘，锦绣千纯[11]，白璧百双，黄金万镒[12]，以随其后，约从散横[13]，以抑强秦。故苏秦相于赵而关不通[14]。

当此之时，天下之大，万民之众，王侯之威，谋臣之权，皆欲决苏秦之策。不费斗粮，未烦一兵，未战一士，未绝一弦，未折一矢[15]，诸侯相亲，贤于[16]兄弟。夫贤人任而天下服，一人用而天下从。故曰：式[17]于政，不式于勇；式于廊庙[18]之内，不式于四境之外。当秦之隆，黄金万镒为用，转毂连骑[19]，炫熿[20]于道，山东之国[21]，从风而服，使赵大重[22]。且夫苏秦特穷巷掘

---

[1] 叔：丈夫的弟弟，小叔子。
[2] 发：此指取出。
[3] 陈：摆开。箧（qiè），箱子。
[4] 太公《阴符》：即太公兵法。太公，指辅佐周文王的吕尚（姜尚）。
[5] 简练：选择最精炼的部分。
[6] 股：大腿。
[7] 期（jī）年：周年。
[8] 摩：接近，到。燕乌集阙：赵都宫室前的楼台名。
[9] 抵（zhǐ）：击。
[10] 革车：兵车。
[11] 纯（tún）：量词，匹。
[12] 镒：古代重量单位，二十四两为一镒。
[13] 相约合纵，离散连横。从，同"纵"。
[14] 关不通：指秦国不敢出兵函谷关。
[15] 矢（shǐ）：箭。
[16] 贤于：超过。
[17] 式：用，依赖。
[18] 廊庙：朝廷、宗庙。
[19] 车马成队。毂（gǔ），车轮中心的部件。
[20] 炫熿（huáng）：光耀显赫。熿，同"煌"。
[21] 山东之国：指秦之外的六国。
[22] 重：尊。

门[1]、桑户桊枢[2]之士耳，伏轼撙衔[3]，横历[4]天下，庭说[5]诸侯之王，杜[6]左右之口，天下莫之伉[7]。

将说楚王，路过洛阳。父母闻之，清宫除道[8]，张乐设饮，郊迎三十里。妻侧目[9]而视，倾耳而听。嫂蛇行匍伏，四拜自跪而谢。苏秦曰："嫂，何前倨[10]而后卑也？"嫂曰："以季子[11]位尊而多金。"苏秦曰："嗟乎！贫穷则父母不子[12]，富贵则亲戚畏惧。人生世上，势位富厚，盖[13]可以忽乎哉！"

冯煖[14]客孟尝君

《战国策·齐策四》(节选)

齐人有冯煖者，贫乏不能自存[15]，使人属孟尝君[16]，愿寄食门下。孟尝君曰："客何好[17]？"曰："客无好也。"曰："客何能？"曰："客无能也。"孟尝君笑而受之曰："诺。"

左右以君贱之也，食以草具[18]。居有顷[19]，倚柱弹其剑，歌曰："长铗归

---

[1] 特：只，不过。穷巷掘门：指住土洞那样简陋的房子。掘：同"窟"。门：应作"穴"。
[2] 桑户桊（quān）枢：指住用桑条编的门、用树枝做门枢那样简陋的房子。
[3] 扶着高车的横木，节制着马的奔驰。伏轼，扶着车上的横木。撙（zǔn）衔，控制马勒，使马就范。
[4] 横历：奔走。横，遍。
[5] 庭说：在朝堂上劝说。
[6] 杜：堵塞。
[7] 伉：同"抗"。
[8] 打扫房间，清扫道路。
[9] 侧目：不敢正眼看，表示畏惧。
[10] 倨（jù）：傲慢。
[11] 季子：苏秦字季子。
[12] 不子：不认亲子。
[13] 盖：同"盍（hé）"，何。
[14] 冯煖（xuān）：人名，《史记·孟尝君列传》作"冯驩（huān）"。
[15] 存：养活。
[16] 属：同"嘱"，请托，请求。孟尝君：田氏，名文，战国时期齐国贵族，以广纳门客而名闻天下。
[17] 好（hào）：喜好，爱好。
[18] 食（sì）以草具：拿粗陋的食物给冯煖吃。草，粗陋。具，食器。
[19] 居：处，待。有顷：不久。

来乎[1]！食无鱼。"左右以告。孟尝君曰："食之，比门下之[鱼][2]客。"居有顷，复弹其铗，歌曰："长铗归来乎！出无车。"左右皆笑之，以告。孟尝君曰："为之驾，比门下之车客。"于是乘其车，揭[3]其剑，过[4]其友曰："孟尝君客我[5]。"后有顷，复弹其剑铗，歌曰："长铗归来乎！无以为家[6]。"左右皆恶之，以为贪而不知足。孟尝君问："冯公有亲乎？"对曰："有老母。"孟尝君使人给其食用，无使乏。于是冯煖不复歌。

后孟尝君出记[7]，问门下诸客："谁习计会[8]，能为文收责于薛者乎[9]？"冯煖署[10]曰："能。"孟尝君怪之，曰："此谁也？"左右曰："乃歌夫'长铗归来'者也。"孟尝君笑曰："客果有能也，吾负之，未尝见也。"请而见之，谢[11]曰："文倦于事，愦[12]于忧，而性忄㤥愚[13]，沉于国家之事，开罪[14]于先生。先生不羞[15]，乃有意欲为收责于薛乎？"冯煖曰："愿之。"于是约车治装[16]，载券契[17]而行。辞曰："责毕[18]收，以何市而反[19]？"孟尝君曰："视吾家所寡有者。"

驱而之[20]薛，使吏召诸民当偿者[21]，悉[22]来合券。券遍合赴，矫命[23]以

---

[1] 长铗：长剑。归来：即"归"，回去。来，语助词，无实义。
[2] 据文意，此句应补"鱼"字。按：本别册中此类形式均为补字。
[3] 揭：高举。
[4] 过：拜访。
[5] 客我：把我尊为上客。客，作动词用。
[6] 为家：养家。
[7] 出记：拿出账簿。
[8] 计会（kuài）：即"会计"。
[9] 能替我到薛地去收债吗？文，孟尝君田文自称。责，同"债"。薛，薛地，孟尝君的封邑。
[10] 署：签，写。
[11] 谢：道歉。
[12] 愦：昏聩，昏乱。
[13] 忄㤥（nuò）愚：懦弱愚蠢。忄㤥，"懦"的异体字。
[14] 开罪：得罪。
[15] 不羞：不以此为耻辱，意思同"承蒙您不介意"。
[16] 约车治装：准备车马，整理行装。
[17] 券契：即债券，契约。按：古代债券分为两半，各有齿，双方各执其一，齿合为凭证，故下文有"合券"之语。
[18] 毕：全，尽。
[19] 市：购买。反：同"返"，返回。
[20] 之：到，至。
[21] 派遣官吏召集来那些应该还债的人。
[22] 悉：都。
[23] 矫命：假托命令。

责赐诸民，因[1]烧其券。民称万岁。

长驱到齐，晨而求见。孟尝君怪其疾也[2]，衣冠而见之，曰："责毕收乎？来何疾也？"曰："收毕矣。""以何市而反？"冯煖曰："君云'视吾家所寡有者'。臣窃计，君宫中积珍宝，狗马实外厩[3]，美人充下陈[4]，君家所寡有者以[5]义耳！窃以为君市义。"孟尝君曰："市义奈何？"曰："今君有区区[6]之薛，不拊[7]爱子其民，因而贾利之[8]。臣窃[9]矫君命，以责赐诸民，因烧其券，民称万岁。乃臣所以为君市义也[10]！"孟尝君不说[11]，曰："诺，先生休矣[12]！"

后期年，齐王谓孟尝君曰："寡人不敢以先王之臣为臣[13]。"孟尝君就国[14]于薛。未至百里，民扶老携幼，迎［孟尝］君道中，终日。孟尝君顾[15]谓冯煖［曰］："先生所为文市'义'者，乃今日见之。"

冯煖曰："狡兔有三窟，仅得免其死耳。今有一窟，未得高枕而卧也，请为君复凿二窟。"孟尝君予车五十乘，金五百斤，西游于梁。谓梁王[16]曰："齐放[17]其大臣孟尝君于诸侯，先迎之者，富而兵强。"于是，梁王虚[18]上位，以故相为上将军，遣使者，黄金千斤，车百乘[19]，往聘孟尝君。冯煖先驱诫孟尝君曰："千金，重币[20]也；百乘，显使也。齐其[21]闻之矣。"梁使三

---

［1］因：于是。
［2］怪：对……感到奇怪。疾：快，速度快。
［3］外厩：宫外的马舍。
［4］下陈：堂下，地位比较低的婢妾站立之处。
［5］以：相当于"唯"。
［6］区区：小。
［7］拊：同"抚"，爱护。
［8］因而：而，却。贾（gǔ）利：像商人那样求利。
［9］窃：私下里，谦辞。
［10］这就是我用来为您买义的方式。
［11］说：同"悦"。
［12］休矣：相当于"算了吧"。
［13］寡人：齐闵王自称。先王：指齐宣王。按：此为齐闵王罢免孟尝君相位的借口。
［14］就国：前往封邑。
［15］顾：回头。
［16］梁王：应指魏惠王，因迁都大梁，魏国又被称为梁国，故魏惠王也称梁惠王。
［17］放：放逐。
［18］虚：使……空出来。
［19］乘（shèng）：辆。按：古代以一车四马为一乘。
［20］币：聘礼，礼物。
［21］其：大概，表推测的语气词。

反[1]，孟尝君固辞[2]不往也。

　　齐王闻之，君臣恐惧，遣太傅赍[3]黄金千斤，文车二驷[4]，服剑[5]一，封书[6]谢孟尝君曰："寡人不祥[7]，被于宗庙之祟[8]，沉于谄谀之臣[9]，开罪于君，寡人不足为[10]也。愿君顾先王之宗庙，姑反国统万人乎[11]！"冯煖诚孟尝君曰："愿[12]请先王之祭器，立宗庙于薛。"庙成，还报孟尝君曰："三窟已就[13]，君姑[14]高枕为乐矣！"

　　孟尝君为相数十年，无纤介[15]之祸者，冯煖之计也。

---

[1]　反：同"返"。
[2]　固辞：坚决推辞。
[3]　太傅：官职名。赍（jī）：持物以赠人。
[4]　文车：绘制有花纹的高级车子。驷：即"乘"。按：古以四马一车为一驷，即一乘。
[5]　服剑：配剑。
[6]　封书：写信，古代书信用封泥加印，故曰"封书"。
[7]　祥：善。
[8]　受到祖先神灵降下的灾祸。祟（suì），灾祸。
[9]　沉于：醉心于，此指"听信"。谄谀（yú）之臣：佞言陷害别人的奸臣。
[10]　不足为：即"不足谓"，不算什么。
[11]　姑：姑且。统：治理。
[12]　愿：希望。
[13]　就：完成。
[14]　姑：且，就。
[15]　纤（xiān）介：微小。

《史记》《汉书》第九

荆轲刺秦王

《史记·刺客列传》(节选)

秦王谓轲曰[1]:"取舞阳[2]所持地图。"轲既取图奏之秦王,发[3]图,图穷而匕首见[4]。因左手把秦王之袖,而右手持匕首揕[5]之。未至身,秦王惊,自引而起,袖绝[6]。拔剑,剑长。操其室[7]。时惶急,剑坚,故不可立拔。荆轲逐秦王,秦王环柱而走[8]。群臣皆愕,卒起不意[9],尽失其度。而秦法,群臣侍殿上者不得持尺寸之兵[10];诸郎中执兵皆陈殿下,非有诏召不得上。方急时,不及召下兵,以故荆轲乃逐秦王。而卒惶急,无以击轲,而以手共搏之。是时侍医夏无且以其所奉药囊提荆轲也[11]。秦王方环柱走,卒惶急,不知所为,左右乃曰:"王负剑[12]!"负剑,遂拔以击荆轲,断其左股[13]。荆轲废,乃引其匕首以擿[14]秦王,不中,中铜柱。秦王复击轲,轲被[15]八创。轲自知事不就,倚柱而笑,箕踞[16]以骂曰:"事所以不成者,以欲以生劫之,必得约契以报太子也[17]。"于是左右既前杀轲,秦王不怡者良久。

---

[1] 秦王:即后来的秦始皇嬴政。轲:荆轲,燕太子丹派到秦国的刺客。
[2] 舞阳:秦舞阳,荆轲的副手。
[3] 发:打开。
[4] 见(xiàn):显露,出现。
[5] 揕(zhèn):刺。
[6] 绝:断。
[7] 室:指剑鞘。
[8] 走:跑。
[9] 突然发生紧急状况,不在意料之中。卒(cù),通"猝",突然。
[10] 兵:兵器。
[11] 夏无且:人名,医官。提:掷,打。
[12] 负剑:指把配剑转到后腰方向。按:秦王为抵挡荆轲的刺杀,惶急之下他的配剑已经移位,只有把配剑复位,即回转到后腰的方位,即"负剑",他才能顺利从左肩上方把剑抽出。
[13] 股:大腿。
[14] 擿:同"掷",投掷。
[15] 被:受。
[16] 箕踞:两脚张开、两膝微曲地坐着,形状像簸箕。此为傲慢不敬之坐法,表示轻慢傲视对方。
[17] 我本想得到契约来回报燕太子丹。

鸿门宴

《史记·项羽本纪》(节选)

沛公旦日从百余骑来见项王[1]，至鸿门[2]，谢[3]曰："臣与将军戮力[4]而攻秦，将军战河北，臣战河南，然不自意[5]能先入关破秦，得复见将军于此。今者有小人之言，令将军与臣有郤[6]。"项王曰："此沛公左司马[7]曹无伤言之。不然，籍何以至此？"项王即日因留沛公与饮。项王、项伯东向坐[8]；亚父[9]南向坐，——亚父者，范增也；沛公北向坐；张良[10]西向侍。范增数目[11]项王，举所佩玉玦[12]以示之者三，项王默然不应。范增起，出，召项庄[13]，谓曰："君王为人不忍。若入前为寿[14]，寿毕，请以剑舞，因击沛公于坐[15]，杀之。不者[16]，若属皆且为所虏[17]！"庄则入为寿。寿毕，曰："君王与沛公饮，军中无以为乐，请以剑舞。"项王曰："诺[18]。"项庄拔剑起舞。项伯亦拔剑起舞，常以身翼蔽[19]沛公，庄不得击。

---

[1] 沛公：刘邦，即后来的汉高祖。按：刘邦本名刘季，于沛县起兵反秦，故称"沛公"。旦日：第二天清早。从，使跟从，带领。项王：项氏，名籍，字羽，秦末起义军领袖，后自封"西楚霸王"，故称"项王"。

[2] 鸿门：地名，在今陕西省西安临潼区东。

[3] 谢：道歉。

[4] 戮（lù）力：合力。

[5] 不自意：自己没料到。

[6] 郤（xì）：嫌隙，隔阂。

[7] 左司马：主管军中法纪的官职，当时设为左、右二人。

[8] 项伯：项羽叔父。按：鸿门宴前夜，项伯到过刘邦军营，提议刘邦次日来向项羽谢罪。东向：向东。

[9] 亚父：项羽对范增的尊称。范增是项羽的主要谋士。亚父，犹言仲父。

[10] 张良：字子房，原为韩国贵族，后为刘邦的重要谋臣，与萧何、韩信并称"汉初三杰"。按：此时张良还是韩王的部下。

[11] 数（shuò）目：多次使眼色。

[12] 玉玦：环形而有缺口的佩玉。按："玦"与"决"同音，范增以此提示项羽下决心，当即杀掉刘邦。

[13] 项庄：项羽的堂弟。

[14] 若：你。为寿：敬酒以祝福健康长寿。

[15] 因：趁机。坐：同"座"。

[16] 不（fǒu）者：不这样。不，同"否"。

[17] 你们都将被俘虏。若属，你们这些人。且，将。

[18] 诺：好，是，表应允之辞。

[19] 翼蔽：遮护。

于是张良至军门见樊哙[1]。樊哙曰："今日之事何如？"良曰："甚急！今者项庄拔剑舞，其意常在沛公也。"哙曰："此迫[2]矣！臣请入，与之同命。"哙即带剑拥盾入军门。交戟之卫士欲止不内[3]。樊哙侧其盾以撞，卫士仆[4]地。哙遂入，披帷[5]西向立，瞋目[6]视项王，头发上指，目眦[7]尽裂。项王按剑而跽[8]曰："客何为者？"张良曰："沛公之参乘[9]樊哙者也。"项王曰："壮士！赐之卮[10]酒。"则与斗卮酒。哙拜谢，起，立而饮之。项王曰："赐之彘肩[11]。"则与一生彘肩。樊哙覆[12]其盾于地，加彘肩上，拔剑切而啖[13]之。项王曰："壮士！能复饮乎？"樊哙曰："臣死且不避，卮酒安足辞！夫秦王有虎狼之心，杀人如不能举[14]，刑人如恐不胜[15]，天下皆叛之。怀王与诸将约曰：'先破秦入咸阳者王之。'[16]今沛公先破秦入咸阳[17]，毫毛不敢有所近，封闭宫室，还军霸上[18]，以待大王来。故遣将守关者，备他盗出入与非常也[19]。劳苦而功高如此，未有封侯之赏，而听细说[20]，欲诛有功之人，此亡秦之续耳。窃为大王不取也！"项王未有以应，曰："坐。"樊哙从良坐。坐须臾，沛公起如厕[21]，因招樊哙出。

---

[1] 樊哙（kuài）：刘邦手下著名猛将，刘邦妻妹夫，后封舞阳侯。
[2] 迫：紧迫。
[3] 交戟：交叉举戟。内（nà）：同"纳"，使进入，放入。
[4] 仆（pū）：倒下。
[5] 披帷：掀开帷帐。
[6] 瞋（chēn）目：发怒而瞪大眼睛。
[7] 目眦（zì）：眼眶。
[8] 跽（jì）：两膝着地，上身挺直。
[9] 参乘（cān shèng）：即"骖乘"，也称"陪乘""车右"，古时站在车右侧陪乘或担任警卫的人。
[10] 卮（zhī）：酒杯。
[11] 彘（zhì）肩：猪的前腿根部。彘，猪。
[12] 覆：翻转。
[13] 啖（dàn）：吃。
[14] 举：全，尽。
[15] 胜：完，尽。
[16] 怀王，指楚怀王熊心，是项梁、项羽叔侄找来的傀儡，后为项羽所杀。楚怀王曾经和诸路将领约定，谁先进入咸阳就封其为关中王。
[17] 咸阳：秦朝都城。
[18] 霸上：地名，即灞水之西的白鹿原，在今陕西省西安市东。
[19] "故遣"两句：派遣将领把守函谷关的原因，是防备其他盗贼进入和意外事件。
[20] 细说：小人的谗言。
[21] 如厕：上厕所。

沛公已出，项王使都尉陈平[1]召沛公。沛公曰："今者出，未辞[2]也，为之奈何[3]？"樊哙曰："大行不顾细谨，大礼不辞小让[4]。如今人方为刀俎[5]，我为鱼肉，何辞为？"于是遂去。乃令张良留谢。良问曰："大王来何操？"曰："我持白璧一双，欲献项王，玉斗一双，欲与亚父。会[6]其怒，不敢献。公为我献之。"张良曰："谨诺。"当是时，项王军在鸿门下，沛公军在霸上，相去[7]四十里。沛公则置[8]车骑，脱身独骑，与樊哙、夏侯婴、靳强、纪信等四人持剑盾步走，从郦山下，道芷阳间行[9]。沛公谓张良曰："从此道至吾军，不过二十里耳。度[10]我至军中，公乃入。"

沛公已去，间至军中。张良入谢，曰："沛公不胜杯杓[11]，不能辞。谨使臣良奉白璧一双，再拜献大王足下，玉斗一双，再拜奉大将军[12]足下。"项王曰："沛公安在？"良曰："闻大王有意督过[13]之，脱身独去，已至军矣。"项王则受璧，置之坐上。亚父受玉斗，置之地，拔剑撞而破之，曰："唉！竖子[14]不足与谋！夺项王天下者必沛公也。吾属[15]今为之虏矣！"

沛公至军，立诛杀曹无伤。

---

[1] 陈平：后来刘邦的重要谋臣，此时还在项羽手下任职。
[2] 辞：告辞，辞行。
[3] 该怎么办？
[4] "大行"两句：办大事不必理会细枝末节，行大礼不用回避小的责备。辞，拒绝，害怕。让，责备。
[5] 方：正。刀俎（zǔ）：刀和切东西用的砧板。
[6] 会：逢，赶上。
[7] 去：距离。
[8] 置：放弃，留下。
[9] 道：取道。间（jiàn）行：秘密地走。
[10] 度（duó）：揣度，猜测。
[11] 不胜杯杓（sháo）：犹言"不胜酒力，喝多了"。杯杓，酒器，借指饮酒。
[12] 大将军：指范增。
[13] 督过：责备，怪罪。
[14] 竖子：骂人之语，犹言"小子"。
[15] 吾属：我们。

项羽之死

《史记·项羽本纪》(节选)

项王军壁[1]垓下,兵少食尽,汉军及诸侯兵围之数重[2]。夜闻汉军四面皆楚歌,项王乃大惊曰:"汉皆已得楚乎?是何楚人之多也!"项王则夜起,饮帐中。有美人名虞,常幸[3]从;骏马名骓,常骑之。于是项王乃悲歌忼慨,自为诗曰:"力拔山兮气盖世,时不利兮骓不逝。骓不逝兮可奈何,虞兮虞兮奈若何!"歌数阕[4],美人和[5]之。项王泣数行下,左右皆泣,莫能仰视。……

项王乃复引兵而东,至东城,乃[6]有二十八骑。汉骑追者数千人。项王自度[7]不得脱。谓其骑曰:"吾起兵至今八岁[8]矣,身七十余战,所当者破,所击者服,未尝败北,遂霸有天下。然今卒困于此,此天之亡我,非战之罪也。今日固决死,愿为诸君快战,必三胜之,为诸君溃围,斩将,刈[9]旗,令诸君知天亡我,非战之罪也。"乃分其骑以为四队,四向。汉军围之数重。项王谓其骑曰:"吾为公取彼一将。"令四面骑驰下,期山东为三处[10]。于是项王大呼驰下,汉军皆披靡[11],遂斩汉一将。是时,赤泉侯[12]为骑将,追项王,项王瞋目而叱[13]之,赤泉侯人马俱惊,辟易数里[14]。与其骑会为三处。汉军不知项王所在,乃分军为三,复围之。项王乃驰,复斩汉一都尉,杀数十百人,复聚其骑,亡其两骑耳。乃谓其骑曰:"何如?"骑皆伏[15]曰:"如大王言。"

---

[1] 军:驻军。壁:壁垒,此用为动词,筑壁垒。
[2] 汉军:刘邦的军队。诸侯兵:韩信等诸侯王的军队。
[3] 幸:受到帝王宠爱。
[4] 数阕(què):多遍。
[5] 和(hè):唱和。
[6] 乃:只。
[7] 度(duó):忖度,考虑。
[8] 岁:年。
[9] 刈(yì):砍断。
[10] 约定突围后在山东面三个地点集合。期,约定。
[11] 披靡(mǐ):溃败、逃散。
[12] 赤泉侯:杨喜,刘邦的部将。
[13] 叱(chì):怒吼。
[14] 辟(bì)易:退避,避开。辟,同"避"。易,指挪动了地方。
[15] 伏:同"服",敬服,佩服。

于是项王乃欲东渡乌江。乌江亭长权船[1]待，谓项王曰："江东虽小，地方千里，众数十万人，亦足王[2]也。愿大王急渡。今独臣有船，汉军至，无以渡。"项王笑曰："天之亡我，我何渡为！且籍与江东子弟八千人渡江而西，今无一人还，纵江东父兄怜而王我，我何面目见之？纵彼不言，籍独不愧于心乎！"乃谓亭长曰："吾知公长者[3]。吾骑此马五岁，所当无敌，尝一日行千里，不忍杀之，以赐公。"乃令骑皆下马步行，持短兵接战。独籍所杀汉军数百人。项王身亦被十余创。顾见汉骑司马吕马童[4]，曰："若[5]非吾故人乎？"马童面之[6]，指王翳[7]曰："此项王也。"项王乃曰："吾闻汉购我头千金，邑[8]万户，吾为若德[9]。"乃自刎而死。

《游侠列传》

《史记·游侠列传》（节选）

鲁[10]朱家者，与高祖同时。鲁人皆以儒教[11]，而朱家用侠闻。所藏活[12]豪士以百数，其余庸人不可胜言。然终不伐[13]其能，歆[14]其德，诸所尝施，唯恐见之[15]。振人不赡[16]，先从贫贱始。家无余财，衣不完采[17]，食不重味[18]，乘

---

[1] 亭长：主管一亭治安等事务的小吏。按：秦时十里为一亭。权（yǐ）船：拢船靠岸。
[2] 王（wàng）：称王，成为一个王国。
[3] 长者：德高望重之人。
[4] 骑司马：骑兵中主管法纪的官职。吕马童：人名。
[5] 若：你。
[6] 面之：正面相对。
[7] 王翳（yì）：人名，汉军将领。
[8] 邑：封赏领地。
[9] 我为你做点好事，即给你提供获赏的机会。
[10] 鲁：鲁地。
[11] 以儒教：用儒家思想教育人。
[12] 活：救活。
[13] 伐：夸耀。
[14] 歆（xīn）：欣喜，沾沾自喜。
[15] "诸所"两句：朱家对那些曾给予过恩惠的人，唯恐再见到他们。
[16] 振：通"赈"，赈济，救助。赡（shàn）：足，富足。
[17] 衣服破旧。完采，完整的花纹。
[18] 重（chóng）味：两道以上的菜品。

不过轺牛[1]。专趋人之急，甚已之私[2]。既阴脱季布将军之厄[3]，及布尊贵，终身不见也。自关[4]以东，莫不延颈愿交焉[5]。

苏武牧羊

《汉书·李广苏建传》（节选）

武益愈[6]，单于使使晓[7]武。会论虞常[8]，欲因[9]此时降武。剑斩虞常已[10]，律[11]曰："汉使张胜谋杀单于近臣，当死，单于募降者赦罪。"举剑欲击之，胜请降。律谓武曰："副有罪，当相坐[12]。"武曰："本无谋，又非亲属，何谓相坐？"复举剑拟[13]之，武不动。律曰："苏君，律前负汉归匈奴，幸蒙大恩，赐号称王，拥众数万，马畜弥山，富贵如此。苏君今日降，明日复然[14]。空以身膏草野[15]，谁复知之！"武不应。律曰："君因[16]我降，与君为兄弟，今不听吾计，后虽欲复见我，尚可得乎？"武骂律曰："女[17]为人臣子，不顾恩义，畔[18]主背亲，为降虏于蛮夷，何以女为见[19]？且单于信女，

---

[1] 轺（qú）牛：指小牛驾的车子。
[2] "专趋"两句：把救助别人的危急看得比处理自己的私事还重要。
[3] 阴脱：暗中解脱。季布：原为项羽部将，汉朝建立后曾被刘邦悬赏捕拿。朱家将季布藏匿，并说动刘邦，使其获免。
[4] 关：函谷关。
[5] 延颈：伸长脖子，表示渴望。交：结交。
[6] 苏武渐渐痊愈。按：苏武，字子卿，汉武帝派其领队出使匈奴，因同行的副使张胜参与劫持匈奴贵族事发，苏武受到牵连，遭扣押，遂"引佩刀自刺"。
[7] 晓：使知晓，通知。
[8] 会论：会同判罪。虞常：已投降匈奴的原汉朝将领，此次劫持匈奴贵族事变的发起人之一。
[9] 因：趁，趁机。
[10] 已：之后。
[11] 律：卫律。已投降匈奴的原汉朝使者，此时已成单于的亲信。
[12] 相坐：相连坐治罪。按：古时一人犯罪，有关的人连同治罪，叫"相坐"或"连坐"。
[13] 拟：比画，杀。
[14] 然：这样。
[15] 白白地拿身体给荒野做肥料，即抛尸荒野。膏（gào），滋润。
[16] 因：通过。
[17] 女（rǔ）：你。
[18] 畔：同"叛"。
[19] 即"何以见汝为"：要见你干什么？为，句末疑问语气词。

使决人死生，不平心持正，反欲斗[1]两主，观祸败。……若[2]知我不降明，欲令两国相攻，匈奴之祸从我始矣[3]。"

律知武终不可胁[4]，白单于。单于愈益欲降[5]之，乃幽[6]武置大窖中，绝不饮食[7]。天雨雪[8]，武卧啮[9]雪与旃[10]毛并咽之，数日不死，匈奴以为神，乃徙武北海[11]上无人处，使牧羝[12]，羝乳[13]乃得归。别其官属常惠等[14]，各置他所。武既至海上，廪食[15]不至，掘野鼠去[16]中实而食之。杖汉节[17]牧羊，卧起操持，节旄[18]尽落。积五六年，单于弟於靬王弋射[19]海上。武能网纺缴[20]，檠弓弩[21]，於靬王爱之，给其衣食。三岁余，王病，赐武马畜服匿穹庐[22]。王死后，人众徙去。其冬，丁令[23]盗武牛羊，武复穷厄[24]。

初，武与李陵俱为侍中[25]，武使匈奴明年[26]，陵降，不敢求[27]武。久之，

---

[1] 斗：使……争斗。
[2] 若：你。
[3] "匈奴"两句：匈奴的灾难，就要从杀我苏武开始了。
[4] 胁：胁迫。
[5] 降：招降。
[6] 幽：幽禁，囚禁。
[7] 断绝供应，不给苏武吃喝。
[8] 雨（yù）雪：下雪。雨，下，动词。
[9] 啮（niè）：咬，嚼。
[10] 旃（zhān）：同"毡"，一种毛织物。
[11] 北海：今贝加尔湖一带。
[12] 羝（dī）：公羊。
[13] 乳：生崽。
[14] 别：分开，离析。常惠：与苏武一同出使匈奴的汉朝使者。
[15] 廪食：官府供给的粮食，此指匈奴提供的粮食。
[16] 去（jǔ）：同"弆"，收藏。
[17] 汉节：汉朝的旄节。
[18] 节旄：旄节上的牦尾。
[19] 於靬（wū jiān）王：单于的弟弟。弋（yì）射：用绳系在箭上射猎。
[20] 网纺缴（zhuó）：结网和纺制系在箭尾上的丝绳。按：一说"网"前应有"结"字。
[21] 檠（qíng）弓弩：矫正弓弩。
[22] 服匿：盛酒酪的器皿。穹庐：圆顶帐篷。
[23] 丁令（líng）：即丁灵，匈奴的一支。按：卫律被封为丁令王，盗苏武牛羊应是他所指使。
[24] 穷厄：困顿。
[25] 李陵：字少卿，汉代名将"飞将军"李广之孙。天汉二年（前99），兵败投降匈奴。侍中：官职名。
[26] 使：出使。明年：第二年。
[27] 求：访求，探看。

单于使陵至海上，为武置酒设乐，因谓武曰："单于闻陵与子卿素厚[1]，故使陵来说足下，虚心欲相待[2]。终不得归汉，空自苦亡[3]人之地，信义安所见乎[4]？前长君为奉车[5]，从至雍棫阳宫[6]，扶辇下除[7]，触柱折辕，劾[8]大不敬，伏剑自刎，赐钱二百万以葬。孺卿从祠河东后土[9]，宦骑与黄门驸马争船，推堕驸马河中溺死，宦骑亡，诏使孺卿逐捕不得，惶恐饮药而死。来时，大夫人已不幸[10]，陵送葬至阳陵。子卿妇[11]年少，闻已更嫁[12]矣。独有女弟[13]二人，两女一男，今复十余年，存亡不可知。人生如朝露，何久自苦如此！陵始降时，忽忽[14]如狂，自痛负汉[15]，加以老母系保宫[16]，子卿不欲降，何以过陵？且陛下春秋高[17]，法令亡[18]常，大臣亡罪夷灭[19]者数十家，安危不可知，子卿尚复谁为乎？愿听陵计，勿复有云[20]。"武曰："武父子亡功德，皆为陛下所成就[21]，位列将[22]，爵通侯[23]，兄弟亲近[24]，常愿肝脑涂地。今得杀身自效[25]，虽蒙斧钺汤镬[26]，诚甘乐之。臣事君，犹子事父也，子为父死亡所恨。愿勿复再言。"

---

[1] 素厚：平素一向交情深厚。
[2] 一心向往，想以礼相待。
[3] 亡：无，没有。
[4] 你对汉朝的信义又能在哪里体现呢？见（xiàn），出现。
[5] 长君：指苏武的长兄苏嘉。奉车：奉车都尉，皇帝的侍从官。
[6] 雍：雍县，在今陕西省宝鸡市凤翔区南。棫（yù）阳宫：宫殿名。
[7] 辇：辇车。除：宫殿的台阶。
[8] 劾（hé）：判罪。
[9] 孺卿：苏贤字孺卿，苏武之弟。祠：祭祀。河东后土：河东郡的地神。
[10] 大夫人：即"太夫人"，指苏武的母亲。不幸：对去世的委婉说法。
[11] 子卿妇：指苏武的妻子。
[12] 更（gēng）嫁：改嫁。
[13] 女弟：妹妹。
[14] 忽忽：精神恍惚。
[15] 负汉：对不起汉朝。
[16] 系保宫：关押在保宫。保宫，汉代囚禁犯罪大臣及家属的处所。
[17] 春秋高：年龄大了。
[18] 亡：无，没有。下句"大臣亡罪"中"亡"同此。
[19] 夷灭：诛灭，全家被杀。
[20] 不要再说什么了。
[21] 成就：提拔，栽培。
[22] 列将：一般将军的总称。
[23] 通侯：爵位名。按：通侯原称"彻侯"，为避汉武帝刘彻讳改。
[24] 兄弟三人都是皇帝的亲近之臣。
[25] 效：贡献，献出。
[26] 汤镬（huò）：煮着沸水的大锅，古代常用作刑具。

陵与武饮数日，复曰："子卿壹[1]听陵言。"武曰："自分[2]已死久矣！王必欲降武，请毕今日之欢，效死于前[3]！"陵见其至诚，喟然叹曰："嗟乎，义士！陵与卫律之罪上通于天[4]。"因泣下沾衿，与武决[5]去。

陵恶[6]自赐武，使其妻赐武牛羊数十头。后陵复至北海上，语[7]武："区脱捕得云中生口[8]，言太守以下吏民皆白服，曰上崩[9]。"武闻之，南乡[10]号哭，欧[11]血，且夕临[12]。

数月，昭帝[13]即位。数年，匈奴与汉和亲[14]。汉求武等，匈奴诡言[15]武死。后汉使复至匈奴，常惠请其守者[16]与俱，得夜见汉使，具自陈道。教使者谓单于，言天子射上林[17]中，得雁，足有系帛书，言武等在某泽中。使者大喜，如惠语以让[18]单于。单于视左右而惊，谢[19]汉使曰："武等实在。"于是李陵置酒贺武曰："今足下还归，扬名于匈奴，功显于汉室，虽古竹帛所载[20]，丹青[21]所画，何以过子卿！陵虽驽怯[22]，令汉且贳[23]陵罪，全其老母，

---

[1] 壹：一定。
[2] 分（fèn）：料想，断定。
[3] （让我）在你面前死去。
[4] 上通于天：指罪行严重。
[5] 决：诀别。
[6] 恶（wù）：惭愧。
[7] 语（yù）：告诉。
[8] 匈奴士兵抓到了汉朝云中郡的俘虏。区脱，匈奴边境的瞭望所。生口，俘虏。
[9] 上崩：皇帝死去。
[10] 乡（xiàng）：同"向"。
[11] 欧（ǒu）：呕吐。
[12] 临：指哭吊死者。
[13] 昭帝：汉昭帝刘弗陵，汉武帝少子。
[14] 和亲：中原王朝与外族或外国的一种政治联姻。
[15] 诡（guǐ）言：假言。
[16] 守者：看守的人。
[17] 上林：即上林苑，皇帝游猎的场所。
[18] 让：责备。
[19] 谢：道歉。
[20] 载：记载。
[21] 丹青：代指图画，此指圣贤功臣的画像。
[22] 驽怯：无能怯懦。
[23] 令：假使。贳（shì）：宽赦。

使得奋大辱之积志[1]，庶几乎曹柯之盟[2]，此陵宿昔[3]之所不忘也。收族[4]陵家，为世大戮[5]，陵尚复何顾乎[6]？已矣[7]！令子卿知吾心耳。异域之人，壹别长绝[8]！陵起舞，歌曰："径万里兮度沙幕[9]，为君将兮奋匈奴。路穷绝兮矢刃摧[10]，士众灭兮名已隤[11]。老母已死，虽欲报恩将安归！"陵泣下数行，因与武决。单于召会[12]武官属，前以降及物故[13]，凡随武还者九人[14]。

武以元始（始元）六年[15]春至京师。诏武奉一大牢谒[16]武帝园庙，拜为典属国[17]，秩[18]中二千石，赐钱二百万，公田二顷，宅一区[19]。常惠、徐圣、赵终根皆拜为中郎，赐帛各二百匹。其余六人老归家，赐钱人十万，复终身[20]。常惠后至右将军，封列侯，自有传[21]。武留匈奴凡十九岁，始以强壮出，及还，须发尽白。

[1] 积志：夙愿。
[2] 庶几乎：或许，大概可以。曹柯之盟，春秋时期鲁将曹沫在柯邑劫持齐桓公，逼迫其答应返还侵占的土地。李陵用此典，意在表明自己未尝没有戴罪立功的夙愿。
[3] 宿昔：即"夙夕"，早晚。
[4] 收族：收监灭族。
[5] 戮：侮辱，羞辱。
[6] 顾：顾念。
[7] 算了吧。已，止，停。
[8] 长绝：永别。
[9] 径：经过。幕：同"漠"，沙漠。
[10] 摧：折断，毁坏。
[11] 隤（tuí）：败坏。
[12] 召会：召集会见。
[13] 以降：已经投降。以，同"已"。物故：死亡。
[14] 凡：总共。按：十九年前初至匈奴时，苏武使团一行有百余人。
[15] 以：在。元始（始元）六年：公元前81年。
[16] 大牢：即"太牢"，古代帝王贵族祭祀的最高规格，牛、羊、猪三牲各一。谒（yè）：拜谒。
[17] 典属国：官名，负责管理归附的各属国事务。
[18] 秩（zhì）：官员的俸禄。
[19] 区：处，所。
[20] 终生免除赋税徭役。
[21]《汉书·卷七十》有《常惠传》。

诸子第十

《老子》五章

第一章

道可道[1]，非常[2]道；名可名，非常名。无，名天地之始；有，名万物之母。故常无，欲以观其妙；常有，欲以观其徼[3]。此两者[4]，同出而异名，同谓之玄[5]。玄之又玄，众妙之门。

第十一章

三十辐共一毂，当其无，有车之用[6]。埏埴[7]以为器，当其无，有器之用。凿户牖[8]以为室，当其无，有室之用。故有之以为利，无之以为用[9]。

第十六章

致虚极[10]，守静笃。万物并作，吾以观复[11]。夫物芸芸，各归其根。归根曰"静"，静曰"复命"复命曰"常"，知常曰"明"。不知"常"，妄作凶。知"常"容[12]，容乃公，公乃全[13]，全乃天[14]，天乃道，道乃久，没身不殆[15]。"

---

[1] 前一个"道"：名词，大道。后一个"道"，动词，说出，言说。
[2] 常：原作"恒"，永恒，因避汉文帝讳而改作"常"。
[3] "常无"四句：经常从无形象之处认识大道的精妙，经常从有形象之处认识万物的终极。徼（jiào），边界，此指终极。
[4] 两者：指有形和无形。
[5] 玄：深黑色，有深远、神秘等意思。
[6] "三十辐"三句：三十根辐条集中到一个车毂上，有了车毂中间的空洞，才有了车子的作用。毂（gǔ），车轮的中心部位，周围与辐条的一端相接，中间的圆孔用来插车轴。
[7] 埏埴（shān zhí）：和泥（制作陶器）。
[8] 户牖（yǒu）：门窗。
[9] "故有"两句："有"（车子、器皿、屋室）供人方便利用，正是"无"起了作用。
[10] 使心灵虚寂。
[11] 复：往复循环。
[12] 容：包容。
[13] 王：称王，担当首领。
[14] 天：符合自然天道。
[15] 没（mò）身：终生。殆：遭遇凶险。

第五十七章

以正治国，以奇[1]用兵，以无事取天下。吾何以知其然哉？以此：天下多忌讳而民弥[2]贫；人多利器[3]，国家滋昏；人多伎巧，奇物滋起；法令滋彰[4]，盗贼多有。故圣人云："我无为而民自化[5]，我好静而民自正，我无事而民自富，我无欲而民自朴[6]。"

第八十章

小国寡民。使有什伯之器[7]而不用，使民重死而不远徙[8]。虽有舟舆[9]，无所乘之；虽有甲兵，无所陈[10]之。使民复结绳[11]而用之。甘[12]其食，美其服，安其居，乐其俗。邻国[13]相望，鸡犬之声相闻，民至老死，不相往来。

《庄子》五则

《秋水》（节选一）

秋水时[14]至，百川灌河[15]。泾流[16]之大，两涘渚[17]崖之间，不辩[18]牛马。于是焉河伯[19]欣然自喜，以天下之美为尽在己。顺流而东行，至于北海，

---

[1] 奇：不寻常，奇招。
[2] 弥：越，更加。下文"滋"与"弥"义同。
[3] 利器：锋利的武器。
[4] 彰：明，明白。
[5] 自化：自然归顺。
[6] 朴：淳朴。
[7] 什伯之器：十倍百倍于人工的器具。
[8] 徙：迁徙，搬家。
[9] 舆（yú）：车子。
[10] 陈（zhèn）：同"阵"，列阵。
[11] 结绳：结绳记事，原始人没有发明文字时的记事之法。
[12] 甘：认为……是甜的，意动用法。下文"美""安""乐"用法均同此。
[13] 邻国：毗邻的国家。
[14] 时：按时，及时。
[15] 川：河流。灌：流入。河：黄河。
[16] 泾（jīng）流：直涌的水流。
[17] 涘（sì）：河岸。渚（zhǔ）：水中的小块陆地。
[18] 辩：同"辨"，分辨。
[19] 河伯：黄河之神。

东面而视，不见水端[1]。于是焉河伯始旋[2]其面目，望洋向若[3]而叹曰："野语[4]有之，曰'闻道百，以为莫己若[5]者。'我之谓也。且夫我尝闻少仲尼之闻而轻伯夷之义者[6]，始吾弗信。今我睹子之难穷也[7]，吾非至于子之门则殆[8]矣，吾长见笑于大方之家[9]。"

北海若曰："井蛙不可以语[10]于海者，拘于虚也[11]；夏虫[12]不可以语于冰者，笃于时[13]也；曲士[14]不可以语于道者，束于教[15]也。今尔出于崖涘[16]，观于大海，乃知尔丑[17]，尔将可与语大理[18]矣。天下之水，莫大于海，万川归之，不知何时止而不盈[19]，尾闾[20]泄之，不知何时已而不虚[21]；春秋不变，水旱不知。此其过[22]江河之流，不可为量数。而吾未尝以此自多[23]者，自以比[24]形于天地，而受气于阴阳，吾在天地之间，犹小石小木之在大山也。方[25]存乎见小，又奚以自多！计四海之在天地之间也，不似礨[26]空之在大泽

---

[1] 端：边际。
[2] 旋：改变。
[3] 望洋：连绵词，远视的样子。若：即北海若，海神。
[4] 野语：俗语。
[5] 莫己若：没有人比得上自己，"莫若己"的倒装。
[6] 少：以……为少，贬低。仲尼，孔子字仲尼，以博学著称。伯夷，商朝孤竹君之子，以节义著称，他先辞让君位，后不食周粟，饿死在首阳山。
[7] 子：您。穷：尽。
[8] 殆：危险。
[9] 长：长久地。见：表被动。大方之家：指得大道的人。
[10] 语（yù）：谈及，谈论。
[11] 拘：拘限，束缚。按：下文"笃""束"含义与"拘"同。虚：同"墟"，指所居之处。
[12] 夏虫：夏生夏死的昆虫。
[13] 时：时间。
[14] 曲士：见识浅陋之士。
[15] 教：指接受的俗学、俗教。
[16] 崖涘：代指黄河。
[17] 丑：此指浅陋。
[18] 大理：大道。
[19] 盈：满。
[20] 尾闾（lǘ）：指大海的排水处。
[21] 已：停止。虚：指水尽。
[22] 过：超过。
[23] 自多：自满。
[24] 自以：自己认识到。比：同"庇"，寄托。
[25] 方：正。
[26] 礨（lěi）空：石块的小孔穴。

乎？计中国之在海内，不似稊米之在大仓乎[1]？号物之数谓之万，人处一焉。人卒[2]九州，谷食之所生[3]，舟车之所通[4]，人处一焉。此其比万物也，不似豪末[5]之在于马体乎？五帝之所连[6]，三王[7]之所争，仁人之所忧，任士[8]之所劳，尽此矣！伯夷辞之[9]以为名，仲尼语之以为博，此其自多也，不似尔向[10]之自多于水乎？"

《秋水》(节选二)

庄子钓于濮水[11]。楚王使大夫二人往先[12]焉，曰："愿以境内累矣[13]！"庄子持竿不顾[14]，曰："吾闻楚有神龟，死已三千岁矣，王巾笥[15]而藏之庙堂之上。此龟者，宁[16]其死为留骨而贵乎？宁[17]其生而曳尾于涂[18]中乎？"二大夫曰："宁生而曳尾涂中。"庄子曰："往矣[19]！吾将曳尾于涂中。"

《秋水》(节选三)

惠子相梁[20]，庄子往见之。或[21]谓惠子曰："庄子来，欲代子相。"于是

---

[1] 稊（tí）：一种形似稗的野草，果实像小米。大（tài）仓：大谷仓。大，同"太"。
[2] 卒（cuì）：同"萃"，聚集。
[3] 所生：生长的地方。
[4] 所通：通行的地方。
[5] 豪末：毫毛的末端，形容微不足道。豪，同"毫"。
[6] 五帝：五位帝王，指黄帝、颛顼、帝喾、唐尧、虞舜。所连：指五帝所连续禅让的对象，即"天下"。
[7] 三王：指夏、商、周三代的帝王。
[8] 任士：以救世为己任之士。
[9] 辞之：指辞让君位。
[10] 向：刚才。
[11] 濮水：水名。
[12] 先：事先致意，指先去表明楚王的诚意。
[13] 希望把楚国境内的事务交托给您。累（lèi），烦劳，托付。
[14] 顾：回头。
[15] 巾：用来覆盖贵重器物的罩布，此用作动词，用巾覆盖。笥（sì）：竹箱，此用作动词，用竹箱装。
[16] 宁：宁肯。
[17] 宁：还是。
[18] 曳（yè）：拖着。涂：泥，泥巴。
[19] （你们）走吧！
[20] 惠子：即惠施。相梁：做梁国（魏国）的相。
[21] 或：有人。

惠子恐，搜[1]于国中三日三夜。庄子往见之，曰："南方有鸟，其名为鹓鶵[2]，子知之乎？夫鹓鶵发于南海而飞于北海，非梧桐不止[3]，非练实[4]不食，非醴泉[5]不饮。于是鸱得腐鼠，鹓鶵过之，仰而视之曰：'吓[6]！'今子欲以子之梁国而吓我邪？"

《秋水》（节选四）

庄子与惠子游于濠[7]梁之上。庄子曰："鯈[8]鱼出游从容，是鱼之乐也。"惠子曰："子非鱼，安知鱼之乐？"庄子曰："子非我，安知我不知鱼之乐？"惠子曰："我非子，固[9]不知子矣；子固非鱼也，子之不知鱼之乐，全矣！"庄子曰："请循其本[10]。子曰'汝安知鱼乐'云者，既已知吾知之而问我，我知之濠上也[11]。"

《齐物论》（节选）

民湿寝则腰疾偏死[12]，鳅然乎哉[13]？木处则惴慄恂惧[14]，猨猴然乎哉？三者孰知正处[15]？民食刍豢[16]，麋鹿食荐[17]，蝍蛆甘带[18]，鸱鸦耆[19]鼠，四者

---

[1] 搜：搜捕。
[2] 鹓鶵（yuān chú）：神话传说中与鸾凤同类的鸟。
[3] 止：止息，栖息。
[4] 练实：竹子开花后结的果实，也称"竹米"。
[5] 醴（lǐ）泉：甘美如醴的泉水。醴，甜酒。
[6] 吓（hè）：怒斥声。
[7] 濠（háo）：水名，在今安徽凤阳。
[8] 鯈（tiáo）：一种白色小鱼。
[9] 固：固然，本来。
[10] 循：顺循，追溯。本：始，指争辩的开始。
[11] 濠上：濠水边上。按："安"字有两个常用义项，一是"怎么"，二是"哪里"。庄子诡辩，把惠子"汝安知鱼乐"中"安"字原本的"怎么"之义偷换为了"哪里"，即：你问我在哪里知道鱼快乐的，这就表明你已经知道鱼快乐才问我的，我是在濠水边上知道的。
[12] 偏死：半身枯死，半身不遂。
[13] 泥鳅是这样的吗？然，这样，代词。
[14] 人站在树上会惊恐战栗。恂（xún），恐惧。
[15] 人、泥鳅、猴子，谁的居处是真正安适的？
[16] 刍豢（chú huàn）：家畜。吃草者为刍，吃粮者为豢。
[17] 荐：美草。
[18] 蝍蛆（jí jū）：蜈蚣。甘带：喜欢吃蛇。带，蛇。
[19] 鸱（chī）：一种猛禽，鹞鹰。耆（shì）：同"嗜"。

孰知正味？猨猵狙以为雌[1]，麋与鹿交，鳅与鱼游。毛嫱丽姬[2]，人之所美也；鱼见之深入，鸟见之高飞，麋鹿见之决骤[3]，四者孰知天下之正色哉？自我观之，仁义之端[4]，是非之涂[5]，樊然淆乱[6]，吾恶能知其辩[7]！"

《墨子·兼爱》（节选）

天下之人皆不相爱，强必执[8]弱，富必侮贫，贵必敖[9]贱，诈必欺愚。凡天下祸篡怨恨，其所以起者，以不相爱生也，是以仁者非[10]之。

既以非之，何以易[11]之？子墨子言曰：以兼相爱、交相利之法易之。然则兼相爱、交相利之法将奈何哉？子墨子言：视人之国若视其国，视人之家若视其家，视人之身若视其身。是故诸侯相爱则不野战[12]，家主相爱则不相篡[13]，人与人相爱则不相贼[14]，君臣相爱则惠忠，父子相爱则慈孝，兄弟相爱则和调。天下之人皆相爱，强不执弱，众不劫寡，富不侮贫，贵不敖贱，诈不欺愚。凡天下祸篡怨恨可使毋起者，以相爱生也，是以仁者誉之。

然而今天下之士君子曰："然[15]，乃若兼[16]则善矣。虽然[17]，天下之难物于故[18]也。"子墨子言曰：天下之士君子，特不识其利，辩其故[19]也。今若夫攻城野战，杀身为名，此天下百姓之所皆难也，苟君说[20]之，则士众能为

---

[1] 雄猵狙（biān jū）喜欢与雌猿交配。猵狙，一种猿猴。
[2] 毛嫱、丽姬：都是古代美女名。一说"丽姬"即"西施"。
[3] 决骤：疾驰。
[4] 端：头绪，条理。
[5] 涂：同"途"，途径。
[6] 纷然杂乱。
[7] 恶（wū）：怎么。辩：同"辨"，区别。
[8] 执：掌握，控制。
[9] 敖（ào）：同"傲"，轻视。
[10] 非：否定，批判。
[11] 易：变，改变。
[12] 野战：在野外打仗。
[13] 篡：用不正当的手段夺取（权力）。
[14] 贼：害，伤害。
[15] 然：是的，对的。
[16] 兼：指普遍的、无差别的互爱。
[17] 虽然：虽然如此。
[18] 于（yū）故：迂阔难以实行的事情。于，同"迂"。
[19] 特：只是。故：缘故，原因。
[20] 说：同"悦"。

之。况于兼相爱、交相利，则与此异。夫爱人者，人必从而爱之；利人者，人必从而利之；恶[1]人者，人必从而恶之；害人者，人必从而害之。此何难之有！特上弗以为政，士不以为行故也。

昔者晋文公好士之恶[2]衣，故文公之臣皆牂羊[3]之裘，韦以带剑[4]，练帛[5]之冠，入以见于君，出以践于朝[6]。是其故何也？君说之，故臣为之也。昔者楚灵王好士细要[7]，故灵王之臣皆以一饭为节[8]，胁息然后带[9]，扶墙然后起，比期年，朝有黧[10]黑之色。是其故何也？君说之，故臣能之也。昔越王句践[11]好士之勇，教驯其臣，和合之[12]焚舟失火，试其士曰："越国之宝尽在此！"越王亲自鼓其士而进之。士闻鼓音，破碎[13]乱行，蹈火而死者左右百人有余。越王击金而退之。是故子墨子言曰：乃若夫少食恶衣，杀身而为名，此天下百姓之所皆难也。若苟[14]君说之，则众能为之。况兼相爱、交相利，与此异矣。夫爱人者，人亦从而爱之；利人者，人亦从而利之；恶人者，人亦从而恶之；害人者，人亦从而害之。此何难之有焉，特上不以为政，而士不以为行故也。

《韩非子》五则

《韩非子·说林上》（节选一）

曾从子，善相[15]剑者也。卫君怨吴王。曾从子曰："吴王好剑，臣相剑

---

[1] 恶（wù）：厌恶。
[2] 恶（è）：坏，不好。此指朴素而非华丽的。
[3] 牂（zāng）羊：母羊。
[4] 用简单的皮革做栓挂佩剑的材料。韦，熟牛皮，加工后的皮革。
[5] 练帛：无花纹的丝帛。
[6] 践：踏，行走。朝：朝廷，朝堂。
[7] 要（yāo）：同"腰"。
[8] 节：节度，规律。
[9] 胁息：屏住呼吸。带：扎上腰带。
[10] 黧（lí）：人饥瘦时发黑的脸色。
[11] 句（gōu）践：指"勾践"。
[12] 和合之：当作"私令人"。
[13] 碎：同"萃"，聚集，此指行列。
[14] 若苟：如果。
[15] 相：省视，察看，此指鉴别。

者也。臣请为吴王相剑，拔而示之，因为[1]君刺之。"卫君曰："子之为是也，非缘义也，为利也。吴强而富，卫弱而贫。子必往，吾恐子为吴王用之于我也。"乃逐之。

《韩非子·说林上》(节选二)

杨子过于宋东之逆旅[2]。有妾二人，其恶[3]者贵，美者贱。杨子问其故。逆旅之父[4]答曰："美者自美[5]，吾不知其美也；恶者自恶，吾不知其恶也。"杨子谓弟子曰："行贤而去自贤之心[6]，焉往而不美[7]？"

《韩非子·难势》(节选)

飞龙乘云，腾蛇游雾，云罢雾霁[8]，而龙蛇与蚓蚁同矣，则失其所乘也。贤人而诎于不肖者[9]，则权轻位卑也；不肖而能服于贤者，则权重位尊也。尧为匹夫，不能治三人；而桀为天子，能乱天下：吾以此知势位之足恃而贤智之不足慕也。

《韩非子·八说》(节选)

古人亟[10]于德，中世逐于智，当今争于力。古者寡事而备简，朴陋而不尽，故有珧铫而推车者[11]。古者人寡而相亲，物多而轻利易让，故有揖让[12]而传天下者。然则行揖让，高慈惠，而道仁厚，皆推政也[13]。处多事之时，用寡事之器，非智者之备也；当大争之世，而循揖让之轨，非圣人之治也。故智者不乘推车，圣人不行推政也。

---

[1] 因：趁机。为：帮助。
[2] 逆旅：旅店。
[3] 恶(è)：丑陋。
[4] 父(fǔ)：古代对男子的美称。
[5] 自美：自认为很美。
[6] 做贤德的事而去掉自以为贤德的念头。
[7] 焉往：到哪里。美：受到赞美。
[8] 霁(jì)：雨雪后天晴，这里引申为雾消散。
[9] 诎(qū)：屈服，折服。不肖者：无德无才之人。
[10] 亟(jí)：急速，赶快，此引申指竞争，与下文"逐""争"义同。
[11] 珧铫(yáo yáo)：用蚌壳制作的原始工具。珧，蚌壳。铫，耘苗的农具。推(zhuī)车：一种原始的车，车轮用整块木料做成。推，同"椎"。一说"推车"即手推的简陋车子。
[12] 揖让：让位于贤者，相对于武力征伐而言。
[13] 推政：指像推车一样简单、原始的统治方法。

《韩非子·显学》（节选）

　　夫圣人之治国，不恃人之为吾善也[1]，而用其不得为非[2]也。恃人之为吾善也，境内不什数[3]；用人不得为非，一国可使齐。为治者用众而舍寡，故不务德而务法。夫必恃自直之箭，百世无矢[4]；恃自圜[5]之木，千世无轮矣。自直之箭，自圜之木，百世无有一，然而世皆乘车射禽者何也？隐栝[6]之道用也。虽有不恃隐栝而有自直之箭、自圜之木，良工弗[7]贵也。何则？乘者非一人，射者非一发也。不恃赏罚而恃自善之民，明主弗贵也。何则？国法不可失，而所治非一人也。故有术之君，不随适然[8]之善，而行必然之道。

白马非马

《公孙龙子·迹府》（节选）

　　白马为非马者：言白所以名色[9]，言马所以名形也；色非[10]形，形非色也。夫言色则形不当与[11]，言形则色不宜从；今合以为物[12]，非[13]也。如求白马于厩[14]中，无有，而有骊色[15]之马；然不可以应[16]有白马也。不可以应有白马，则所求之马亡[17]矣；亡则白马竟非[18]马。

---

[1] 恃（shì）：依赖，仰仗。为吾善：自我完善，自觉地做好事。
[2] 为非：做坏事。
[3] 什（shí）数：用十来数，指这样的人很少。什，数词，十。
[4] 矢：箭。按：竹制为箭，木制为矢。
[5] 圜：同"圆"。
[6] 隐栝（kuò）：矫正竹木的工具。
[7] 弗：不。
[8] 适然：偶然。
[9] 所以名色：用来称说颜色的。名，命名，称说。
[10] 非：不是。
[11] 与：参与其中。
[12] 合以为物：把颜色和形体混同为一回事。合，同，引申为混同。
[13] 非：不对，不正确。
[14] 厩：马舍。
[15] 骊（lí）色：黑色。
[16] 应：答应，此引申为"说"。
[17] 亡：无，没有。
[18] 非：不等同。按：将"白马非马"表述为"白马不等同于马"，符合逻辑；但若表述为"白马不是马"，则是诡辩。

辞赋第十一

屈原《九章·橘颂》

后皇嘉树[1]，橘徕服兮[2]。受命不迁[3]，生南国兮。深固难徙，更壹志[4]兮。绿叶素荣[5]，纷其可喜兮。曾枝剡棘[6]，圆果抟[7]兮。青黄杂糅[8]，文章烂兮[9]。精色内白[10]，类可任兮。纷缊宜脩[11]，姱[12]而不丑兮。嗟尔幼志[13]，有以异兮。独立不迁，岂不可喜兮？深固难徙，廓其无求兮[14]。苏世独立[15]，横而不流兮[16]。闭心自慎，不终失过兮。秉德[17]无私，参[18]天地兮。愿岁并谢[19]，与长友兮。淑离不淫[20]，梗其有理兮[21]。年岁虽少，可师长兮。行[22]比伯夷，置以为像兮[23]。

---

[1] 后皇：后土、皇天，即地和天。嘉：美好。
[2] 徕：同"来"。服：习惯。
[3] 受命：秉受自然之命，即禀性。迁：迁徙，移植。
[4] 壹志：专一的抱负。
[5] 素荣：白色的花。
[6] 曾（céng）：同"层"。剡（yǎn）：尖利。棘：刺。
[7] 抟（tuán）：捏聚成团，此指橘树果实圆团团。
[8] 杂糅（róu）：混杂在一起。
[9] 文章：文采，此指橘子的颜色。烂：绚烂。
[10] 精色：指鲜明的外皮颜色。内白：内瓤白净。
[11] 纷缊（wēn）：茂盛的样子。宜脩（xiū）：修饰合宜，指形貌美好。
[12] 姱（kuā）：美好。
[13] 嗟：感叹词。幼志：幼年的志向。
[14] 廓：指心胸开阔。无求：无所欲求。
[15] 清醒地独立于世间。苏，醒。
[16] 横：横绝，此指特立独行。不流：不随波逐流。
[17] 秉德：保持好品德。
[18] 参（sān）：指与天地相配，合而成三。
[19] 并：似应作"不"。谢：辞去，此指岁月流逝。
[20] 淑离：善良美丽。离，同"丽"。不淫：不惑。
[21] 梗：正直，此指橘树枝干。理：指木头的纹理。
[22] 行：品行。
[23] 置：同"植"。像：榜样。

屈原《离骚》（节选）

　　帝高阳之苗裔兮[1]，朕皇考曰伯庸[2]。摄提贞于孟陬兮[3]，惟庚寅吾以降[4]。皇览揆余初度兮[5]，肇锡[6]余以嘉名。名余曰正则兮，字余曰灵均。

　　纷吾既有此内美兮[7]，又重之以修能[8]。扈江离与辟芷兮[9]，纫[10]秋兰以为佩。汩[11]余若将不及兮，恐年岁之不吾与[12]。朝搴阰[13]之木兰兮，夕揽洲之宿莽[14]。日月忽其不淹[15]兮，春与秋其代序[16]。惟[17]草木之零落兮，恐美人之迟暮[18]。不抚壮[19]而弃秽兮，何不改此度[20]？乘骐骥以驰骋兮，来吾道[21]夫先路！

---

[1]　高阳：传说中的古代帝王颛顼（zhuān xū）的别号。苗裔（yì）：后代。
[2]　朕：我。按：秦朝以前无论贵贱之人，均可用"朕"来指称自己，秦朝以后则成为帝王自称的专用词。皇：大。考：对已逝父亲的尊称。
[3]　正当寅年的寅月寅日。摄提："摄提格"的简称，指寅年。贞，当，正当。孟，开端。陬（zōu），正月的别名。按：正月是一年的开端，故称"孟陬"。
[4]　庚寅：干支纪日法的庚寅日这一天。降：降生。
[5]　皇："皇考"的简称。揆（kuí）：测度，衡量。初度：刚降生时的情况。
[6]　肇：开始。锡（cì）：同"赐"。
[7]　纷：多。内美：美好的内在品质，内在之美。
[8]　重（chóng）：加上。修能：美好的容态。
[9]　扈（hù）：披在身上。江离：一种香草。辟芷（zhǐ）：生于幽僻之处的白芷。
[10]　纫（rèn）：连缀，连接。
[11]　汩（yù）：水流迅疾的样子。这里用以比喻时间过得飞快。
[12]　不吾与："不与吾"的倒装，不等待我。
[13]　搴（qiān）：拔取。阰（pí）：土坡。
[14]　揽：采摘。宿莽：香草名。
[15]　淹：久留，停留。
[16]　春去秋来，以次相代。代，更。序，次。
[17]　惟：思。
[18]　迟暮：指年老。
[19]　抚壮：把握壮年。
[20]　此度：指上句所言"不抚壮而弃秽"的态度。
[21]　道：引导。一作"导"。

屈原《九歌·山鬼》

若有人兮山之阿[1]，被薜荔兮带女罗[2]。既含睇[3]兮又宜笑，子慕予[4]兮善窈窕。乘赤豹兮从文狸[5]，辛夷车兮结桂旗[6]。被石兰兮带杜衡[7]，折芳馨兮遗[8]所思。余处幽篁[9]兮终不见天，路险难兮独后来。表独立[10]兮山之上，云容容[11]兮而在下。杳冥冥兮羌昼晦[12]，东风飘兮神灵雨。留灵修兮憺[13]忘归，岁既晏兮孰华予[14]。采三秀[15]兮于山间，石磊磊兮葛蔓蔓[16]。怨公子兮怅忘归，君思我兮不得闲。山中人兮芳杜若[17]，饮石泉兮荫松柏。君思我兮然疑作[18]。雷填填[19]兮雨冥冥，猿啾啾兮又夜鸣。风飒飒兮木萧萧，思公子兮徒离忧[20]。

屈原《九章·涉江》

余幼好此奇服兮，年既老而不衰。带长铗之陆离[21]兮，冠切云之崔嵬[22]。

---

[1] 人：指山鬼。按：山鬼应为巫山女神。山之阿（ē）：山坳深处。
[2] 被（pī）：同“披”。薜荔（bìlì）：一种植物。女罗：一种植物。罗，一作“萝”。
[3] 含睇（dì）：含情而视。
[4] 子：指山鬼。予：迎神的男巫自称。
[5] 赤豹：红毛黑纹的豹子。文狸（lí）：有花纹的狸。
[6] 辛夷车：用辛夷木做的车。结：编结，扎起。桂旗：用桂枝做的旗。
[7] 石兰、杜衡：都是香草名。
[8] 遗（wèi）：送给。
[9] 幽篁（huáng）：幽深的竹林。
[10] 表独立：卓然特立。表，独立突出的样子。
[11] 容容：变化不定的样子。
[12] 杳冥冥：幽深昏暗。羌：语助词。晦：昏暗。
[13] 灵修：神灵，此指山鬼。憺（dàn）：安定。
[14] 年纪老了之后，谁还能使我像花一样绽放呢？晏，晚。华，即“花”，开花。
[15] 三秀：芝草的别称。
[16] 磊磊：乱石堆积的样子。葛：葛草。蔓蔓：连接不断的样子。
[17] 山中人：山鬼自称。芳杜若：芳香如杜若。杜若，香草名。
[18] 疑：怀疑。作：起，产生。
[19] 雷（léi）：一作“雷”。填填：雷声。
[20] 离忧：陷于忧愁之中。离，同“罹”，遭受。
[21] 陆离：长的样子。
[22] 切云：冠名。切，切近，靠近。崔嵬（wéi）：高耸的样子。

被明月兮佩宝璐[1]。世溷浊而莫余知[2]兮，吾方[3]高驰而不顾。驾青虬兮骖白螭[4]，吾与重华游兮瑶之圃[5]。登昆仑兮食玉英[6]，与天地兮同寿，与日月兮齐光。哀南夷[7]之莫吾知兮，旦余济[8]乎江湘。乘鄂渚[9]而反顾兮，欸秋冬之绪风[10]。步余马兮山皋，邸余车兮方林[11]。乘舲船余上沅兮[12]，齐吴榜以击汰[13]。船容与[14]而不进兮，淹回水而疑[15]滞。朝发枉陼[16]兮，夕宿辰阳[17]。苟[18]余心其端直兮，虽僻远之何伤。

　　入溆浦余僮佪兮[19]，迷不知吾所如[20]。深林杳以冥冥兮，猿狖[21]之所居。山峻高以蔽日兮，下幽晦以多雨。霰[22]雪纷其无垠兮，云霏霏而承宇[23]。哀吾生之无乐兮，幽独处乎山中。吾不能变心而从俗兮，固将愁苦而终穷。接舆髡首[24]兮，桑扈臝行[25]。忠不必用兮，贤不必以[26]。伍子逢殃兮[27]，比干菹

---

[1] 明月：珍珠名。宝璐：美玉名。
[2] 溷：混乱。莫余知："莫知余"的倒装。知，了解。
[3] 方：将，将要。
[4] 虬（qiú）：有角的龙。螭（chī）：无角的龙。
[5] 重华：舜的名。瑶之圃：产美玉的园圃，传说中天帝居住的地方。
[6] 玉英：玉的精华，指非人间的最精美的食品。
[7] 南夷：南方人。夷，古代对中原以外民族的蔑称。
[8] 济：渡。
[9] 乘：登。鄂渚：地名。
[10] 欸（āi）：叹息。绪风：余风。
[11] 邸（dǐ）：停。方林：地名。
[12] 舲（líng）船：有窗户的船。上沅（yuán）：逆沅水而上。
[13] 齐：同时齐举。吴榜：大桨。汰：水波。
[14] 容与：犹豫迟缓的样子。
[15] 淹：停留。回水：回旋的水。疑（yí）：停止。
[16] 枉陼（zhǔ）：地名。
[17] 辰阳：地名。
[18] 苟：诚，确实。
[19] 溆（xù）浦：水名。僮佪（chán huái）：低佪，徘徊。
[20] 如：到，往。
[21] 狖（yòu）：猿猴的一种。
[22] 霰（xiàn）：小冰粒。
[23] 承宇：与屋檐相连接。
[24] 接舆：春秋时楚国的隐士。髡（kūn）首：剃发，古代的一种刑罚。朱熹《楚辞集注》说接舆"被发佯狂，后乃自髡"。
[25] 桑扈（hù）：古代隐士。臝（luǒ）行：裸行（以表示愤世嫉俗）。
[26] 以：用。
[27] 伍子：伍员，字子胥，忠心辅佐吴王的大臣，屡建功勋。逢殃：指伍子胥劝谏吴王，反而被逼自杀。

醢[1]。与[2]前此而皆然兮，吾又何怨乎今之人！

余将董道而不豫兮[3]，固将重昏[4]而终身！乱曰：鸾鸟凤皇，日以远兮。燕雀乌鹊，巢堂坛[5]兮。露申辛夷[6]，死林薄[7]兮。腥臊并御[8]，芳不得薄[9]兮。阴阳易位，时不当兮。怀信侘傺[10]，忽[11]乎吾将行兮！

屈原《渔父》

屈原既放[12]，游于江潭，行吟泽畔，颜色憔悴，形容[13]枯槁。渔父[14]见而问之曰："子非三闾大夫与[15]？何故至于斯？"

屈原曰："举世皆浊我独清，众人皆醉我独醒，是以见[16]放。"渔父曰："圣人不凝滞于物[17]，而能与世推移[18]。世人皆浊，何不淈[19]其泥而扬其波？众人皆醉，何不餔其糟而歠其醨[20]？何故深思高举[21]，自令放为[22]？"

屈原曰："吾闻之：新沐者必弹冠[23]，新浴者必振衣[24]。安能以身之察

---

[1] 比干：商纣王时贤臣。菹醢（zū hǎi）：将人剁成肉酱的一种酷刑。
[2] 与（jǔ）：同"举"，全。
[3] 董道：正道，正道而行。豫：犹豫。
[4] 重昏：接连遭受忧患。
[5] 巢：筑巢。坛：楚地称中庭为坛。
[6] 露申：瑞香花。辛夷：香木名，也称"木笔"。
[7] 林薄：草木杂生的地方。
[8] 御：进用。
[9] 薄：靠近。
[10] 怀信：抱着忠诚的信念。侘傺（chà chì）：失意的样子。
[11] 忽：飘忽。
[12] 放：被流放。
[13] 形容：形体容貌。
[14] 渔父：打鱼的老人，这里是一位隐者的形象。
[15] 与（yú）：句末疑问语气词。
[16] 见：表被动，无实义。
[17] 不凝滞于物：指不对客观外物持死板的看法。
[18] 与世推移：即随俗从流。
[19] 淈（gǔ）：搅浑。
[20] 餔（bū）：吃。糟：酒糟，酿酒剩下的渣子。歠（chuò）：饮。醨（lí）：薄酒。
[21] 高举：指高于世俗的操行。
[22] 为何自己招致放逐呢？
[23] 沐：洗头发。弹冠：弹去帽子上的尘土。
[24] 振衣：指抖掉衣服上的尘土。

察[1]，受物之汶汶[2]者乎？宁赴湘流，葬于江鱼之腹中。安能以皓皓之白，而蒙世俗之尘埃乎？"

渔父莞尔[3]而笑，鼓枻[4]而去，歌曰："沧浪[5]之水清兮，可以濯吾缨[6]；沧浪之水浊兮，可以濯吾足。"遂去，不复与言。

---

[1] 察察：洁白的样子。
[2] 汶（mén）汶：污浊的样子。
[3] 莞（wǎn）尔：微笑的样子。
[4] 鼓枻（yì）：划桨。
[5] 沧浪：水名，汉水的支流。
[6] 濯：洗涤。缨：系帽子的带子。

诗第十二

《古诗十九首》[1]（五首）

行行重[2]行行

行行重行行，与君生别离。相去万余里，各在天一涯。道路阻且长，会面安可知。胡马依北风，越鸟巢南枝。相去日已远，衣带日已缓；浮云蔽白日，游子不顾返。思君令人老，岁月忽已晚。弃捐[3]勿复道，努力加餐饭。

涉江采芙蓉

涉江采芙蓉，兰泽多芳草。采之欲遗[4]谁？所思在远道。还顾望旧乡，长路漫浩浩。同心而离居，忧伤以终老。

驱车上东门

驱车上东门，遥望郭[5]北墓。白杨何萧萧，松柏夹广路。下有陈[6]死人，杳杳即长暮[7]。潜寐[8]黄泉下，千载永不寤[9]。浩浩阴阳移，年命如朝露。人生忽如寄，寿无金石固。万岁更相送，贤圣莫能度[10]。服食求神仙，多为药所

---

[1]　清人陈祚明说："《十九首》所以为千古至文者，以能言人同有之情也。人情莫不思得志，而得志者有几？虽处富贵，慊慊犹有不足，况贫贱乎？志不可得，而年命如流，谁不感慨？人情于所爱莫不欲终身相守，然谁不有别离？以我之怀思，猜彼之见弃，亦其常也。夫终身相守者不知有愁，亦复不知有乐；乍一别离，则此愁难已。逐臣、弃妻与朋友阔绝皆同此旨。故《十九首》惟此二意，而低徊反复，人人读之皆若伤我心者，此诗所以为性情之物，而同有之情人人各具，则人人本自有诗也；但人有情而不能言，即能言而言不能尽，故特推《十九首》以为至极。"（《采菽堂古诗选》）慊（qiàn）慊，不满足，遗憾。
[2]　重（chóng）：又。
[3]　捐：弃。
[4]　遗（wèi）：给，送。
[5]　郭：外城。
[6]　陈：久。
[7]　长暮：长夜。
[8]　寐（mèi）：睡。
[9]　寤（wù）：醒。
[10]　度：超越。

误。不如饮美酒，被服纨与素[1]。

生年不满百

生年不满百，常怀千岁忧。昼短苦夜长，何不秉[2]烛游。为乐当及时，何能待来兹[3]。愚者爱惜费，但为后世嗤。仙人王子乔，难可与等期[4]。

客从远方来

客从远方来，遗我一端绮[5]。相去万余里，故人心尚尔[6]。文彩双鸳鸯，裁为合欢被。著[7]以长相思，缘[8]以结不解。以胶投漆中，谁能别离此。

曹植《白马篇》

白马饰金羁，连翩西北驰。借问谁家子，幽并[9]游侠儿。少小去乡邑，扬声沙漠垂。宿昔秉[10]良弓，楛矢何参差[11]。控弦破左的[12]，右发摧月支[13]。仰手接飞猱[14]，俯身散马蹄。狡捷过猴猿，勇剽若豹螭[15]。边城多警急，虏骑数迁移。羽檄[16]从北来，厉马[17]登高堤。长驱蹈匈奴，左顾凌鲜卑。弃身锋刃端，性命安可怀。父母且不顾，何言子与妻。名编壮士籍，不得中[18]顾私。

[1] 被（pī）服：穿上，穿着。被，同"披"。纨（wán）与素：指华美的衣服。纨，白色的细绢。素，白色的生绢。
[2] 秉：持，拿。
[3] 意指成仙之事非凡人所能期待。来兹，来年，今后。
[4] 等期：等待，遇到。
[5] 一端：半匹，长二丈。绮：有花纹的丝织品。
[6] 尔：如此，这样。
[7] 著：缝制被子并装进棉絮的工序为著。
[8] 缘：缝制被子边缘。按："缘"谐音"姻缘"。
[9] 幽并（bīng）：幽州和并州，约今河北省、山西省北部和内蒙古自治区一带。
[10] 宿昔：早晚，此指常常、一直。秉：持，拿。
[11] 楛（hù）矢：用楛木做成的箭。何：多么。参差（cēn cī）：长短不齐的样子。
[12] 的（dì）：箭靶。
[13] 月支：箭靶名。下文"马蹄"亦箭靶名。
[14] 猱（náo）：一种猿。
[15] 勇剽（piāo）：勇敢剽悍。螭（chī）：无角之龙。
[16] 羽檄（xí）：军事文书上插羽毛以示紧急，必须迅速传递。
[17] 厉马：策马扬鞭。
[18] 中：内心。

捐躯赴国难，视死忽如归。

阮籍《咏怀诗》_{（两首）}

其一

夜中不能寐，起坐弹鸣琴。薄帷鉴[1]明月，清风吹我襟。孤鸿号外野，翔鸟鸣北林。徘徊将何见，忧思独伤心。

其四

天马出西北，由来从东道。春秋非有托，富贵焉常保。清露被皋兰，凝霜沾野草。朝为媚少年，夕暮成丑老。自非王子晋[2]，谁能常美好。

左思《咏史》_{（其二）}

郁郁涧底松，离离山上苗[3]。以彼径寸茎[4]，荫此百尺条[5]。世胄蹑[6]高位，英俊沉下僚[7]。地势使之然，由来非一朝。金张籍旧业，七叶珥汉貂[8]。冯公[9]岂不伟，白首不见招[10]。

---

[1] 帷：幔帐。鉴：照。
[2] 王子晋：周灵王太子。据《列仙传》记载，他与道士同游，成仙飞升。
[3] 离离：下垂的样子。苗：初生的草木。
[4] 径寸茎：直径一寸粗的茎。
[5] 荫：遮蔽。此：指前文之"涧底松"。条：枝条，这里指树木。
[6] 世胄（zhòu）：指贵族世家子弟。蹑（niè）：登。
[7] 下僚：下级官员。
[8] "金张"两句：意指金、张两家世代受皇帝宠信。金，金日磾（jīn mì dī），其家七代受宠为内侍。张，张汤，其家有十余人为侍中、中常侍。籍（jiè），同"藉"，依靠。七叶，七世，七代。珥（ěr），插。汉貂，汉代侍中、中常侍的帽子上皆插貂尾。
[9] 冯公：冯唐。
[10] 招：召见。按：王勃《滕王阁序》中有"冯唐易老，李广难封"之叹。

陶渊明诗（五首）

归园田居·其一

少无适俗韵[1]，性本爱丘山。误落尘网中，一去三十年[2]。羁鸟恋旧林，池鱼思故渊。开荒南野际，守拙归园田。方宅十余亩，草屋八九间。榆柳荫后檐，桃李罗堂前。暧暧[3]远人村，依依墟里[4]烟。狗吠深巷中，鸡鸣桑树颠。户庭无尘杂，虚室[5]有余闲。久在樊笼里，复得返自然。

归园田居·其三

种豆南山[6]下，草盛豆苗稀。晨兴理荒秽[7]，带月荷[8]锄归。道狭草木长，夕露沾我衣；衣沾不足惜，但使愿[9]无违。

杂诗·其二

白日沦西河[10]，素月出东岭。遥遥万里辉，荡荡空中景[11]。风来入房户，夜中枕席冷。气变悟时易[12]，不眠知夕永[13]。欲言无予和[14]，挥杯劝孤影。日月掷人去，有志不获骋。念此怀悲悽，终晓[15]不能静。

读山海经·其一

孟夏[16]草木长，绕屋树扶疏[17]。众鸟欣有托，吾亦爱吾庐。既耕亦已种，

---

[1] 适俗韵：适应世俗的性情。
[2] 三十年：有人认为应为"十三年"。
[3] 暧（ài）暧：迷蒙隐约的样子。
[4] 墟里：村落。
[5] 虚室：静室。语本《庄子·人间世》："虚室生白。"
[6] 南山：指庐山。
[7] 秽：肮脏，此指田中杂草。
[8] 荷（hè）：肩扛。
[9] 愿：指躬耕田园、不与世俗同流的意愿。
[10] 西河：一作"西阿"，西山。
[11] 景：同"影"，此指月光。
[12] 时易：季节更变。
[13] 永：长。
[14] 和（hè）：应和，此指谈论。
[15] 终晓：彻夜，通宵达旦。
[16] 孟夏：农历四月。
[17] 扶疏：枝叶茂盛的样子。

时还读我书。穷巷隔深辙，颇回故人车[1]。欢然酌春酒，摘我园中蔬。微雨从东来，好风与之俱。泛览周王传[2]，流观山海图[3]。俯仰[4]终宇宙，不乐复何如？

责子

白发被两鬓，肌肤不复实。虽有五男儿[5]，总不好纸笔。阿舒已二八，懒惰故无匹。阿宣行志学[6]，而不爱文术。雍端年十三，不识六与七。通子垂[7]九龄，但觅梨与栗。天运苟如此，且进杯中物[8]。

鲍照《拟行路难》(其六)

对案不能食，拔剑击柱长叹息。丈夫生世会几时？安能蹀躞[9]垂羽翼？弃置罢官去，还家自休息。朝出与亲[10]辞，暮还在亲侧。弄儿[11]床前戏，看妇机中织。自古圣贤尽贫贱，何况我辈孤[12]且直！

李白诗(五首)

将进酒[13]

君不见黄河之水天上来，奔流到海不复回。君不见高堂明镜悲白发，朝

---

[1] "穷巷"两句：因为自己居住在穷僻的乡野，道路难行，常使故人回车而离去。深辙，指显贵者所乘大车的车辙。回，回转。
[2] 周王传：指《穆天子传》，写的是关于周穆王驾八骏西巡的传说。
[3] 山海图：即《山海经图》。按：《山海经》是一部记述古代神话传说及海外山川异物的书。
[4] 俯仰：一俯一仰，指顷刻之间。
[5] 五男儿：陶渊明有五个儿子，大名分别叫俨、俟、份、佚、佟，小名分别叫舒、宣、雍、端、通。这首诗中皆称其小名。
[6] 行：行将。志学：指十五岁。
[7] 垂：即将到。
[8] 杯中物：指酒。
[9] 蹀躞（dié xiè）：小步快走的样子。
[10] 亲：父母双亲。
[11] 弄儿：逗孩子玩。
[12] 孤：指"孤门细族"，也称"寒门庶族"。
[13] 将（qiāng）进酒：请喝酒。将，请。

如青丝暮成雪。人生得意须尽欢，莫使金樽[1]空对月。天生我材必有用，千金散尽还复来。烹羊宰牛且为乐[2]，会须[3]一饮三百杯。

岑夫子[4]，丹丘生[5]，将进酒，杯莫停。与君歌一曲，请君为我倾[6]耳听。钟鼓馔玉[7]不足贵，但愿长醉不愿[8]醒。古来圣贤皆寂寞，惟有饮者留其名。陈王昔时宴平乐[9]，斗酒十千恣欢谑[10]。主人何为言少钱，径须沽取[11]对君酌。五花马[12]、千金裘[13]，呼儿将出[14]换美酒，与尔同销[15]万古愁。

梦游天姥吟留别[16]

海客谈瀛洲[17]，烟涛微茫信难求[18]；越人语[19]天姥，云霞明灭或[20]可睹。天姥连天向天横，势拔五岳掩赤城[21]。天台四万八千[22]丈，对此欲倒东南倾。

---

[1] 樽（zūn）：酒杯。
[2] 且为乐：姑且作乐。
[3] 会须：应该。
[4] 岑夫子：指岑勋，李白好友。
[5] 丹丘生：指元丹丘，李白好友。
[6] 倾：一作"侧"。
[7] 钟鼓馔（zhuàn）玉：指富贵利禄。钟鼓，指权贵人家的音乐。馔玉，形容饮食精美，享受奢华。
[8] 愿：一作"复"。
[9] 陈王：三国曹植受封陈王，谥思，故又称陈思王。平乐：宫观名。
[10] 斗酒十千：一斗酒值十千钱，极言酒美价昂。恣欢谑（xuè）：尽情欢娱戏谑。
[11] 径须沽取：毫不犹豫地去买酒。沽，买。
[12] 一种名贵的马，毛色作五花。按：一说唐朝人讲究马的装饰，常把马的鬃毛剪成花瓣形状；剪成三瓣的叫三花马，剪成五瓣的叫五花马。
[13] 裘（qiú）：皮裘，皮衣。
[14] 将出：拿出。
[15] 销：排遣。
[16] 天姥（mǔ）：山名，在今浙江省新昌县东。按：本诗诗题一作《梦游天姥山别东鲁诸公》。
[17] 海客：航海的人。瀛（yíng）洲：古代传说中的东海三座仙山之一，另两座叫蓬莱、方丈。
[18] 信难求：实在难以寻访。信，实在。
[19] 越人：指今浙江一带的人。语：谈论。
[20] 或：有时。
[21] 拔：超过。五岳：我国五座名山的总称，即东岳泰山、西岳华山、中岳嵩山、北岳恒山、南岳衡山。赤城：山名，在今浙江省天台县北。
[22] 天台（tāi）：山名，在今浙江天台县北。四万八千：一作"一万八千"。

我欲因之[1]梦吴越，一夜飞度镜湖[2]月。湖月照我影，送我至剡溪[3]。谢公[4]宿处今尚在，渌[5]水荡漾清猿啼。脚著谢公屐[6]，身登青云梯[7]。半壁见海日，空中闻天鸡。千岩万转路不定，迷花倚石忽已暝[8]。熊咆龙吟殷[9]岩泉，栗[10]深林兮惊层巅。云青青兮欲雨，水澹澹兮生烟。列缺[11]霹雳，丘峦崩摧。洞天石扉[12]，訇然[13]中开。青冥浩荡不见底，日月照耀金银台。霓为衣兮风为马，云之君[14]兮纷纷而来下。虎鼓瑟兮鸾回车[15]，仙之人兮列如麻。忽魂悸[16]以魄动，恍惊起而长嗟。惟觉[17]时之枕席，失向来之烟霞。

世间行乐亦如此，古来万事东流水。别君去兮何时还？且放白鹿[18]青崖间，须行即骑访名山。安能摧眉折腰事[19]权贵，使我不得开心颜？

塞下曲六首（其一）

五月天山雪，无花只有寒。笛中闻《折柳》[20]，春色未曾看。晓战随金鼓，宵眠抱玉鞍。愿将腰下剑，直为斩楼兰[21]。

---

[1] 因之：依据越人的谈话。
[2] 镜湖：湖名，在今浙江省绍兴市。
[3] 剡（shàn）溪：即曹娥江的上游，在今浙江省嵊州市南。
[4] 谢公：指南朝宋诗人谢灵运。他喜欢游山访胜，游天姥山时曾在剡溪居住。
[5] 渌（lù）：清澈。
[6] 著（zhuó）：穿。谢公屐（jī），谢灵运所穿特制的登山木鞋，鞋底装有可活动的锯齿，上山时抽去前齿，下山时抽去后齿。
[7] 青云梯：指高峻入云的山路。语出谢灵运《登石门最高顶》诗："惜无同怀客，共登青云梯。"
[8] 暝：昏暗。
[9] 殷（yǐn）：震动。
[10] 栗：使战栗。
[11] 列缺：闪电。列，同"裂"。
[12] 洞天：道家称神仙所居之处为洞天。石扉（fēi）：石门。
[13] 訇（hōng）然：象声词，形容声音很大。
[14] 云之君：云神，此泛指驾乘云彩的神仙。
[15] 回车：拉车回转。
[16] 悸（jì）：心惊。
[17] 觉（jiào）：醒。
[18] 白鹿：传说中仙人的坐骑。
[19] 摧眉折腰：低眉弯腰，即卑躬屈膝。事：侍奉。
[20]《折柳》：指《折杨柳》曲，乐府曲调名。
[21] 斩楼兰：用了汉朝傅介子斩楼兰王的典故，此指消灭敌人。

宣州谢朓楼饯别校书叔云[1]

弃我去者昨日之日不可留，乱我心者今日之日多烦忧。长风万里送秋雁，对此可以酣高楼。蓬莱文章建安骨，中间小谢又清发[2]。俱怀逸兴壮思飞，欲上青天览[3]明月！抽刀断水水更流，举杯消愁愁更愁。人生在世不称意，明朝散发弄扁舟[4]。

宿五松山荀媪[5]家

我宿五松下，寂寥无所欢。田家秋作[6]苦，邻女夜舂[7]寒。跪进雕葫饭[8]，月光明素盘。令人惭漂母[9]，三谢不能餐。

杜甫诗（五首）

春夜喜雨

好雨知时节，当春乃发生。随风潜入夜，润物细无声。野径云俱黑，江船火独明。晓看红湿处，花重锦官城[10]。

---

[1] 谢朓（tiǎo）楼：又名谢公楼、北楼，是南朝诗人谢朓任宣城太守时所建。饯（jiàn）别：以酒食送行。校（jiào）书：官名，即秘书省校书郎，李白族叔李云正任此职。

[2] "蓬莱"两句：校书您的诗文深得建安风骨，我李白的诗文如谢朓的一样清新俊逸。故下句云"俱怀逸兴"。

[3] 览：同"揽"，摘取。

[4] 散发弄扁舟：指避世隐居。按：此处暗用范蠡"乘扁舟浮于江湖"的典故，参见《史记·货殖列传》。

[5] 五松山：山名，在今安徽省铜陵县南。媪（ǎo）：老年妇女。

[6] 秋作：秋日农业劳作。

[7] 舂（chōng）：用杵臼捣去谷物的皮壳。

[8] 雕葫饭：即菰（gū）米饭。菰米即茭白的果实。按：菰米饭香美可口，古人视为美餐。

[9] 漂母：漂洗衣物的老妇，此指荀媪。按：本句用韩信典故。据《史记·淮阴侯列传》记载，韩信少时穷困乏食，垂钓于河边。一漂母见他饥饿，曾多次施与其饭食。后来韩信拜将封王，以千金报答漂母。

[10] 花重（zhòng）：花枝饱含雨水，故曰"重"。锦官城：成都的别称。

闻官军收[1]河南河北

剑外忽传收蓟北[2]，初闻涕泪满衣裳。却看妻子愁何在，漫卷[3]诗书喜欲狂。白日放歌须纵酒，青春[4]作伴好还乡[5]。即从巴峡穿巫峡，便下襄阳向洛阳。

秋兴八首（其一）

玉露凋伤枫树林，巫山巫峡气萧森[6]。江间波浪兼天涌，塞上风云接地阴。丛菊两开他日泪，孤舟一系故园心。寒衣处处催刀尺[7]，白帝城高急暮砧[8]。

蜀相[9]

丞相祠堂何处寻？锦官城外柏森森。映阶碧草自春色，隔叶黄鹂空好音。三顾频烦[10]天下计，两朝开济[11]老臣心。出师未捷身先死[12]，长使英雄泪满襟。

登高[13]

风急天高猿啸哀，渚[14]清沙白鸟飞回。无边落木[15]萧萧下，不尽长江滚滚来。万里悲秋常作客，百年多病独登台。艰难苦恨繁霜鬓，潦倒新停浊酒杯。

---

[1] 官军：指唐朝政府军。收：收复失地。
[2] 剑外：剑阁以南，此指蜀地。蓟北：今河北省北部地区，此指安史叛军的根据地范阳一带。
[3] 漫卷：胡乱地卷起，意谓无心看书。
[4] 青春：指春天。
[5] 本句杜甫自注："余田园在东京。"
[6] 萧森：萧瑟阴森。
[7] 寒衣：御寒的衣服。刀尺：制作寒衣的工具。
[8] 砧（zhēn）：捣练的工具。按：捣练是制作衣服的一道工序。
[9] 蜀相：指三国蜀汉丞相诸葛亮。诗歌首句"丞相祠堂"即诸葛武侯祠，在今四川省成都市武侯区。
[10] 三顾：指刘备为争夺天下而三顾茅庐请诸葛亮出山。频烦：即"频繁"，多次。
[11] 两朝：先主刘备和后主刘禅（shàn）父子两朝。开济：指诸葛亮辅佐刘备开创帝业，后又辅佐刘禅延续帝业。开，开创。济，扶助。
[12] 指诸葛亮多次出兵伐魏未能取胜，于蜀汉建兴十二年（234）卒于行军途中。
[13] 古人有重阳节（农历九月九日）登高的习俗。
[14] 渚（zhǔ）：水中的小洲。
[15] 落木：落叶。

白居易诗（两首）

观刈[1]麦

田家少闲月，五月人倍忙。夜来南风起，小麦覆陇[2]黄。妇姑荷箪食[3]，童稚携壶浆。相随饷田[4]去，丁壮在南岗。足蒸暑土气，背灼炎天光。力尽不知热，但惜夏日长。复有贫妇人，抱子在其傍。右手秉遗穗，左臂悬敝筐。听其相顾言[5]，闻者为悲伤。家田输税尽[6]，拾此充饥肠。今我何功德，曾[7]不事农桑？吏禄三百石[8]，岁晏[9]有馀粮。念此私自愧，尽日不能忘。

琵琶行并序

元和十年，予左迁[10]九江郡司马。明年秋，送客湓浦口[11]，闻舟中夜弹琵琶者，听其音，铮铮然有京都声。问其人，本长安倡女[12]，尝学琵琶于穆、曹二善才[13]，年长色衰，委身为贾人[14]妇。遂命酒，使快弹数曲。曲罢悯然，自叙少小时欢乐事，今漂沦憔悴，转徙于江湖间。予出官二年，恬然自安，感斯人言，是夕始觉有迁谪意。因为长句[15]，歌以赠之，凡[16]六百一十六言，命曰[17]《琵琶行》。

浔阳江[18]头夜送客，枫叶荻花秋瑟瑟。主人下马客在船，举酒欲饮无管弦。醉不成欢惨将别，别时茫茫江浸月。

---

[1] 刈（yì）：割，收割。
[2] 陇：同"垄"，田埂，这里泛指麦地。
[3] 箪（dān）食：用圆形竹器盛的食物。
[4] 饷田：给在田里劳动的人送饮食。
[5] 相顾言：互相看着诉说。
[6] 因缴纳租税，已将家里的田地卖光。输，送达，此指缴纳。
[7] 曾（zēng）：一直，从来。
[8] 石（dàn）：十斗为一石。按：白居易此时每月禄米三十石，三百石为一年俸禄总和的约数。
[9] 岁晏：年底，年终。
[10] 左迁：贬官，降职。
[11] 湓（pén）浦口：即湓口，在江西九江湓水入江处。
[12] 倡女：歌女。
[13] 善才：当时对技艺高超的乐师的称呼。
[14] 委身：指嫁给。委，付托。贾（gǔ）人：商人。
[15] 因为：因此创作。长句：指七言诗。
[16] 凡：总共。
[17] 命曰：命名叫。
[18] 浔阳江：长江流经江西省九江市北一段的别称。

忽闻水上琵琶声，主人忘归客不发。寻声暗问弹者谁，琵琶声停欲语迟。移船相近邀相见，添酒回灯[1]重开宴。千呼万唤始出来，犹抱琵琶半遮面。转轴拨弦三两声，未成曲调先有情。弦弦掩抑声声思[2]，似诉平生不得志。低眉信手[3]续续弹，说尽心中无限事。轻拢慢捻抹复挑，初为《霓裳》后《六幺》[4]。大弦嘈嘈如急雨，小弦切切如私语。嘈嘈切切错杂弹，大珠小珠落玉盘。间关[5]莺语花底滑，幽咽泉流冰下难。冰泉冷涩弦凝绝，凝绝不通声暂歇。别有幽愁暗恨生，此时无声胜有声。银瓶乍破水浆迸，铁骑突出刀枪鸣。曲终收拨当心画，四弦一声如裂帛。东船西舫悄无言，唯见江心秋月白。

沉吟放拨插弦中，整顿衣裳起敛容[6]。自言本是京城女，家在虾蟆陵[7]下住。十三学得琵琶成，名属教坊[8]第一部。曲罢曾教善才服，妆成每被秋娘妒。五陵年少争缠头[9]，一曲红绡[10]不知数。钿头银篦击节[11]碎，血色罗裙翻酒污。今年欢笑复明年，秋月春风等闲[12]度。弟走从军阿姨死，暮去朝来颜色故[13]。门前冷落鞍马稀，老大[14]嫁作商人妇。商人重利轻别离，前月浮梁[15]买茶去。去来江口守空船，绕船月明江水寒。夜深忽梦少年事，梦啼妆泪红阑干[16]。

我闻琵琶已叹息，又闻此语重唧唧[17]。同是天涯沦落人，相逢何必曾相识！我从去年辞帝京，谪居卧病浔阳城。浔阳地僻无音乐，终岁不闻丝竹声。住近湓江地低湿，黄芦苦竹绕宅生。其间旦暮闻何物？杜鹃啼血猿哀鸣。春

---

[1] 回灯：重新拨亮灯光。
[2] 思：深长的情思。
[3] 信手：随手。
[4] 《霓裳（cháng）》：《霓裳羽衣曲》。《六幺》：曲调名。
[5] 间（jiàn）关：形容鸟鸣婉转。
[6] 敛容：显出端庄的脸色。
[7] 虾（há）蟆陵：地名，在长安城东南曲江附近，是当时歌妓舞姬的聚居地。
[8] 教坊：唐代管理宫廷音乐的官署。
[9] 缠头：当时的一种风俗，歌舞妓表演完毕，观者以绫帛之类的财物为赠。
[10] 绡（xiāo）：一种精细轻薄的生丝织品，泛指轻美的丝织品。
[11] 钿（diàn）头银篦（bì）：上端镶着花钿的银质发篦，应是一种发饰。银篦，一作"云篦"。击节：（随着音乐）打拍子。
[12] 等闲：随便，轻易。
[13] 颜色故：容颜老去。
[14] 老大：指上了年纪。
[15] 浮梁：古县名，在今江西省景德镇北。
[16] 阑干：纵横的样子。
[17] 唧唧：叹息声。

江花朝秋月夜，往往取酒还独倾。岂无山歌与村笛，呕哑嘲哳[1]难为听。今夜闻君琵琶语，如听仙乐耳暂[2]明。莫辞更坐弹一曲，为君翻[3]作《琵琶行》。

感我此言良久立，却坐[4]促弦弦转急。凄凄不似向前声，满座重闻皆掩泣。座中泣下谁最多？江州司马青衫[5]湿。

李商隐诗（两首）

锦瑟[6]

锦瑟无端五十弦，一弦一柱思华年。庄生[7]晓梦迷蝴蝶，望帝[8]春心托杜鹃。沧海月明珠有泪[9]，蓝田日暖玉生烟。此情可待成追忆，只是当时已惘然[10]。

安定城楼[11]

迢递[12]高城百尺楼，绿杨枝外尽汀洲[13]。贾生[14]年少虚垂涕，王粲[15]春来更远游。永忆江湖归白发，欲回天地入扁舟[16]。不知腐鼠成滋味，猜意鸳雏

---

[1] 呕哑嘲哳（ōu yā zhāo zhā）：指声音嘈杂刺耳。
[2] 暂：忽然，一下子。
[3] 翻：指按照曲调写成歌词。
[4] 却坐：退回原处，重新坐下。
[5] 青衫：黑色单衣。唐代官职低的官员服色为青。
[6] 漆有织锦纹的瑟。
[7] 庄生：指庄子。《庄子·齐物论》："昔者庄周梦为胡蝶，栩栩然胡蝶也。自喻适志与，不知周也。俄然觉，则蘧蘧然周也。不知周之梦为胡蝶与？胡蝶之梦为周与？周与胡蝶则必有分矣。此之谓物化。"
[8] 望帝：古蜀王杜宇号望帝，相传他死后化为杜鹃，鸣声悲切。
[9] 珠有泪：指鲛人泣珠。《博物志》："南海外有鲛人，水居如鱼，不废绩织，其眼泣则能出珠。"按：古代被埋没的贤者，也称"沧海遗珠"。
[10] 惘然：模糊不清的样子。
[11] 安定城楼：即泾州城楼。唐代泾州又称安定郡，故其城楼有此称。
[12] 迢递：形容楼高而且连续绵延。
[13] 汀（tīng）洲：水边沙地和水中洲渚。
[14] 贾生：贾谊。西汉贾谊少有才华，很受汉文帝器重。他曾多次上书，认为时事"可为痛哭者一，可为流涕者二，可为长太息者六"，但其建议不被采纳，后抑郁而死，年仅三十三岁。
[15] 王粲：字仲宣，东汉末年人。年轻时流寓荆州依附刘表，曾作《登楼赋》。
[16] "永忆"两句：总想着年老时归隐江湖，但必须等到把治国安邦的大事做完后才行。按：此处暗用范蠡"乘扁舟浮于江湖"的典故。

竟木休^[1]。

黄庭坚诗（两首）

登快阁

痴儿^[2]了却公家事，快阁东西倚晚晴。落木千山天远大，澄江一道月分明。朱弦已为佳人绝^[3]，青眼^[4]聊因美酒横。万里归船弄长笛，此心吾与白鸥盟^[5]。

寄黄几复^[6]

我居北海君南海，寄雁传书谢不能。桃李春风一杯酒，江湖夜雨十年灯。持家但有四立壁，治病不蕲三折肱^[7]。想得读书头已白，隔溪猿哭瘴^[8]溪藤。

---

[1] "不知"两句用庄子典故，参见本书"诸子第十·《庄子》五则"中《秋水》部分。
[2] 痴儿：此为诗人自指。
[3] 按：此用"伯牙绝弦"的典故，"钟子期死，伯牙破琴绝弦"。
[4] 青眼：与"白眼"相对，指黑眼珠在眼眶中间，表示对人喜爱或重视、尊重。
　　按：据《晋书·阮籍传》，阮籍善为青白眼，"见礼俗之士，以白眼对之"，见志同道合之人，"乃见青眼"。
[5] 这里是说自己与白鸥订盟，表示决意归隐江湖，而不存世俗机心。按：据《列子》记载，海边有一人常与鸥鸟戏游，一日其父令他捉鸥鸟回来供自己玩耍。然而第二天此人再到海边时，所有鸥鸟好似预知将被捕捉，徘徊空中，一只也不肯下落。
[6] 黄几复：诗人友人，此时任四会（今属广东省）县令。
[7] 指黄几复有治世才能，不待阅历丰富，已有出色的政绩。蕲（qí），同"祈"，求。按：古代有三折肱而为良医的说法。
[8] 瘴：瘴气。按：旧传广东省一带多瘴气。

韩愈《师说》

古之学者[1]必有师。师者，所以传道受[2]业解惑也。人非生而知之者，孰[3]能无惑？惑而不从师，其为惑[4]也，终不解矣。生乎[5]吾前，其闻道也固先乎吾，吾从而之[6]；生乎吾后，其闻道也亦先乎吾，吾从而师之。吾师道也[7]，夫庸知其年之先后生于吾乎[8]？是故无贵无贱[9]，无长无少，道之所存，师之所存也[10]。

嗟乎！师道之不传也久矣！欲人之无惑也难矣！古之圣人，其出人[11]也远矣，犹且从师而问焉；今之众人，其下圣人也亦远矣，而耻学于师[12]。是故圣益圣[13]，愚益愚。圣人之所以为圣，愚人之所以为愚，其皆出于此乎？爱其子，择师而教之；于其身也，则耻师焉，惑矣。彼童子[14]之师，授之书而习其句读[15]者，非吾所谓传其道解其惑者也。句读之不知[16]，惑之不解，或师焉，或不[17]焉，小学而大遗[18]，吾未见其明也。巫医乐师百工[19]之人，不

---

[1] 学者：求学的人。
[2] 所以：用来……的。受：同"授"，传授。
[3] 孰：谁。
[4] 其为惑：那些成为疑惑的问题。
[5] 乎：相当于"于""在"。
[6] 从而师之：跟从他学习，即以之为师。
[7] 我学习的是道。
[8] 哪管他是生在我之前还是生在我之后呢？庸：表反问语气。
[9] 无贵无贱：无论是贵还是贱。
[10] "道之"两句：道存在的地方，就是老师存在的地方。意即谁懂得道，谁就是老师。
[11] 出人：超出众人、常人。
[12] 耻学于师：把向老师学习视为耻辱之事。
[13] 圣益圣：圣人更加圣明。
[14] 童子：未成年的男子。
[15] 授之书而习其句读（dòu）：教给他书本的文字，（帮助他）学习句读。句读，指断开句子的知识。一句话后面的停顿为句，一句话中间的停顿为读。
[16] 句读之不知："不知句读"的倒装。下句"惑之不解"之结构同此。
[17] 不（fǒu）：同"否"。
[18] 小的方面要学习，大的方面却放弃了。
[19] 巫医：古代巫和医不分，故并举之。按：巫主要以祝祷、占卜等为业，也为人治病。百工：泛指各种工匠。

耻相师。士大夫之族[1]，曰师曰弟子云者，则群聚而笑之。问之，则曰："彼与彼年相若也，道相似也，位卑则足羞，官盛则近谀[2]。"呜呼！师道之不复[3]，可知矣。巫医乐师百工之人，君子不齿[4]，今其智乃[5]反不能及，其可怪也欤！

圣人无常师[6]。孔子师郯子、苌弘、师襄、老聃[7]。郯子之徒[8]，其贤不及孔子。孔子曰：三人行，则必有我师。是故弟子不必不如师，师不必贤于弟子，闻道有先后，术业有专攻[9]，如是而已。

李氏子蟠[10]，年十七，好古文[11]，六艺经传[12]皆通习之，不拘于时[13]，学于余。余嘉其能行古道[14]，作《师说》以贻[15]之。

柳宗元《钴鉧潭[16]西小丘记》

得西山后八日，寻山口西北道二百步，又得钴鉧潭。西二十五步，当湍而浚者为鱼梁[17]。梁之上有丘焉，生竹树。其石之突怒偃蹇[18]，负土而出[19]，

---

[1] 族：类。
[2] "位卑"两句：以地位低者为师，就会感到十分羞耻；以官位高者为师，就觉得是近乎谄媚。谀（yú），阿谀谄媚。
[3] 复：恢复。
[4] 不齿：不与同列，即看不起。齿，并列，排列。
[5] 乃：竟。
[6] 常师：固定的老师。
[7] 郯（tán）子：春秋时期郯国国君，孔子曾向他请教过官职的名称。苌弘：周敬王时的大夫，孔子曾向他请教过音乐方面的事情。师襄：春秋时期鲁国的乐官，孔子曾跟他学过琴。老聃（dān）：即老子，孔子曾向他问过礼。
[8] 之徒：那些人。徒：同类的人。
[9] 术业：学术技艺。攻：学习，研究。
[10] 李家名叫蟠的孩子，即李蟠。
[11] 古文：指先秦两汉时期的散文。
[12] 六艺经传：六经的经文和传文。六艺，指《诗》《书》《礼》《乐》《易》《春秋》六种经书，其中《乐》已失传，故其余者又合称"五经"。传，古代解释经书的著作。
[13] 不拘于时：不被时俗拘束、限制。
[14] 嘉：赞许。古道：指古人从师之道。
[15] 贻（yí）：赠送。
[16] 钴鉧（gǔ mǔ）潭：潭形似熨斗，故名为钴鉧潭。钴鉧，熨斗。
[17] 湍：急流。浚（jùn）：水深。鱼梁：水中的小土堰，中间留有缺口放置捕鱼工具。
[18] 突怒：石头突起耸立的样子。偃蹇（yǎn jiǎn）：山石错综盘踞的样子。
[19] 山石破土而起。

争为奇状者，殆[1]不可数。其嵚然相累[2]而下者，若牛马之饮于溪；其冲然角列[3]而上者，若熊罴[4]之登于山。

丘之小不能一亩，可以笼而有之[5]。问其主，曰："唐氏之弃地，货而不售[6]。"问其价，曰："止四百。"余怜而售之。李深源、元克己时同游[7]，皆大喜，出自意外。即更取器用[8]，铲刈秽草[9]，伐去恶木[10]，烈火而焚之。嘉木立，美竹露，奇石显。由其中以望，则山之高，云之浮，溪之流，鸟兽之遨游，举熙熙然回巧献技[11]，以效[12]兹丘之下。枕席而卧，则清泠之状与目谋[13]，潆潆[14]之声与耳谋，悠然而虚者与神谋，渊然而静者与心谋。不匝旬而得异地者二[15]，虽古好事之士，或未能至焉。

噫！以兹丘之胜[16]，致之沣、镐、鄠、杜[17]，则贵游之士争买者，日增千金而愈不可得。今弃是州[18]也，农夫渔父过而陋之，价四百，连岁不能售。而我与深源、克己独喜得之，是其果有遭乎[19]？书于石，所以贺兹丘之遭也。

---

[1] 殆：近，几乎。
[2] 嵚（qīn）然：高耸的样子。相累：层层相叠。
[3] 冲（chòng）然：向上或向前的样子。角列，像兽角一样斜列。
[4] 罴（pí）：棕熊的古称。
[5] 可以装进袖子里面一般。
[6] 货：卖。售：卖出。
[7] 李深源、元克己二人都是作者柳宗元的友人。
[8] 器用：器具，工具。
[9] 刈（yì）：割，铲除。秽草：杂草。
[10] 恶木：杂树。
[11] 万物都和乐怡畅地运技献能。举，全，都。熙熙然，和乐的样子。回，此指运行。
[12] 效：呈现。
[13] 清泠：此指天空的清澈明净。谋：合。
[14] 潆（yíng）潆：溪水流动的样子。
[15] 不满十天而得到两处奇地。另一处奇地，指作者柳宗元在《始得西山宴游记》所写之"西山"。匝（zā）旬，满十天。匝，周。旬，十天为一旬。
[16] 胜：美好，优美。
[17] 沣（fēng）、镐（hào）、鄠（hù）、杜：四者皆为地名，都是唐代帝都近郊豪贵居住的地方。
[18] 是州：指作者柳宗元被贬之地永州。
[19] 这难道的确有所谓遭际遇合吗？

欧阳修《泷冈阡表[1]》（节选）

　　呜呼！惟我皇考崇公[2]，卜吉[3]于泷冈之六十年，其子修始克表[4]于其阡。非敢缓也，盖有待也。

　　修不幸，生四岁而孤。太夫人[5]守节自誓，居穷自力于衣食，以长[6]以教，俾[7]至于成人。太夫人告之曰："汝父为吏廉而好施与，喜宾客，其俸禄虽薄，常不使有余。曰：'毋以是为我累。'故其亡也，无一瓦之覆、一垄之植[8]以庇而为生[9]，吾何恃[10]而能自守耶？吾于汝父，知其一二，以有待于汝也[11]。自吾为汝家妇，不及事吾姑[12]，然知汝父之能养也。汝孤而幼，吾不能知汝之必有立，然知汝父之必将有后也。吾之始归[13]也，汝父免于母丧方逾年。岁时祭祀，则必涕泣曰：'祭而丰，不如养之薄也。'间御[14]酒食，则又涕泣曰：'昔常不足，而今有余，其何及也！'吾始一二见之，以为新免于丧适然[15]耳。既而其后常然，至其终身未尝不然。吾虽不及事姑，而以此知汝父之能养也。汝父为吏，尝夜烛治官书[16]，屡废而叹。吾问之，则曰：'此死狱也，我求其生不得尔。'吾曰：'生可求乎？'曰：'求其生而不得，则死者与我皆无恨[17]也。矧[18]求而有得耶！以其有得，则知不求而死者有恨也。夫

---

[1]　泷（shuāng）冈：在江西省永丰县沙溪南凤凰山上。阡（qiān）表：即墓表、墓碑，用以记叙死者事迹并表扬其功德。阡，墓道。
[2]　皇考：对已逝父亲的尊称。崇公：欧阳修父欧阳观被追封崇国公。
[3]　卜吉：占卜吉地。
[4]　克：能。表：竖建墓碑。
[5]　太夫人：指欧阳修母亲郑氏。
[6]　长（zhǎng）：养育。
[7]　俾（bǐ）：使。
[8]　家中贫穷，未置房产与地产。
[9]　（你的亡父未留下家产）让我们赖以为生。庇（bì），依托。
[10]　恃（shì）：依靠。
[11]　把希望都寄托在了你的身上。
[12]　姑：婆母。
[13]　归：出嫁。
[14]　间御：偶尔进用。
[15]　适然：偶然这样。
[16]　官书：官府文件，此指断案的文书。
[17]　恨：遗憾。
[18]　矧（shěn）：况且，何况。

常求其生，犹失之死，而世常求其死也[1]。'回顾乳者抱汝而立于旁，因指而叹曰：'术者谓我岁行在戌[2]将死，使其言然，吾不及见儿之立也，后当以我语告之。'其平居教他子弟，常用此语。吾耳熟焉，故能详也。其施于外事，吾不能知。其居于家，无所矜饰，而所为如此，是真发于中者耶！呜呼！其心厚于仁者邪！此吾知汝父之必将有后也。汝其勉之[3]。夫养不必丰，要于孝；利虽不得博于物[4]，要其心之厚于仁。吾不能教汝，此汝父之志也。"修泣而志之不敢忘。

先公少孤力学，咸平三年进士及第，为道州判官，泗、绵二州推官，又为泰州判官，享年五十有九，葬沙溪之泷冈。……

自先公之亡二十年，修始得禄而养。又十有二年，列官于朝，始得赠封其亲。又十年，修为龙图阁直学士、尚书吏部郎中，留守南京。太夫人以疾终于官舍，享年七十有二。又八年，修以非才入副枢密，遂参政事。又七年而罢。自登二府[5]，天子推恩，褒其三世。盖自嘉祐以来，逢国大庆，必加宠锡[6]。……皇考崇公，累赠金紫光禄大夫、太师、中书令兼尚书令；皇妣[7]，累封越国太夫人。今上初郊[8]，皇考赐爵为崇国公，太夫人进号魏国。

于是小子修泣而言曰："呜呼！为善无不报，而迟速有时，此理之常也。惟我祖考，积善成德，宜享其隆。虽不克有于其躬，而赐爵受封，显荣褒大，实有三朝之锡命，是足以表见于后世，而庇赖其子孙矣。"乃列其世谱，具刻于碑。既又载我皇考崇公之遗训，太夫人之所以教而有待于修者，并揭于阡[9]。俾知夫小子修之德薄能鲜，遭时窃位，而幸全大节，不辱其先者，其来有自[10]。

---

[1] 《汉书·刑法志》引孔子曰："今之听狱者，求所以杀之；古之听狱者，求所以生之。"
[2] 术者：占卜吉凶的人。岁行在戌：指岁星（即木星）运行到戌的那一年。按：古人认为木星十二年绕天一周，因此把其运行轨道十二等分，配上十二地支，用来纪年。
[3] 你应该努力呀！其，表祈使语气词。勉，勉励，努力。
[4] 博于物：普及于人。
[5] 二府：指枢密院与中书省。
[6] 锡（cì）：同"赐"。
[7] 皇妣（bǐ）：对已逝母亲的尊称。
[8] 今上：指宋神宗。郊：祭天。
[9] ——详尽地刻在墓表上。
[10] 有自：有原因。

苏轼《赤壁赋》

　　壬戌[1]之秋，七月既望[2]，苏子与客泛舟游于赤壁之下。清风徐来，水波不兴。举酒属[3]客，诵明月之诗，歌窈窕之章[4]。少焉，月出于东山之上，徘徊于斗牛[5]之间。白露横江，水光接天。纵一苇之所如[6]，凌[7]万顷之茫然。浩浩乎如冯[8]虚御风，而不知其所止；飘飘乎如遗世[9]独立，羽化[10]而登仙。

　　于是饮酒乐甚，扣舷而歌之。歌曰："桂棹[11]兮兰桨，击空明兮溯流光。渺渺[12]兮予怀，望美人兮天一方。"客有吹洞箫者，倚歌而和之，其声呜呜然，如怨如慕，如泣如诉，余音袅袅，不绝如缕。舞幽壑之潜蛟，泣孤舟之嫠妇[13]。

　　苏子愀然[14]，正襟危坐[15]而问客曰："何为其然也？"客曰："'月明星稀，乌鹊南飞'，此非曹孟德[16]之诗乎？西望夏口，东望武昌，山川相缪[17]，郁乎苍苍，此非孟德之困于周郎[18]者乎？方其破荆州，下江陵，顺流而东也，舳舻[19]千里，旌旗蔽空，酾酒[20]临江，横槊[21]赋诗，固一世之雄也，而今安

---

[1]　壬（rén）戌：宋神宗元丰五年（1082），岁次壬戌。
[2]　既望：过了望日后的第一天，通常指农历每月十六日。望，农历十五日。
[3]　属（zhǔ）：劝请，邀。
[4]　窈窕之章：与上句共指《诗经·陈风·月出》："月出皎兮，佼人僚兮。舒窈纠兮，劳心悄兮。""窈纠（jiǎo）"与"窈窕"音近，故云。
[5]　斗（dǒu）牛：斗宿和牛宿，星宿名。
[6]　如：往，到。
[7]　凌：越过。
[8]　冯（píng）：同"凭"，乘。
[9]　遗世：脱离人世。
[10]　羽化：古人称成仙为羽化。
[11]　棹（zhào）：船桨。
[12]　渺渺：悠远的样子。
[13]　嫠（lí）妇：寡妇。
[14]　愀（qiǎo）然：容色改变的样子。
[15]　危坐：端坐。
[16]　曹孟德：曹操字孟德。
[17]　缪（liáo）：同"缭"，环绕。
[18]　周郎：指赤壁之战中孙吴的主帅周瑜。
[19]　舳舻（zhú lú）：船头和船尾的并称，泛指首尾相接的船只。
[20]　酾（shī）酒：斟酒。
[21]　槊（shuò）：长矛。

在哉？况吾与子渔樵[1]于江渚之上，侣鱼虾而友[2]麋鹿，驾一叶之扁舟，举匏樽[3]以相属。寄蜉蝣[4]于天地，渺沧海之一粟。哀吾生之须臾，羡长江之无穷，挟飞仙以遨游，抱明月而长终。知不可乎骤得，托遗响[5]于悲风。"

苏子曰："客亦知夫水与月乎？逝者如斯，而未尝往也；盈虚者如彼[6]，而卒[7]莫消长也。盖将自其变者而观之，则天地曾[8]不能以一瞬；自其不变者而观之，则物与于我皆无尽也，而又何羡乎！且夫天地之间，物各有主，苟非吾之所有，虽一毫而莫取。惟江上之清风，与山间之明月，耳得之而为声，目遇之而成色，取之无禁，用之不竭，是造物者之无尽藏也[9]，而吾与子之所共适[10]。"

客喜而笑，洗盏更酌。肴核[11]既尽，杯盘狼籍。相与枕藉[12]乎舟中，不知东方之既白。

归有光《项脊轩[13]志》

项脊轩，旧南阁子也。室仅方丈[14]，可容一人居。百年老屋，尘泥渗漉[15]，雨泽下注；每移案，顾视无可置者。又北向，不能得日，日过午已昏。余稍为修葺[16]，使不上漏。前[17]辟四窗，垣墙周庭，以当南日[18]，日影反照，

[1] 渔樵：打鱼砍柴。
[2] 侣：与……为伴侣。友：与……交朋友。
[3] 匏（páo）樽：用葫芦做成的酒器。匏，葫芦的一种。
[4] 蜉蝣：朝生暮死的小昆虫，此喻生命短暂。
[5] 遗响：指箫声。
[6] 像月亮那样有圆有缺。
[7] 卒：终究。
[8] 曾（zēng）：连……都。
[9] 造物者：古人以万物为天所生成，故称天为造物者。无尽藏（zàng）：出自佛家语的"无尽藏海"（像海之能包罗万物）。
[10] 适：享有。
[11] 肴核：菜肴和果品。
[12] 相与枕藉（jiè）：互相枕着垫着，指彼此紧靠着睡觉。藉，垫。
[13] 项脊轩：归有光的书斋名。按：作者归有光祖上曾居于昆山项脊泾，故名之。
[14] 方丈：一丈见方。
[15] 渗漉（lù）：渗漏。
[16] 修葺（qì）：修缮，修理。
[17] 前：指阁子北面。
[18] "垣（yuán）墙"两句：四周围绕庭院砌上围墙，用墙对着南面射来的日光。垣墙，作动词用。

室始洞然[1]。又杂植兰桂竹木于庭，旧时栏楯[2]，亦遂增胜[3]。借[4]书满架，偃仰[5]啸歌，冥然兀坐[6]，万籁[7]有声；而庭阶寂寂，小鸟时来啄食，人至不去。三五[8]之夜，明月半墙，桂影斑驳，风移影动，珊珊[9]可爱。

　　然余居于此，多可喜，亦多可悲。先是庭中通南北为一。迨诸父异爨[10]，内外多置小门墙，往往而是。东犬西吠，客逾庖而宴[11]，鸡栖于厅。庭中始为篱，已[12]为墙，凡再变矣[13]。家有老妪，尝居于此。妪，先大母[14]婢也，乳二世[15]，先妣抚[16]之甚厚。室西连于中闺[17]，先妣尝一至。妪每谓余曰："某所，而母立于兹[18]。"妪又曰："汝姊在吾怀，呱呱[19]而泣；娘以指叩门扉曰：'儿寒乎？欲食乎？'吾从板外相为应答。"语未毕，余泣，妪亦泣。余自束发[20]读书轩中，一日，大母过余[21]曰："吾儿，久不见若影，何竟日默默在此，大类[22]女郎也？"比去[23]，以手阖[24]门，自语曰："吾家读书久不效[25]，

---

[1] 洞然：明亮的样子。
[2] 栏楯（shǔn）：栏杆。
[3] 胜：美。
[4] 借：同"藉"，垫，积。按：一作"积"。
[5] 偃仰：俯仰，此指安居、休息。
[6] 静静地独自端坐。
[7] 籁（lài）：自然界发出的声音。
[8] 三五：指农历十五日。
[9] 珊珊：指树影摇动的样子。
[10] 等到伯、叔分家。迨，等到。诸父，伯父、叔父的统称。异爨（cuàn），分灶做饭，指分家。
[11] 客人越过厨房去吃饭。按：因为祖宅"内外多置小门墙"，所以造成这种混乱的状况。
[12] 已：不久后。
[13] 总共变了两次。再，两次。
[14] 先大母：去世的祖母。大（tài），同"太"。
[15] 给父亲和自己两代人喂过奶。乳，哺育。
[16] 抚：爱护，此指对待。
[17] 中闺：内室。
[18] 你的母亲曾经站立在这儿。而，你的。
[19] 呱呱（gū gū）：小孩哭声。
[20] 束发：古代男子束发为髻，以示成童。
[21] 过余：探望我。
[22] 大类：特别像。
[23] 比去：等到离开时。
[24] 阖（hé）：关。
[25] 不效：没有效果。这里指科举上无所成就。

儿之成，则可待乎！"顷之[1]，持一象笏[2]至，曰："此吾祖太常公[3]宣德间执此以朝，他日汝当用之！"瞻顾遗迹，如在昨日，令人长号[4]不自禁。

轩东故尝为厨，人往，从轩前过。余扃牖[5]而居，久之，能以足音辨人。轩凡四遭火，得不焚，殆[6]有神护者。

项脊生曰：蜀清守丹穴，利甲天下[7]，其后秦皇帝筑女怀清台。刘玄德与曹操争天下，诸葛孔明起陇中；方二人之昧昧[8]于一隅也，世何足以知之？余区区[9]处败屋中，方扬眉瞬目[10]，谓有奇景；人知之者，其谓与埳井之蛙何异[11]？

余既为此志，后五年，吾妻来归[12]，时至轩中，从余问古事，或凭几学书[13]。吾妻归宁[14]，述诸小妹语[15]曰："闻姊家有阁子，且何谓阁子也？"其后六年，吾妻死，室坏不修。其后二年，余久卧病无聊，乃使人复葺南阁子，其制[16]稍异于前。然自后余多在外，不常居。

庭有枇杷树，吾妻死之年所手植也，今已亭亭如盖[17]矣。

---

[1] 顷之：不久。
[2] 象笏（hù）：象牙手板，古代高级官员朝见君主时持笏，供指画和记事。
[3] 太常公：指归有光祖母的祖父夏昶，明宣德年间曾任太常寺卿。
[4] 号（háo）：哭喊。
[5] 扃（jiōng）牖：关上窗户。扃，关闭。
[6] 殆：恐怕，可能。
[7] "蜀清"两句：巴蜀有一个名叫清的寡妇守着丈夫留下的丹砂矿井，得到的好处天下第一。
[8] 昧昧：昏暗的样子。
[9] 区区：小，指微不足道。
[10] 瞬目：眨眼。
[11] 大概会说我和井底之蛙没什么区别吧！
[12] 来归：指妻子嫁到归有光家中来。
[13] 书：写字。
[14] 归宁：出嫁的女子回娘家探亲。
[15] 转述她小妹们的话。
[16] 制：形制，规制。
[17] 盖：伞盖。

附:《北京四中语文课.〈经典常谈〉详解》
010页"慎思明辨"第1题参考答案

象形：向、鼎、鱼、羊、矢
指事：本、末、寸、一、二
会意：从、牧、莫、春、明
形声：材、刿、盆、鸭、茅